V&R

Florian Steger

Das Erbe des Hippokrates

Medizinethische Konflikte und ihre Wurzeln

Vandenhoeck & Ruprecht

Bibliografische Information der Deutschen Nationalbibliothek

Die Deutsche Nationalbibliothek verzeichnet diese Publikation in der
Deutschen Nationalbibliografie; detaillierte bibliografische Daten sind
im Internet über http://dnb.d-nb.de abrufbar.

ISBN 978-3-525-20856-4

Umschlagabbildung: © bpk / Foto: Thierry Le Mage, RMN

Druck und Bindung: ⊕ Hubert & Co, Göttingen

Gedruckt auf alterungsbeständigem Papier.

Inhalt

1. Einleitung

Medizinethische Dilemmata sind im öffenlichen Bewusstsein sehr präsent. Diese Präsenz bezieht sich keineswegs nur auf einen etwaigen akademischen Elfenbeinturm (Pöltner 2002, Riha 1998, Schramme 2002, Schöne-Seifert 2007, Steinkamp und Gordijn 2004). Vielmehr vergeht kaum ein Tag, an dem nicht in einer Tageszeitung über medizinethische bzw. klinisch-ethische Konflikte berichtet wird. So titelten vor kurzem die Tageszeitungen über eine Krankenschwester, die an der Berliner Charité sechs Patienten[1] ein blutdrucksenkendes Medikament gespritzt hatte mit der Folge, dass diese starben. Die Menschen würden immer älter, so die Krankenschwester, und es sei in unserer Welt nicht immer einfach ... Vor dem Berliner Landgericht bedauerte sie, ins Schicksal einiger Menschen eingegriffen zu haben, sie wisse, dass dies eine Straftat sei. Die Krankenschwester gab an, sie habe zum Wohl der Patienten gehandelt. Kritisch zu prüfen ist hierbei, inwiefern sie sich über den Willen der einzelnen Patienten hinweggesetzt hat. Sie wollte offensichtlich das Älterwerden der betroffenen Patienten, das sicherlich nicht völlig frei von Sorgen und Problemen war, begrenzen und beging dabei eine schwere Straftat. Es ist unbestrittene ärztliche sowie pflegerische Aufgabe, Patienten Gutes zu tun sowie Schaden von ihnen abzuwenden. In der Regel meint dies, dass der Arzt, Therapeut bzw. die Pflegekraft die Gesundheit des Patienten wahren bzw. wiederherstellen soll, mit dem Ziel, das Leben des Patienten zu erhalten. Doch es stellt sich die Frage: um jeden Preis und in jedem Fall? Auch in Deutschland mehren sich Nachrichten, dass Ärztinnen und Ärzte sowie Krankenschwestern und Pfleger den Sterbeprozess von Patient(inn)en beschleunigen. Dabei ist das Spektrum dieser »Hilfe« weit und reicht bis zum folgenschweren Vorwurf der fahrlässigen Tötung bzw. sogar des Mordes, zum Beispiel durch die Gabe von Medikamenten in tödlicher Dosierung. Doch ist es wirklich gutzuheißen, dass Ärzte, Therapeuten bzw. Mitglieder des Pflegeteams beim Sterben helfen (Vollmann 2000)?

Was sich an der Charité ereignete, hat auch viel mit technischem Fortschritt zu tun, da Älterwerden sowie Längerleben durch medizinischen Fortschritt zu neuen Problemen führen, die wiederum die Lebensqualität

---

1 Ich verwende in dieser Monographie aus Gründen des verständlicheren Sprachgebrauchs die männliche Form. Gemeint sind natürlich stets beide Geschlechter.

verändern können. Was es bedeutet, ein Leben gut zu führen, kann sich
durch neue Lebensumstände ändern. Zugleich sollte klar sein, dass die
normativen und sozialen Voraussetzungen eines guten Lebens sehr verschieden wahrgenommen werden können, so dass sehr individuelle Motiva-
tionen und Entscheidungen zu berücksichtigen sind. Dies wird immer dann
schwierig, wenn diese zwischen Akteur und Betroffenem (hier Arzt und
Patient) verschieden sind. Man denke nur an die normierten Vorstellungen
von einem guten Leben, wie diese schon in Platons idealem Staatsmodell
zum Ausdruck kommen, oder an andere utopistische Vorstellungen; nicht
zuletzt sollte man hier aber auch an sozialdarwinistische Ideen denken:

Etwa zeitgleich mit dem Ruf nach Stärkung des Persönlichkeitsrechtes,
mit der Anerkennung unerlaubter ärztlicher Eingriffe als Körperverletzung
im Sinne des Strafgesetzes, sind seit den 1890er Jahren auch Stimmen vom
Sozialwissenschaftlern, Juristen und Ärzten zu vernehmen, die den einzelnen Menschen nach dem Nutzen für das Ganze beurteilen (Elkeles 1996,
Schmiedebach 1999, Vollmann und Winau 1996, Vollmann 2000, Weindling 2001, Winau 1996). Die Interessen des Einzelnen sind demgemäß nach
dem Nutzen für das Ganze zu beurteilen, so dass rasch die Rede vom »Un-
wert« laut wurde. Da vermochte auch Albert Molls Bekenntnis für eine
Individualisierung wenig, wie er diese in seiner »Ärztlichen Ethik« von
1902 durch die zwei gleich berechtigen Vertragspartner Arzt und Patient
stark machte (Maehle 2001). Mehr Zuspruch bekam dagegen Schweninger,
der zwar von einer grundsätzlichen Humanität ausging, jedoch Arzt und
Patient nicht als gleichberechtigte Vertragspartner ansah, vielmehr die Dominanz der ärztlichen Position befürwortete. Werner Liek nahm die entper-
sönlichenden Konsequenzen der naturwissenschaftlich fundierten Medizin
zum Gegenstand seiner Kritik und entwarf zugleich ein idealisiertes Arztbild: Der Glaube an die Heilkunst und damit an den Arzt war höher anzusetzen als die Fähigkeit naturwissenschaftlicher Methoden. Zugleich vertrat
Liek eine biologisch fundierte Naturanschauung, der zu Folge dem Individuum keine andere Funktion zukomme als die der Aufrechterhaltung und
Weiterexistenz der Gattung. Es ging Liek also wie Schweninger um eine
starke Arzt-Persönlichkeit. Liek verband das mit dem theoretischen Rahmen der Vererbungslehre und Rassenhygiene. Damit stellte Liek jede
Bemühung der Individualisierung in Abrede, vielmehr stellte er in der
Konsequenz seines biologischen Standpunktes die Frage nach dem, was
»lebenswert« sei. Er stellte besonderen Patientengruppen, die durch eine
vermeintliche »Lebensschwäche« gekennzeichnet seien, sowohl ein selbst-
bestimmtes Leben als auch eine solidargemeinschaftliche Unterstützung in
Abrede. Die Interessen der Gemeinschaft wurden als übergeordnet angesehen, so dass das Selbstbestimmungsrecht, kaum erkannt, schon wieder
abgesprochen – und, noch folgenreicher, sogar auf das Lebensrecht in Frage

stellte. Mit dieser Forderung stand Liek in der Tradition Adolf Josts, der 1895 in seinem Buch »Recht auf Tod« aus ökonomischen Überlegungen heraus am Beispiel von krebskranken Patienten und Paralytikern den Wert menschlichen Lebens diskutierte und dabei zu dem Ergebnis kam: Bestimmte Patientengruppen sind im vermeintlich eigenen Interesse und im vermeintlich übergeordneten Interesse der Gemeinschaft zu töten. Diese Diskussion erreichte eine Zuspitzung in der von Karl Binding und Alfred Hoche 1920 herausgegebenen Schrift »Die Freigabe der Vernichtung sogenannten lebensunwerten Lebens« (vgl. Hafner und Winau 1974, zu Hoche: Müller-Seidel 1999). Zu diesem Zeitpunkt wurde zum ersten Mal der Terminus »lebensunwert« eingeführt. Der Wert eines Individuums wurde nach ökonomischen Kriterien, nach seiner Leistungsfähigkeit und dem vermeintlichen Nutzen für Gesellschaft und Staat bemessen. Die Freigabe der Tötung von bestimmten Patienten, die als »Ballastexistenzen« bezeichnet wurden, wurde gefordert. Dies wurde als Befreiungsakt und Selbstverteidigung der Allgemeinheit und der Gesellschaft verstanden. Eine derart politisch instrumentalisierte Medizin hat bekanntermaßen Grenzen weit überschreitendes, grausames Handeln möglich gemacht. Die Krankenmorde, die planmäßige Tötung somatisch oder psychisch Kranker zur Zeit des Nationalsozialismus, sind zentraler Bestandteil medizinhistorischer Forschung (Süß 2003, Pohl 2003). Die Liquidierungsmaßnahmen, die sich mit dem Begriff der »Euthanasie« in pervertierter Form in das kulturelle Gedächtnis eingeschrieben haben, wurden im Oktober 1939 mit dem so genannten »Gnadentod-Erlass« Adolf Hitlers angeordnet (Klee 1999). Die »Euthanasie« wurde in einer ersten Phase bis zum Sommer 1941 durchgeführt und dann bis Ende des Zweiten Weltkrieges in einer zweiten Phase, man spricht auch von »wilde[r] Euthanasie«, fortgesetzt. Es lassen sich fünf Mordprogramme unterscheiden (Süß 2000): (1) die Kinder-»Euthanasie«; (2) die Ermordung von Psychiatriepatienten aus den preußischen Ostprovinzen und den besetzten Gebieten Westpreußens durch die SS (1939–1940); (3) die »Aktion T 4«, d.h. die Ermordung von Psychiatriepatienten durch Giftgas (1940–1941); (4) die »Sonderbehandlung 14f13« (im SS-Einheitsaktenplan stand »14« für den Inspekteur der Konzentrationslager, »f« für Todesfälle »13« für Vergasung in Tötungsanstalten der »Aktion T4«), d.h. die von Mitarbeitern der »Aktion T4« und der SS organisierte Vergasung von arbeitsinvaliden Konzentrationslagerinsassen (1941–1943); und (5) das Töten durch Nahrungsentzug und durch Medikamenteninjektionen in Heil- und Pflegeanstalten und in den besetzten Ostgebieten (Sommer 1942 bis Kriegsende). Im September 1939 begann die erste planmäßige Verlegung von Menschen aus anderen Anstalten in so genannte Sammelanstalten, um diese dann gesammelt in Tötungsanstalten zu verlegen. Es handelt sich hierbei um die Ermordung von Patienten durch Giftgas, und zwar in eigens dafür eingerichteten Anstalten (Brandenburg/Havel, Grafeneck, Sonnenstein, Bernburg a.d. Saale, Hadamar und Hartheim/Linz). Fast 20 Monate lang (1939 bis Sommer 1941) wurden nahezu wehrlose Patienten aus Heil- und Pflegeanstalten dorthin transportiert und ermordet. Schätzungen über die Zahl der »Euthanasie«-Opfer werden in der Forschung diskutiert: Man kann von rund 216.000 »Euthanasie«-Opfern im Deutschen Reich sprechen. Unter Einbeziehung europäischer Länder ist sogar von mehr als 300.000 auszugehen (Faulstich 1998). In den Jahren 1934–1945 wurden im Deutschen Reich – soweit dies überhaupt rekonstruierbar ist – ca. 350.000 – 400.000 »eugenische« Zwangssterilisationen durchgeführt. Gesetzliche Grundlage war das »Gesetz zur Verhütung erbkranken Nachwuchses« (GVeN) vom 14.7.1933 (Ley 2004). Von großer gesellschaftspolitischer Bedeutung ist neben der historischen Rekonstruktion auch die ethische Frage nach Verantwortlichen und dem zu Verantwortenden zu stellen (Horban 1999), die nicht zuletzt die Frage der »Entschädigung« umfasst: Über die historische Rekonstruktion hinaus umfasst dies den Versuch, mit den ehemaligen Patientinnen und Patienten, die zwangsterilisiert wurden, in Kontakt zu treten, um ihnen einerseits eine Entschuldigung auszusprechen und andererseits bei der Einleitung eines Entschädigungsverfahren behilflich zu sein. Dies gilt analog für Zwangsarbeiterinnen und Zwangsarbeiter (Frewer und Siedbürger 2004).

Über die Sterbehilfe hinaus sind medizinethische Konflikte mittlerweile Gegenstand vielseitiger öffentlicher Diskussionen und Auseinandersetzungen. Man denke beispielsweise an die viel diskutierten Patientenverfügungen. Zweifelsohne sollte der Wille des Patienten ärztliches Handeln bestimmen. Ist der Patient nicht mehr in der Lage, seinen Willen selbst auszudrücken, muss der mutmaßliche Wille des Patienten ermittelt werden. Dies ist schwierig, wenn man den Patienten nicht kennt bzw. kein anderer zugegen ist oder ausfindig gemacht werden kann, der überzeugend konkrete Hinweise auf den Patientenwillen gibt. Für solche Situationen, in denen man nicht mehr in der Lage ist, seinen Willen zum Ausdruck zu bringen, kann man mit einer Patientenverfügung vorsorgen. Hier kann der Patient eine Willenserklärung über die künftige medizinische Behandlung abgeben. Der Patient kann dann seinen klar formulierten Willen bei sich »in der Tasche tragen«. Doch muss die Patientenverfügung in einer Akutsituation erst einmal gefunden werden, und die Ärzte müssen sich dann auch noch an den dort formulierten Willen halten. Noch immer ist der Status einer Patientenverfügung Gegenstand kontroverser Diskussionen, die mittlerweile Einlass in das deutsche Parlament gefunden haben. Dies ist in Anbetracht von bisher ca. acht Millionen formulierter Patientenverfügungen zu begrüßen. Grundsätzlich hat jeder Mensch das Recht, über sich selbst zu entscheiden. Die Patientenverfügung kann dazu einen wesentlichen Beitrag leisten, insofern hier der Wille festgehalten wird. Die Patientenverfügung kann also helfen, dass die Selbstbestimmungsfähigkeit gewahrt wird. Die Rechtsprechung hat bisher immer wieder die Verbindlichkeit von Patientenverfügungen bestätigt. Doch um vermeintlich letzte Unsicherheiten zu klären, werden Stimmen laut, die nach einer gesetzlichen Regelung verlangen. Ein solches Gesetz würde die Autonomie des Patienten stärken, zugleich aber den Handlungsspielraum von Ärzten und damit ggf. deren Fürsorgepflicht einschränken. Die Patientenverfügung gäbe dann keine ernst zu nehmenden Hinweise mehr, sondern wäre (rechts)verbindlich zu berücksichtigen. Kritisch zu sehen ist dabei, dass ein Patient seinen Willen in der Patientenverfügung lange vorab festhält und nur schwer konkrete Situationen voraussehen kann. Der Patient kann aber im Laufe des weiteren Lebens seine Einstellungen ändern. Aus Sicht der Ärzte gilt: Solange der Patient nicht im Sterben liegt, ist alles für die Erhaltung seines Lebens zu tun. In Notfallsituationen, in denen ohnehin keine Zeit bleibt, eine Patientenverfügung zu suchen bzw. Angehörigengespräche zu führen, ist das fürsorgliche Prinzip der Lebenserhaltung dominierend. Aber auch in Situationen, in denen man sich nicht sicher ist, ob der in der Patientenverfügung formulierte Wille auch für die aktuelle Situation gilt, sollten sich Ärzte noch einmal in Gesprächen mit Angehörigen des mutmaßlichen Patientenwillens vergewissern. In der Literatur sind Situationen beschrieben, in denen medizinische Maßnahmen gegen den Patientenwillen durchgeführt wurden, weil eine Patientenverfügung nicht bekannt war. Hätten die Ärzte die Verfügungen gefunden und sich an den dort formulierten Willen gehalten, wären diese Patienten vermutlich gestorben. Ärzte haben eine Fürsorgepflicht. Diese beinhaltet, dass sie ihren Patienten Gutes tun und ihnen nicht schaden sollten. Jedoch haben sie auch die Autonomie ihres Patienten zu wahren und dessen Willen zu beachten. Doch geht diese Pflicht soweit, dass eine Patientenverfügung ohne wenn und aber befolgt werden muss? Liegt eine Patientenverfügung vor und ist diese dem behandelnden Arzt bekannt, gebietet es doch die ärztliche Fürsorgepflicht zu klären, ob die aktuelle Situation auch wirklich in der Patientenverfügung geregelt ist. Es ist also der Einzelfall immer wieder zu prüfen. Zu hinterfragen ist einerseits, ob der Patient umfassend und ausreichend aufgeklärt war und ob er tatsächlich die notwendigen medizinischen Informationen hatte, als er diesen Willen formulierte. Andererseits muss auch das Recht auf Nichtwissen berücksichtigt werden. Wohin führt die geplante gesetzliche Regelung? Sie bringt zwar die Sicherheit, dass der Wille des Patienten rechtsverbindlich beachtet wird. Hat der Patient also einmal entschieden, dann hat der behandelnde Arzt sich auch daran zu halten. Die gesetzliche Verankerung führt dann zwangsläufig zur Schieflage der Patient-Arzt-Beziehung, nur diesmal in die andere Richtung. Doch ist das besser? Der Patient wird in seiner Autonomie gestärkt, er bekommt Rechtssicherheit. Doch wie steht es um das Patientenwohl? Wie schützenswert ist diese Entscheidung? Wie soll es einem Arzt gehen, der beispielsweise überzeugter Christ ist und der nun per Gesetz dazu verpflichtet werden kann, einen Menschen sterben zu lassen, obwohl diesem noch zu helfen wäre. Was bisher ethischer Konflikt war, wird durch ein Gesetz nun ggf. zu einer Straftat. Wie wird es Palliativmedizinern mit einem solchen Gesetz gehen?

Moderne Medizin ist zweifelsohne von ethischen Konflikten bestimmt, die facettenreich hervortreten. Eine nicht ganz unerhebliche Dimension ist dabei auch die Frage nach der Zufriedenheit des Patienten mit seinem Arzt. Von ökonomisch potenten Patienten wird mehr Wohlfühlmedizin gefordert. Diese wiederum ist nicht frei von finanziellen Erwägungen. Solche finanziellen Aspekte der Patient-Arzt-Beziehung begegnen uns bereits in einem Epigramm von Euricius Cordus (1486–1535; Dilg 1969, Lauer 2005, Müller 1997, Paschou 1997). Euricius Cordus kommt aus Simthausen bei Marburg. 1505 begann er sein Studium in Erfurt, 1516 wird er Magister artium. Zuerst war er Rektor der Stiftsschule St. Marien in Erfurt. Dort hielt er Vorlesungen über Poesie und Rhetorik. Cordus gehörte zum Erfurter Humanisten- und Dichterkreis, der sich um Eobanus Hessus (1488–1540) gebildet hatte. Um 1514 verfasst Cordus seine erste Bucolica. In der Zeit zwischen 1517 und 1520 begann er mit der Publikation seiner Epigramme, die schließlich 13 Bücher umfassen werden. Hierauf gründet seine Bekanntheit als kritischer Mahner der Zeit. 1519 nahm Cordus dann noch das Studium der Medizin auf. Er tat dies vor allem aus Geldsorgen. 1521 wurde er in Ferrara bei Nicolo Leoniceno und Johannes Menardus promoviert. 1523 wurde Cordus Stadtarzt in Braunschweig. 1527 wurde er auf den Lehrstuhl für Medizin der neu gegründeten Universität Marburg berufen. Von dort aus konnte er sich gezielt der Botanik zuwenden. 1532 verfasste er seine Schrift über den Theriak, 1534 das Botanologicon. In der Form des Gelehrtengesprächs stellte er im Botanologicon eine Pflanzensystematik vor, mit der er sich große Anerkennung als Botaniker verschaffte. Cordus bewährte sich in Marburg auch als Stadtarzt. Davon legt seine Schrift über gesundheitliche Verhaltensregeln für die Bevölkerung Marburgs, als die Stadt 1520 vom »Englischen Schweiß« heimgesucht wurde, beredtes Zeugnis ab. Wegen seiner stechenden und karikierenden Epigramme wechselte Cordus 1534 nach Bremen. Dort war er als Stadtarzt und Lehrer am Gymnasium tätig. 1535 starb Cordus in Bremen.

In Cordus' Epigramm – formal im elegischen Distichon verfasst – bewegt sich der Arzt vom Retter in der Not, vom Engel zum Teufel:

> Tres medicus facies habet: unam, quando rogatur,
> angelicam; mox est, cum iuvat, ipse Deus.

Post, ubi curato poscit sua praemia morbo,
horridus apparet terribilisque Satan.

Drei Gesichter hat der Arzt: eines Engels,
wenn er um Rat gebeten wird; bald ist er, wenn er hilft, Gott selbst.
Später, sobald er von dem von seiner Krankheit geheilten ein
Honorar fordert, erscheint er als entsetzlicher und schrecklicher Satan.

(Übersetzung F. St.)

Der Arzt wird von seinen Patienten beurteilt und wird vom Engel über Gott
selbst zum Teufel. Dieser Wandel in der Beurteilung hängt davon ab, in
welcher Situation der Patient den Arzt beurteilt. Wird der Arzt gebraucht,
soll er helfen und einen von seiner Krankheit befreien, so schreibt der Patient ihm positive Attribute zu, nennt ihn sogar Gott. Hier nimmt Cordus
vermutlich auf einen Ausspruch Martin Luthers Bezug, in dem der Arzt als
»Gotts Flicker« bezeichnet wird, da der Arzt hilft, »dass wir die Sache gut
machen, wo uns der Teufel verderbet hat«. Doch Cordus geht sogar einen
Schritt weiter als Luther, der die Aufgabe des Arztes darin bestimmt, dass
»Kreatur durch Kreatur [hilft, F. St.], welche ihre Herkunft hat nicht aus den
Büchern, sondern Gott hat sie offenbaret«.

Cordus lässt seinen Patienten den Arzt gar »Gott selbst« nennen. Doch
nach diesem Lobpreis kommt bald die Entwertung, und zwar sobald der
Arzt sein Honorar fordert. Hier ist Cordus ungemein zeitlos, denn dieser
Konflikt dürfte auch heute Ärzten bestens vertraut sein. Das zitierte Epigramm könnte ohne große Irritation, wäre es nicht gerade in Latein verfasst,
auch Dichtung eines zeitgenössischen Literaten sein. So aktuell wie das
Epigramm des Cordus aus der Renaissance erscheint, so aktuell ist die
Antike und deren Erinnerung in der Renaissance doch überhaupt. Und dies
gilt weit über die Medizin hinaus. Es umfasst das »Humanum«, so dass die
Grundlagen moderner Diskussionen über eine Ethik in der Medizin kaum
treffender gefunden werden können als in Antike und Renaissance. Erfreulicherweise kann man durchaus auch ein echtes Interesse an der Antike
wiedererkennen, zumindest dort, wo diese auch zeitgemäß präsentiert wird.
Freilich ist gerade für entfernte Kulturen nichts unproduktiver als eine unangemessen »verstaubte« und konservative Beschäftigung, wie diese manchen Orts gerade im Bereich der Wissenschaft immer noch betrieben wird.
Das ist schwer nachzuvollziehen, zumal die Anschlussfähigkeit der Antike
so klar auf der Hand liegt, dass hier sinnvolle Chancen vertan werden. Be-
wundernswert ist in diesem Zusammenhang beispielsweise das Engagement
des Ägyptologen Jan Assmann, der Ägyptologie für viele Interessierte aufbereitet hat, ohne dass er allzu starke inhaltliche Einschränkungen machen
musste (vgl. beispielsweise Assmann 1997). Es ist sein Verdienst, dass die
Ägyptologie heute Teil einer modernen Kulturwissenschaft ist. Ganz in

Assmanns Sinne plädiere ich deshalb für eine aufgeschlossene und der Zeit angemessene Beschäftigung mit der Alten Welt. Und dies auch nicht in völliger Selbstüberschätzung, vielmehr in der Kenntnis und dem Bewusstsein, dass so die Attraktivität und Aktualität der Antike klargemacht werden kann. Man kann solchen Erfolg auch daran ermessen, dass in ausgewählten Schulen Griechisch ununterbrochen eine hohe Attraktivität genießt. Man denke zum Beispiel an das bekannte Rhabanus-Maurus-Gymnasium in St. Ottilien, das Benediktinergymnasium in Ettal oder das Wilhelmsgymnasium in München. Die Klassenzimmer sind hier voll von Schülerinnen und Schülern, die sich für die Antike begeistern können. Auch an der Universität ist solches denkbar, vor allem dann, wenn man die Antike in disziplinenübergreifende Zusammenhänge einbringt. Denn dass Ethik in der Medizin schon in der Antike große Bedeutung hatte, liegt auf der Hand.

2004 hat der Kölner Medizinhistoriker und Medizinethiker Klaus Bergdolt seine Monographie *Das Gewissen der Medizin. Ärztliche Moral von der Antike bis heute* vorgelegt. Bergdolt schreibt über das Ziel seines Buches im Vorwort:

> Das vorliegende Buch soll über die geistigen und gesellschaftlichen Strömungen informieren, welche das ärztliche Denken und Handeln von der Antike bis zur Gegenwart beeinflussen. [...] Die moralischen Grundsätze der Heilkunde waren, ungeachtet einer engen Anbindung an die Philosophie, stets auch kulturhistorisch bestimmt, weshalb literarische Darstellungen, politische und pädagogische Abhandlungen sowie persönliche Aussagen von Ärzten und Patienten die ›klassisch‹ ethischen Zeugnisse ergänzen.

Bergdolt hat entsprechend seiner Intention einen systematischen Überblick zur Kontextgebundenheit moralischen Handelns in der Medizin gegeben, den er chronologisch aufgezogen hat. Bemerkenswert ist hierbei, wenn Bergdolt an Paracelsus erinnert, nach dessen Einschätzung Medizin mit Ethik nichts am Hut hat und beide Systeme also in keinerlei Beziehung zueinander stehen. Er versteht sein Buch selbst als »Einführung in eine heikles, ja dramatisches Thema«. Ich möchte an Bergdolt gerne anknüpfen und dazu auffordern, »[...] die zunehmend szientistisch akzentuierte Ethikdiskussion der Gegenwart zu hinterfragen«. Dabei beziehe ich mich in meinen Überlegungen schwerpunktmäßig auf die Antike. Besonders hervorheben möchte ich den aktuellen Bezug der Antike, der in der Forschung immer noch zu wenig dargestellt wird. Bergdolt schreibt hierzu in seinem Vorwort: »Während zur Medizinethik nach 1800 in den letzten Jahren eine beachtliche Sekundärliteratur entstanden ist, wurden ältere Epochen, vor allem Spätantike, Mittelalter und Renaissance, weit weniger berücksichtigt.« Insofern ergibt es also in mehrfacher Hinsicht Sinn, wenn ich mich auf die Antike beschränke. Der von mir gewählte problemorientierte Fokus mag manchen Kritiker stören, der auf Systematik wert legt (vgl. Carrick

2001 und Miles 2004). So musste sich auch Klaus Bergdolt folgende Kritik an seiner Monographie gefallen lassen (Riha 2005):

Es ist ein kühnes Unterfangen, die Medizinethik von zweieinhalb Jahrtausenden in einem einzigen Band darzustellen: Der Verfasser setzt sich zwangsläufig der Kritik aus, problematisch ausgewählt, Akzente ungerechtfertigt gesetzt und Wichtiges weggelassen zu haben. Bei der Vielzahl der zitierten Quellen müssen außerdem Kontextualisierung, Differenzierung und Widersprüchlichkeiten weit gehend entfallen [...].

Das alles und noch viel mehr wird man mir und meiner Monographie auch vorwerfen können. Ich erhebe aber mit dieser Arbeit keineswegs Anspruch auf Vollständigkeit oder Systematik; es geht vielmehr um die These der Kontextualität von Ethik in der Medizin, die mit der von der Aktualität der Antike in ihrer Verflechtung exemplarisch vorgeführt wird. Heutige medizinethische Dilemmata werden paradigmatisch vor Augen geführt. Davon ausgehend führt immer wieder die Spurensuche in die Antike, nicht ganz ohne hier und da auch an anderen Orten auf dem medizinhistorischen Zahlenstrahl Halt zu machen. Schwerpunktmäßig gilt mein Interesse der Antike.

In der vorliegenden Monographie geht es darum, die antiken Grundlagen der modernen Diskussionen über eine Ethik in der Medizin aufzuzeigen. Ethik kann also nicht kontextlos verhandelt werden, sondern ist stets in ihrer Kontextgebundenheit zu würdigen, die wiederum historisch gewachsen ist. In Lehrveranstaltungen zur Geschichte, Theorie und Ethik der Medizin habe ich immer wieder danach gefragt, warum »Geschichte und Ethik (in) der Medizin« zusammenzudenken sind (Baker 2002, Wiesing 1995). Aus den anregenden Diskussionen möchte ich gerne einige studentische Thesen herausgreifen, die ich für die Frage nach dem Verhältnis von Geschichte und Ethik (in) der Medizin für recht pragmatisch halte:

1. Geschichte und Ethik der Medizin sind zusammen zu betrachten, weil sich viele ethische Probleme in der Geschichte der Medizin wiederholen. Heute können relevante Fälle als Beispiele herangezogen werden, und man kann daraus Lösungsansätze weiterentwickeln.
2. Ärzte sind Entscheidungsträger, die gezwungen sind, sich ethischen Fragestellungen und Problemlösungen zu stellen. Dazu ist es unumgänglich, sich mit der historischen Entwicklung auseinanderzusetzen, da es im Laufe der Zeit immer wieder unterschiedliche Ansätze gegeben hat. Es ist notwendig zu verstehen, wie diese zustande kamen, um zu lernen und eventuell Fehler zu umgehen.
3. Ethische und moralische Wertvorstellungen sind vom gesellschaftlichen Hintergrund abhängig. Um unsere heutigen Ansichten zu verstehen, sollte man die geschichtlichen Entwicklungen der ethischen Denkmodelle nachvollziehen und in aktuellen ethischen Diskussionen mit einbeziehen.

4. Ethische Vorstellungen und der Umgang mit ihnen hängen nicht nur von der aktuellen Situation, sondern auch von der historischen Entwicklung und Erfahrung ab. Weiterhin lässt sich die medizinhistorische Entwicklung unter ethischen Gesichtspunkten leichter nachvollziehen.

5. Erfahrungen aus der Geschichte (›Drittes Reich‹) lehren die Notwendigkeit ethischer Maßstäbe in der Medizin: Nicht alles technisch Mögliche ist ethisch vertretbar. Der Mensch als Subjekt muss im Mittelpunkt stehen.

6. Medizinischer Fortschritt und Weiterentwicklung werfen neue ethische Probleme und Fragestellungen auf.

7. Die Ethik entwickelt sich im Lauf der Geschichte.

8. Die Geschichte (= Entwicklung) der Medizin erfordert es, sich ethisch mit den Neuerungen in der Medizin auseinanderzusetzen.

9. Ethische Fragestellung und ethisches Handeln in der Medizin können aus übergeordneten geschichtlichen Zusammenhängen abgeleitet werden.

10. Entwicklung und Fortschritt brauchen eine Kontrolle.

11. Veränderte Lebensumstände des Menschen haben häufig einen Wandel von Wert- und Moralvorstellungen zur Folge. Die geschichtliche Entwicklung, die sich auch auf den medizinischen Bereich erstreckt, wirft daher immer wieder neue ethische Fragestellungen auf.

12. Im Rahmen eines sich verändernden Arzt-Patienten-Verhältnisses wird das ärztliche Handeln stärker in Frage gestellt, und ethische Konflikte treten mehr in den Vordergrund.

13. Ethik entwickelt sich durch Erfahrungen, sie hat vor allem in der Medizin Bedeutung, da die Medizin die Lebensqualität beeinflusst. Ein ganzheitlicher Ansatz ist nur mit ethischem Denken möglich.

Ohne die einzelnen Thesen an dieser Stelle nun differenziert und vertiefend untersuchen zu wollen, ist es mir wichtig festzuhalten, dass ich es für einen falschen Weg ansehe, sich mit medizinischer Ethik zu beschäftigen, ohne Kontextualisierungsfragen angemessen zu berücksichtigen. Ich halte eine »kontextlose Ethik« für ein wenig ertragreiches Kunstprodukt. In der Mehrzahl der aktuellen Fragen liegen die Kontextbezüge auf der Hand, so dass eine Trennung von Geschichte und Ethik (in) der Medizin als unangemessen einzustufen ist. Riha (2005) hat in ihrer Rezension zu Bergdolt verschärft formuliert: »Wer vorgibt, eine geschichtslose, gleichsam überzeitliche Ethik zu betreiben, täuscht sich und andere. In einer ahistorischen Gegenwart wird vergessen, dass diese Gegenwart Teil der Geschichte ist, dass ihre Werte und Normen nicht vom Himmel gefallen sind, sondern dass sie in konkret zu benennenden kulturellen Kontexten und Traditionen stehen, dass sie nicht unabhängig von politischen Konstellationen und gesellschaftlichen und wirtschaftlichen Interessen sind – und dass sie selbstverständlich nicht von ewiger Dauer sein werden.« Und Riha bringt es auf den Punkt, wenn sie schreibt: »So banal es klingt: Was man aus der Beschäftigung mit der Geschichte lernt, ist das Gefühl für Historizität und Kontingenz.« Das dürfte hoffentlich auch Jütte (2004) milde stimmen, der in seiner FAZ-Rezension zu Bergdolts Monographie wehmütig endet: »Insofern wünscht man Bergdolts Blick zurück in die Vergangenheit viele Leser, die sich zwar leider nicht mehr so sehr für die Medizingeschichte interessieren, aber immerhin für medizinethische Fragestellungen.« Wir entwickeln uns zu einer zunehmend ahistorischen Gesellschaft, der ein solcher Blick zurück gut täte, aber nicht nur um sich der Geschichte wieder zu erinnern, sich ihrer wieder bewusst zu werden, sondern um aus dieser historischen Konfrontation eben jene Sensibilität für moralische Fragen überhaupt erst wieder zu gewinnen. Einem zunehmenden Wissenschaftsoptimismus kann mit dem kulturellen Gedächtnis die Stirn geboten werden. Dies ist angesichts des von der Medizinethik selbst in Anspruch genommenen Kritikpotentials Voraussetzung. Es kann doch nicht allen Ernstes angehen, dass Medizinethik ohne Kontextualisierung einen wissenschaftlichen Anspruch erheben darf. Riha (2005) hat hierin ein gefährliches Motiv erkannt, das ich gerne wiederholen und unterstreichen möchte: »Um in einem technokratischen Kontext (den weniger Medizin und Biologie als die Politik und die Meinungsmacher der Gesellschaft bilden) jedoch gehört zu werden, passen sich Medizin- und Bioethik dieser Denk- und Sprechweise an – die Versuchung, als ›Ethiker‹ ein breites Publikum zu finden und mit Drittmitteln verwöhnt zu werden, ist einfach zu groß.«

Das Plädoyer für eine geschichtsbewusste Ethik in der Medizin möchte ich gerne am Beispiel des Stigmas unterstreichen: Zum einen hat »Stigma« einen engeren kulturhistorischen, besser: religionsgeschichtlichen, Hintergrund: Als Brandmal kann Stigma ein Körperzeichen sein, das auf die Wundmale von Gläubigen verweist, ähnlich denen, die Jesus im Lauf des Passionsgeschehens erleiden musste. Nach kirchlicher Auffassung entstehen Stigmata spontan und ohne äußere Einwirkung, sie bluten und schmerzen, eitern aber nicht und lassen sich nicht mit medizinischen Mitteln behandeln. Typischerweise wird das erste Auftreten der Stigmata von mystischen Erfahrungen und oft von Visionen begleitet; meist kehren Stigmata in periodischen Abständen wieder. In der Kirchengeschichte sind mehr als 300 spektakuläre ›Fälle‹ beschrieben: Zum Beispiel wurde Theresia von Avilas (1515–1582) Herz stigmatisiert, indem es durchbohrt wurde. Ein solches Stigma gilt als Gnade, da man davon ausgeht, dass Gott selbst es ist, der mit sichtbaren Zeichen operiert und sich durch die Einschreibung ins Fleisch offenbart. Stigmatisierung erscheint insofern als Akt der Reinkarnation.

Zum anderen sind Stigmata auch ursächlich für Diskriminierung im Kontext der Medizin (Steger 2007): Zuerst ist hierbei an Kinder und alte Menschen zu denken. Für beide Gruppierungen gibt es in der Regel noch immer keine hinreichende Studienlage, um eine evidenzbasierte Therapie (Evidence Based Medicine, EBM) anzubieten. Für die Mehrzahl der Arzneimittel, die im Bereich der Pädiatrie eingesetzt werden, sind keine Studien mit Kindern durchgeführt worden. Ähnliches gilt für alte Patienten. So sind viele Medikamente, will man diese bei Patienten im Alter von 80 oder 90 oder gar 100 Jahren einsetzen, nicht auf der Basis einer gesicherten Studienlage für dieses Patientenklientel zu geben. Insofern sind beide, Kinder wie Alte, schaut man nur auf den medizinischen Bereich der Therapie, benachteiligt; sie sind in einer gewissen Weise diskriminiert, da es bisher zu wenig evidenzbasierte Therapien gibt. Gehen wir einen Schritt weiter: Psychisch krank zu sein, heißt in der Regel pathologisiert zu werden, stigmatisiert zu sein, heißt diskriminiert zu werden. Psychisch Kranke müssen mit den Symptomen ihrer Erkrankung zurechtkommen (zum Beispiel mit Wahnvorstellungen oder Angstzuständen) und auch mit den gesellschaftlichen Auswirkungen, zum Beispiel bei der Arbeitsplatzsuche oder bei der Verrichtung ihrer Arbeit. Neben die öffentliche Stigmatisierung tritt dann häufig die so genannte Selbststigmatisierung, bei der die von außen an den Patienten herangetragenen Vorurteile (so genannte typische Fehleinschätzungen), gegen sich selbst gewendet werden; hierdurch leidet das Selbstbewusstsein. In ähnlicher Weise trifft dies für Menschen zu, die an körperlichen Störungen leiden, zumal wenn diese augenfällig werden. Insofern kann man durchaus sagen: Oft werden Kranke aufgrund ihrer Störung öffentlich stigmatisiert. Man denke an Behinderungen, Geschlechtskrankheiten, wie zum Beispiel die Syphilis, an Krankheiten, die sich an der Körperoberfläche abzeichnen wie Akne, an HIV/AIDS, an die Folgen von Alkoholismus, an sexuelle Verhaltensstörungen und eben ganz allgemein an psychische Störungen, wie zum Beispiel die Schizophrenie. Bei der öffentlichen Stigmatisierung und Diskriminierung kommt gerade den Medien mit ihrer großen öffentlichen Breitenwirkung prägende Bedeutung zu. Die an sich schon bedrohliche Krankheit wird durch solche Einflussnahme noch mehr als Stigma erfahren und zieht neben den genuinen Beeinträchtigungen der Krankheit auch Folgen der Diskriminierung nach sich. Diskriminierung führt dann zu sozialen Beeinträchtigungen und hat Auswirkungen auf die Lebensqualität. Diskriminiert werden häufig Menschen, die anders sind als die Majorität. Zu einer Minderheit zu gehören reicht offensichtlich aus, um stigmatisiert und dann diskriminiert zu werden. Den schwulen Cowboys Ennis und Jack ist es in der wilden Natur des »Brokeback Mountain« (Deutschland, 2006) zum ersten Mal möglich, ihre Homosexualität zu leben. Diese beeindruckende filmische Darstellung des bitteren Kampfes um wahre

Identität im ländlichen Amerika der 1960er Jahre findet eine brutale Ent-
sprechung in der Realität Polens im Jahr 2007: Schwule Lehrer sollen aus
den Schulen entfernt werden. Im staatlichen Fernsehen spricht man von
Homosexualität als einer Krankheit. In der Geschichte der Stigmatisierung
von Homosexualität kann deren Liberalisierung (Magnus Hirschfeld) als
ein großer Gewinn angesehen werden. Unmittelbar damit verbunden war
aber eine Medikalisierung: Es wurde ein medizinischer Blick auf Homosexualität geworfen: Sie wurde als »Perversion«, »Deviation«, »sexuelle
Abweichung« pathologisiert. Homosexualität wurde zunehmend zum Gegenstand diagnostischer und therapeutischer Betrachtung, bis Ende des 20. Jh.
im Zuge allgemeiner Bestrebungen der Entpathologisierung Homosexualität aus den operationalisierten diagnostischen Klassifikationssystemen
(Diagnostic and Statistical Manual of Mental Disorders: DSM-III-R, 1987;
Internationale Klassifikation der Krankheiten: ICD-10, 1992) herausgenom-
men wurde. Und dennoch: Homosexualität wird von der Psychoanalyse zu
großen Teilen noch immer pathologisiert. Dies verwundert umso mehr als
Sigmund Freud, Nestor der Psychoanalyse, eine liberale Einstellung gegenüber Homosexuellen vertrat. Zwar kann man durchaus den Standpunkt
nachvollziehen, Sigmund Freud habe durch die Bereitstellung der Psychoanalyse als Methode einen Nährboden für Pathozentrik und Diskriminierung geschaffen, tatsächlich ist es erst durch die Institutionalisierung der
Psychoanalyse zu einer Einengung und Pathologisierung, auch der Homosexualität, gekommen. Es ist den Nachfreudianern zuzuschreiben, dass
Homosexuelle von der Psychoanalyse als schwer gestört, als labil und von
psychischer Auffälligkeit gekennzeichnet wurden. Erklärtes Ziel der Psychoanalyse war und ist es zum Teil leider noch heute, der Pathologie von
Homosexualität auf die Spur zu kommen und Heterosexualität als therapeutisches Ziel zu bestimmen. Heterosexualität wird als reifer Ausdruck
der ›normalen‹ Entwicklung verstanden. Die Psychoanalyse versucht dabei
diagnostisch zu ergründen, was in der kindlichen und jugendlichen Entwicklung im Fall einer homosexuellen Entwicklung angeblich fehl gelaufen
ist. Homosexualität wird im Freudschen Sinn als eine Entwicklungsstörung
verstanden und – nota bene – im Nicht-Freudschen Sinn psychopatholo-
gisch gefasst. In der Tat gibt es seit einigen Jahren erfreulicherweise eine
affirmative Tendenz in der psychoanalytischen Literatur zur Homosexualität.
Dies darf allerdings nicht darüber hinweg täuschen, dass in einem größeren
Teil der psychoanalytischen Praxis bis heute kein aufgeklärtes, wertschät-
zendes und einfühlendes Verständnis für Homosexualität aufgekommen ist.
Es ist also kein überflüssiger Anachronismus, die Gleichberechtigung und
Wertschätzung von Homosexuellen einzufordern, Homosexualität als eine
natürliche, der Heterosexualität gleichwertige Variante sexueller Orientie-
rung anzusehen, vielmehr ist dies eine zentrale und ethisch wertvolle Auf-

gabe. Für die Frage, warum es zu dieser Pathologisierung kommt, ist sicherlich die Angst vor dem Fremden eine wichtige Erklärung. Es geht also um die massive Abwehr, die Homosexuelle von Seiten der Psychoanalytiker ertragen müssen. Der Psychoanalytiker fokussiert also das Fremde, das ihm Angst macht, und identifiziert sich insofern aus Abwehr mit dem Aggressor, vor dem er solche Angst hat. Interessant ist dies zweifelsohne, da es durchaus die Alternative gäbe, eben jenen Fokus nicht überzubewerten (zu fixieren) und andere Merkmale in den Vordergrund zu stellen. Das passiert aber gerade nicht, da offensichtlich die Angst vor der Homosexualität so groß ist, dass man diese fokussieren muss. Insofern halte ich einen anthropophilen und wertschätzenden Umgang bei der Begegnung mit denen, die scheinbar anders sind, so dass sie von außen diskriminiert werden, für zentral. Wir Menschen sind gefordert, jenen Menschen, die ein Stigma haben, denen ein Stigma zugeschrieben wird oder die sich im Laufe der Zeit dieses Stigma selbst zuschreiben, jenen also in offener und wertschätzender Weise zu begegnen. Wir Menschen sollten andere so annehmen, wie sie sind. Wir sollten uns auf sie einlassen, sie nicht schon mit dem diagnostischen Blick mustern und eine Zuschreibung vornehmen. Wir sollten uns von unseren Vorannahmen freimachen und eine gewährende Beziehung zulassen, die von Echtheit geprägt ist. Begegnen wir ihnen mit echter Empathie. Einen solchen humanen Umgang mit den anderen können wir durch eine geschichtsbewusste Ethik lernen, indem wir also für eine Ethik im hier und jetzt die Geschichte erinnern. Das macht das erwähnte Beispiel der Diskriminierung infolge von Stigmabildung deutlich.

Während eine Ethik in der Medizin als moderne wissenschaftliche Disziplin moralische Phänomene auf einer theoretischen Ebene, auf einer rationalen, säkularen und liberalen Argumentationsgrundlage, zu analysieren bestrebt ist, stehen in der Antike primär deontologisch ausgerichtete Darlegungen im Vordergrund: Es geht primär darum abzuwägen und aufzuzeigen, ob eine Handlung moralischen Traditionen entspricht. Dies ist ein wesentlicher Unterschied zwischen der modernen und der antiken Diskussion.

Ich habe meine Überlegungen in diesem Buch wie folgt gegliedert:

An diese Einleitung schließt sich ein einführendes Kapitel an, in dem der facettenreiche antike Heilermarkt vorgeführt wird (vgl. auch Steger 2004). Dann steht der Name »Hippokrates« im Mittelpunkt. Denn nicht ohne Grund wurde der Titel »*Das Erbe des Hippokrates*« gewählt. Es lässt sich empirisch nachweisen, dass die häufigste direkte wie indirekte Bezugstelle moderner Diskussionen – handelt diese denn von einer Ethik in der Medizin – der Hippokratische Eid und dessen Tradition ist. Insofern geht es um den Hippokratischen Eid. Dabei wird, wie auch in den sich anschließenden Kapiteln, stets von einem modernen klinischen Problem ausgegangen, das in seinen modernen Diskussionsbezügen skizziert wird, um von den aktuellen Brennpunkten die Kontextualität, nicht zuletzt in ihrer historischen Dimension und ihren antiken Wurzeln aufzuzeigen. Es schließt sich ein vertiefendes Kapitel an, in welchem die Grundlagen moderner Medizin in Antike, Mittelalter und Renaissance kurz skizziert werden. Entsprechend der angegebenen Vorgehensweise geht es mir darum, dies dann an ausge-wählten Themenkreisen (Probleme am Lebensanfang, Patient-Arzt-Verhält-nis, Probleme am Lebensende, Fragen der ärztlichen Identität und des ärzt-lichen Ethos) vor Augen zu führen. Für die Antike habe ich mich hierbei im Wesentlichen auf die Argumentationen im Corpus Hippocraticum bzw. bei Platon sowie Aristoteles beschränkt. Den Abschluss bildet ein resümieren-des Kapitel, in dem ich für eine Kontextgebundenheit medizinischer Ethik plädiere.

Herzlich bedanken möchte ich mich bei allen, die mich bei diesem Vor-haben mit Rat und Tat unterstützt haben. Besonders möchte ich Jürgen herzlich danken, der mir kritische Fragen stellt, der zu mir hält und in des-sen Sendling ich das Ms. geschrieben habe. Ich danke Bettina herzlich, da sie mir in bewährter Weise viele Anregungen gab und noch immer zu mir steht. Für ihre Unterhaltung danke ich von ganzen Herzen M&M, die mich immer wieder zum Lachen bringen. Johanna Schweiz danke ich sehr für ihre Recherchehilfe in der Konzeptionsphase des Buches. Dem Verlag Vandenhoeck & Ruprecht danke ich sehr für das Interesse an meinem The-ma und die professionelle Unterstützung bei der Drucklegung.

2. Einführung in die facettenreiche medizinische Alltagspraxis der Antike

Entsprechend dem umfassenden antiken Verständnis von Gesundheit und Krankheit (vgl. Kapitel 4) bestand ein breites Angebot gesundheitlicher Versorgung.[1] So war die Behandlung durch Laien traditionell Aufgabe des »pater familias« gewesen (Plin. nat. 25, 9f.), dessen Rolle schon im frühen Rom ausgeprägt war. Das Heilen gehörte zu seinen Pflichten; er hatte für sich, seine Familie im engeren Sinn, seine Sklaven und sein Vieh zu sorgen (Colum. De re rustica 11,1,18). Über die Selbstbehandlung hinaus bestand auf dem Markt des Heilens ein Angebot, das magisch-dämonistische Anschauungen, auf Götter ausgerichtete Heilungs- und Handlungskonzepte und ärztliche Versorgungsangebote umfasste. Das religiöse Leben war von Toleranz und Duldsamkeit gegenüber polytheistischen Ansätzen geprägt. Der Glaube orientierte sich an der Götterherrschaft (Theokrasie). Unter dieser Voraussetzung war auch genügend Raum gegeben, sich an Vorzeichen, Zauberei und Wundern auszurichten. Es verwundert deshalb nicht, dass auch magische Konzeptionen des Heilens (Hoheisel 1995) einen weiteren Aspekt des Heiler- und Gesundheitsmarkts stellte. Religiös-heilkultliche Aspekte umfasste dann auch die eigenständige Asklepiosmedizin (Steger 2004). Das allgemeine Spektrum des Heilens reichte von Zauberern und Wunderheilern, heilkultlichen Anstrengungen, nichtärztlich-medizinischen Berufstätigen (Hebamme, Krankenpfleger, Drogenhändler) bis zu Ärzten. Doch was war in der Antike eigentlich ein Arzt? Die heutige Bedeutung »Arzt« ist weit entfernt vom lateinischen »medicus« sowie vom griechischen »ἰατρός /ἰατήρ«. Fest steht, dass auch Frauen heilende Aufgaben übernahmen. Denn neben der maskulinen Bezeichnung »medicus« oder »ἰατρός / ἰατήρ« gab es ebenso die feminine »medica« oder »ἰατρίνη«. Neben Männern praktizierten also auch Frauen, wenngleich deren Tätigkeitsfeld bisher nicht ganz als geklärt angesehen werden kann, vor allem hinsichtlich der Abgrenzung zur Hebamme »obstetrix« oder »μαῖα« bzw. »ἰατρόμαια« (zur näheren Diskussion Steger 2004: 51–57; vgl. zur so genannten Frauenmedizin den Quellenband von Schubert und Huttner

---

[1]   Vgl. zum ganzen Kapitel die erweiterte Fassung bei Steger 2004: 41–76 mit zahlreichen Literaturangaben; Quellentexte zur Antiken Medizin sind gut greifbar in den Ausgaben von Diller 1994, Kollesch und Nickel 1994, Müri 1979 sowie Schubert und Leschhorn 2006.

1999). Die zunehmende Spezialisierung seit dem 4. Jh. v.Chr. brachte zahlreiche Spezialbezeichnungen für Ärzte hervor (Baader 1967). Im späten 1. Jh. v.Chr. war der Bedarf an ärztlichen Dienstleistungen so groß, dass eine eigene Gruppierung von Fachärzten hätte entstehen können. Doch fehlen weitgehend die Belege für ein derartige Entwicklung (Korpela 1987). Eine nähere Definition des »medicus« lassen einerseits Variationen nicht zu, die sich aus der Zeitdauer und der Größe des Imperium Romanum ergeben, andererseits die fehlende fachliche Qualifikation im Sinn von zu erfüllenden Gegenstandskatalogen und staatlichen Prüfungen. Es gab eine breite Palette ärztlicher Praktiker (Kollesch 1979): Aristoteles unterschied den Praktiker (δημιουργός) vom wissenschaftlich gebildeten Mediziner (ἀρχιτεκτονικός) und setzte davon den medizinisch gebildeten Laien (πεπαιδευμένος περὶ τὴν τέχνην) ab (Aristot. pol. 3,11: 1282 a 3f.; vgl. weiter Gal. De libr. propr. 19,9 K.). Dementsprechend gab es nicht den Prototyp eines geschulten Mediziners: Arzt konnte jeder werden, der sich, wie man es auch im Hippokratischen Eid (vgl. Kapitel 4) liest, von einem praktizierenden Arzt in der τέχνη ἰατρική einweisen ließ. Erklärtes Ziel dieser τέχνη war es, die Gesundheit als höchstes Gut zu wahren, indem prophylaktische respektive wiederherstellende Maßnahmen zum Einsatz kamen (Hippokr. Salubr. 9, Flat. 1–6, Gal. De sectis 1,64 K., De const. art. med. 1,262 K., 1,303 K.). Der Eid regelte die Ausbildung in einem vertraglichen Verhältnis. Ein Schüler wird zur Ausbildung von einem in der Kunst kundigen Lehrer aufgenommen (Kollesch 1979). Unterricht kann der Schüler nur erhalten, wenn er sich eidesstattlich verpflichtet, bestimmte ärztliche Verhaltensnormen einzuhalten. Es geht um medizinische Ethik als Verhalten von Heilkundigen gegenüber Heilungsbedürftigen und Heilungswilligen. Nach vertraglicher Bekräftigung beginnt der Lehrer den Unterricht in allgemeinen ärztlichen Vorschriften, Vorlesungen und Unterweisungen am Krankenbett und in der Sprechstunde. Dafür verpflichtet sich der Schüler, seinen Lehrer in Notsituationen und im Alter zu unterstützen und seinen Söhnen die Kunst weiterzugeben. Berufliche Kompetenz wird also in eine familiale Struktur eingepasst: Die Söhne des Lehrers wurden wiederum Ärzte und taten dies wegen des zu erwartenden Ansehens als Arztgerne. Schon in frühester Jugend sind die Söhne bei der täglichen Arbeit des Vaters zur Hand gegangen (Gal. De anat. admin. 2,280,3–281,3 K.) und haben auf diese Weise die Kunst kennen gelernt. Inwiefern diese Festlegungen im Eid alltagspraktische Bedeutung hatten, darf – nicht zuletzt angesichts der generellen Frage nach der Alltagsrelevanz des Eides – kritisch betrachtet werden. Ganz allgemein gilt auch, dass die familiale Struktur für die ärztliche Ausbildung vor allem der späteren Zeit keine Bedingung war (man denke nur an Galen, der aus der Familie eines Mathematikers bzw. Architekten stammte). Ärzte aus Alexandria, Pergamon, Ephesos und Berytos

kamen nach Rom, um dort zu praktizieren. Sie brachten Impulse aus fremden Kulturen in das Imperium. Die Ausbildung umfasste auch theoretische
Grundlagen, die zum Verständnis der ärztlichen Praxis beitrugen. Eine
verbindliche und einheitliche Ausbildung der angehenden Ärzte und eine
staatliche Prüfung kann nicht angenommen werden. Bis zum Ausgang der
Antike gelang es weder, einen theoretischen Inhalt der Ausbildung noch die
praktische Ausbildung selbst für alle Ärzte verbindlich zu regeln. Es gab
keine fachlichen Prüfungen; nicht einmal die so genannten öffentlichen
Ärzte mussten sich besonderer Prüfungen unterziehen. Somit dürfte die
praktische Ausbildung angehender Ärzte am ehesten mit der eines Handwerkers zu vergleichen sein. Praktische Unterweisung am Krankenbett und
Praxisvermittlung durch Teilnahme an der Sprechstunde waren Mittel des
empirischen Kenntniserwerbs. Die fachliche Qualifikation war damit Sache
des einzelnen Arztes. Der einzelne bestimmte, wo, auf welche Weise und
wie lange er diese Erfahrung sammeln wollte. Dem Lehrer kam damit große
Bedeutung zu, da es von ihm abhing, mit welchem Wissen der Schüler
praktizierte. Damit war die soziale Einstufung der Ärzte weniger durch die
Form der ärztlichen Ausbildung gegeben, vielmehr dadurch, dass die Be-
rufsausübung dem Gelderwerb diente. Die Differenz zum gemeinen Handwerker lag darin, dass man das kostbare Gut des menschlichen Lebens zu
versorgen hatte. Auch spezielle Handwerker definierten generell ihr Können durch den Vergleich mit der Konkurrenz, wie dies für Ärzte belegt ist.
Die praktizierenden Ärzte hatten sich öffentlich zu stellen. An die Stelle
von Ausbildungsordnung und Prüfungen trat der Konkurrenzkampf. Die
Laien beurteilten neben den engen fachlichen Kriterien vor allem die darüber hinausgehende Befähigung zu einem vortrefflichen Arzt (Kollesch
1972). Zur besseren Beurteilung bemühten sich die Laien um die Aneignung medizinischen Fachwissens. Die entstandene medizinische Literatur
trug dazu bei, dass medizinisches Wissen zum Bestandteil der Allgemeinbildung wurde (Meißner 1999). Daneben profitierten die Laien auch von
Gesprächen, die Ärzte mit ihnen führten. Diese sorgfältige Prüfung durch
die Patienten konnte eine von Staates wegen her unmögliche Qualitätskon-
trolle ersetzen und damit für eine regulierte ärztliche Berufsauffassung
sorgen. Welche Bedeutung diese private Kontrolleistung hatte, kann am
negativen Trend der Kaiserzeit abgelesen werden, als die Kranken mit der
Auswahl und Prüfung ihrer Ärzte sorgloser umgingen. Seitdem nahm der
Standard stetig ab (Gal. De meth. med. 4,3–9 K. und Scrib. Larg. comp.
pr. 9.). Einerseits scheinen für die unkritische Haltung der Patienten das
luxuriöse Leben der Römer, das Streben nach Geld, das Eifern um persönliche Macht verantwortlich zu sein, andererseits scheint in Großstädten wie
Rom die Schwierigkeit bestanden zu haben, Kenntnisse über die hohe Zahl
praktizierender Ärzte zu gewinnen (Gal. De meth. med. 2,1–4,2 K.). In

Rom hatte sich ärztliche Tätigkeit als selbstständiger Berufszweig bis in die letzten Jahre der Republik nicht durchsetzen können. Ein Grund hierfür kann in dem niederen Stand einer »medicina domestica« (Hausmedizin) gesehen werden, deren Kenntnisse auf tradierter Empirie beruhten, die dem bäuerlichen Charakter der römischen Kultur entsprach und personalisiert im »pater familias« war. So war im allgemeinen die gesellschaftliche Stellung eines Arztes der eines Handwerkers gleich. Eine gewisse Ausnahme stellten die allgemein angesehenen und gut situierten öffentlichen Ärzte dar, die wenige waren: Ein öffentlicher Arzt war für das Volk angestellt, die gesundheitliche Versorgung der Bürger zu leisten. Die herausgehobene Bedeutung des öffentlichen Arztes wurde durch die Bezeichnung ἰατρὸς δημόσιος (Herodot 3,131) unterstrichen (Kudlien 1986). Dieser war von den griechischen Städten gerufen worden, damit er sich gegen Bezahlung für die ärztliche Versorgung dieser Stadt bereithielt. Die griechische Stadt kam nicht für die Bezahlung dieses Arztes auf, sie sorgte nur für die Gewährleistung einer medizinischen Versorgung. Die Bürger hatten sich um die Bezahlung selbst zu kümmern. In Inschriften des späten 3. Jh. v.Chr. trat dann zum ersten Mal die Bezeichnung ἀρχιατρός auf; gemeint war der »Erzarzt« als königlicher Leibarzt. Inschriften aus dem griechischen Osten und aus Rom belegen nebeneinander seit dem 2. Jh. n.Chr. den Titel ἀρχιατρός für die Bezeichnung »öffentlicher Arzt« (Kudlien 1985). Als schließlich die Gesellschaft nur noch von den Privilegien abhing, die der »princeps« als Gott verteilt hatte, stand der Archiater am Hof an der Spitze des Gesundheits- und Heilermarkts. Unter der kaiserzeitlichen Ärzteschaft hatte sich ein privilegierter Stand entwickelt. Nicht nur der Beruf ging auf die Nachkommen über, sondern ebenso das öffentliche Amt eines ἀρχιατρός. Diejenigen Ärzte, welche die kaiserliche Familie oder Senatoren versorgten, standen in gutem Ruf und konnten mit einem hohen Einkommen statthaft leben. Wir wissen beispielsweise von zwei Ärzten der frühen Kaiserzeit, Antonius Musa und C. Stertinius Xenophon, die beide in engem Kontakt zum julisch-claudischen Kaiserhaus standen (Krug 1993: 208–212) und neben ihrer ärztlichen Funktion politischen Einfluss ausüben konnten (Steger 2004: 60–62). Während die Zahl der öffentlichen Ärzte begrenzt war, praktizierte daneben eine unbegrenzte Anzahl privater Ärzte (Korpela 1987). Die gesellschaftliche Stellung dieser Ärzte glich dem Status der Handwerker. Die anderen einfachen Ärzte mussten täglich den Kampf ums Bestehen antreten. Erst im 2. Jh. n.Chr. schien der Wohlstand unter den Ärzten allgemein zugenommen zu haben. Anfangs setzten sich die privaten Ärzte aus Griechen, aus Sklaven und Freigelassenen zusammen. Mit der Kaiserzeit kamen zahlreiche Unfreie hinzu. In der ersten Hälfte des 1. Jh. n.Chr. kam die Mehrzahl aus Griechenland oder Kleinasien. Erst im Laufe der Zeit kamen freigeborene Römer unter den Ärzten hinzu (Kudlien 1986). Im Zuge dieser Vernetzung kamen wichtige Impulse aus dem Osten. In der Spätantike traten dann an die Stelle der Beziehungen zum Osten die Kontakte in den Westen und hier vor allem nach Gallien und Afrika. Auch Ärzte jüdischer Abstammung sind bekannt: Diejenigen, die im westlichen Reichsteil praktizierten, sprachen vornehmlich griechisch. Sie waren innerhalb ihrer römischen Umwelt weitgehend isoliert und lebten in eigenen jüdischen Gemeinden (Kudlien 1985). Diese Sonderstellung war für die im Osten tätigen jüdischen Ärzte geringer ausgeprägt. Die jüdischen Wanderärzte lebten in arger Armut. Deshalb zog es die in der Diaspora lebenden Ärzte in die großen Städte Alexandria, Ephesos und Rom, wenn dort auch vermehrt mit antijüdischer Agitation zu rechnen war.

Unter diesen Voraussetzungen wird die in Rom übliche Verwendung des Begriffs »taberna« als das Wohnhaus mit angeschlossener Werkstatt für Handwerker (Schuhmacher, Schmiede, Bäcker) wie für Arztpraxen klar (Harig 1971). Die Gegenüberstellung des Aischines belegt diese gesellschaftliche Einordnung über Rom hinaus schon für den griechischen Kulturkreis als typisch: Ein Haus werde »iatreion« genannt, wenn es ein Arzt bewohne, dasselbe heiße aber, sobald es ein Schmied beziehe, »Schmiede«; »Walkerei« werde es genannt, wenn ein Walker dort wohne, »Tischlerei«, wenn ein Tischler es beziehe, und »Bordell«, wenn ein Wirt und Prostituierte ihrem Geschäft in diesem Haus nachgingen (Aischin. Contra Timarchum 50 (124) p. 67,18–68,1). Diese gesellschaftliche Situation bot den besten Nährboden für die Scharlatanerie Unqualifizierter, die in ihrem Unwissen sowohl Kranken als auch dem Ruf der eigentlichen Ärzten Schaden zufügten.

Die praktizierenden Ärzte hatten sich in der Öffentlichkeit zu bewähren, dem ihnen entgegengebrachten Misstrauen zu begegnen und vor den Laien ihr Können unter Beweis zu stellen (Selinger 1999). Das Vorgehen eines Arztes wurde also weniger mit wissenschaftlichen Kriterien bemessen als vielmehr von Laien beurteilt. Sie hatten sich dem bunten Heiler- und Gesundheitsmarkt zu stellen, mussten komplexe Zusammenhänge einem Laien erklären und Verständnis für die Dynamik und weitgehende Unberechenbarkeit eines biologischen Systems vermitteln. Aus dieser Bewegung erwuchs eine medizinische Allgemeinbildung in der Gesellschaft.

Die dritte Gruppierung neben den öffentlichen und den privaten Ärzten waren die Militärärzte, die im Verbund mit den Sanitätern und den Veterinärärzten im Militärdienst den Sanitätsdienst besorgten (Wesch-Klein 1998, Wilmanns 1995). Durch die Einführung grundsätzlich neuer Rahmenbedingungen ist ein organisierter Militärsanitätsdienst seit Augustus belegt. Die Truppen waren bisher meist in der Nähe von Städten und dörflichen Besiedelungen stationiert, so dass zivile Ärzte die Versorgung übernommen hatten. Die zunehmende Expansionspolitik machte eine ärztliche Betreuung der Truppen notwendig, die in entlegenen Garnisonen stationiert waren. Die

Praxis, eigene Ärzte mitzunehmen, behielten einige Kaiser bei. Der Sorge-
pflicht für die Soldaten standen die Bedürfnisse eines stehenden Heeres
gegenüber. Es wurde der Aufbau eines in die Armee integrierten Sanitätsdiensts notwendig. In den differenzierten Ausbau der römischen Streitkräfte
ordneten sich auch die Militärärzte und Sanitäter ein. Augustus musste beim
Aufbau des Sanitätsdienstes für seine Streitkräfte auf zivile Ärzte zurück-
greifen, die größtenteils aus dem Ausland kamen. Der Mangel an geeigne-
ten eigenen Ärzten machte dies notwendig. Hinzu kam, dass zunächst bereits im zivilen Leben ausgebildete Ärzte gewonnen werden mussten, die
bereit waren, für die Truppen zu praktizieren. Neben diesen eigentlichen
Arztsoldaten, die eine dauernde Verpflichtung eingingen, gab es Ärzte, die
für einen definierten Zeitabschnitt ihre Arbeitskraft zur Verfügung stellten.
Beide Gruppierungen mussten für das Militär angeworben werden, um
einerseits eine ärztliche Versorgung der Truppen zu gewährleisten und
andererseits für die Zukunft aus den eigenen Reihen Soldaten zu Ärzten
auszubilden. Es ging schließlich darum, ständige Arztsoldaten zu gewinnen.
Das ganze System zeigte hohe Flexibilität: Soldaten ließen sich auf eigene
Rechnung bei zivilen Ärzten versorgen, Kommandeure nahmen Leibärzte
in die Provinzen mit, und Ärzte wurden angeworben und ausgebildet, die
ständig Soldaten versorgten. In spätaugusteischer Zeit wird dieses System
noch nicht recht funktioniert haben; erst für die Hohe Kaiserzeit sind ge-
nauere Kenntnisse darüber zu gewinnen. Dies liegt darin begründet, dass
seit dem 2. Jh. n.Chr. die militärische Aktivität zunahm und damit die Zahl
der praktizierenden Militärärzte anwuchs. Es ist erst Hadrian, der sich um
die Gesundheit seiner Soldaten ernsthaft und systematisch sorgte, wie man
beispielsweise an der strengen Kontrolle des Alters bei der Aushebung
seiner zukünftigen Soldaten erkennen kann. Mit dem 3. Jh. n.Chr. bekam
das Militär größte Bedeutung zugestanden, so dass die überwiegende Zahl
der Ärzte dort praktizierte. Ärzte unterlagen im Heer einer Rangordnung.
Die Ärzte des Heers praktizierten im Krankenzimmer oder im so genannten
Valetudinarium. Die ersten Valetudinarien sind bereits um Christi Geburt
bei der Nordarmee belegt (Risse 1999: 38–56). Mit der Einrichtung der
Valetudinarien wurde das Ziel verfolgt, voll einsatzfähige Soldaten zu haben und bei Einschränkung dieser Voraussetzung an Ort und Stelle kompe-
tente Hilfe zur Verfügung zu haben. Aus diesem Grund hatte jede Legion
ein eigenes Gebäude zur Unterbringung der Kranken. Die behandelnden
Ärzte hatten sich in erster Linie um die allgemeine Gesundheitsvorsorge zu
kümmern, die bei der Rekrutierung (»probatio« heißt Musterung) der »tirones« die körperlichen Tauglichkeitsprüfung umfasste. Männer, die den
Tauglichkeitskriterien der »tirones« entsprachen, waren den Anforderungen
des Militärdienstes gewachsen. Dann standen die Ärzte bei Präventions-
maßnahmen beratend zur Seite. Die Kommandeure mussten sich auch vor-

sorglich um die Gesundheit ihrer Soldaten sorgen. Zu den Präventivmaßnahmen sind die Sorge um regelmäßiges Training zu rechnen, qualitativ hochwertiges Essen, Errichtung der Lager in einem gesunden Klima, sauberes Wasser, keine Nässe, kein Frost oder zu starke Sonnenexposition. Hinzu kommen hygienische Bemühungen durch die Einrichtung von Toiletten mit Wasseranlagen, Entsorgung des anfallenden Unrats und schließlich die Einrichtung von Bädern. Die Ärzte hatten die medizinische Versorgung der Truppen zu gewährleisten, welche rasch einsetzende therapeutische Maßnahmen in der akuten Situation und die weitergehende Behandlung und Nachsorge der Soldaten umfasste. Im Kriegsfall bestand die ärztliche Aufgabe vorwiegend in der Wundversorgung (Jackson 1988). Es waren nicht nur Kriegsverletzungen zu versorgen, sondern ebenso Verletzungen und auch Krankheiten infolge handwerklicher Tätigkeiten wie beispielsweise Holzfällen, Ordnungsdienste, Straßenbauten, neben vielen weiteren Arbeiten. Es mussten auch Krankheiten versorgt werden, die die im Heer Beschäftigten befielen, aber auch jeden anderen außerhalb des Heers hätten treffen können. Es gab eine ganze Reihe von Soldaten, die infolge schwerer Verletzungen, körperlicher oder geistiger Gebrechen vorzeitig aus dem Heer ausgemustert wurden. Bei Verrichtung ihrer Arbeit konnten die Ärzte nicht nur den Verwundeten helfen, sondern durch ihre chirurgischen Interventionen den menschlichen Körper weiter studieren. Das vornehmlich an der Sektion von Tieren gewonnene anatomische Wissen konnte so verfeinert werden (Selinger 1999). Neben den verletzten Soldaten waren auch verwundete Gladiatoren oder Reisende, die von Räubern verletzt worden waren, beliebte Studienobjekte für Ärzte.

Neben den Ärzten waren auch nichtärztliche Gruppierungen auf dem Heiler- und Gesundheitsmarkt tätig. Es ist im Einzelfall schwierig, klare Grenzen zu ziehen: Masseure, Krankenpfleger und Hersteller respektive Händler von Drogen und Pharmaka prägten neben den Ärzten das Heilen. Plinius berichtet in seinem historischen Abriss der Heilkunde (29,1–27) auch von der ἰατραλειπτική, die von Herodikos aus Selymbria eingeführt wurde. Es ist diejenige Kunst, bei der die Gymnastik eine entscheidende Rolle spielte. Herodikos führte die Krankheiten auf eine falsche Lebensweise zurück und empfiehlt deshalb Schwitzbäder, Frottierungen und Gymnastik. Der jüngere Plinius erkrankte im Jahr 97 n.Chr. und wurde von dem ägyptischen Freigelassenen Harpocras erfolgreich behandelt. Aus Dankbarkeit bekam Harpocras das ägyptische und das römische Bürgerrecht verliehen. Harpocras setzte zur Therapie Salben, Öle, Wechselbäder und Diäten ein und konnte Plinius mit seinen therapeutischen Bemühungen vor Ärgerem bewahren. Die ἰατραλείπται stellten eine eigene Heilergruppierung dar, die mit Einreibungen arbeitete (Plin. ep. 10,5, Gal. De comp. med. sec. loc. 13,104 K.) und die erst im 1. Jh. n.Chr. zum Heilermarkt hinzutrat. Plinius setzte mit ihrem Wirken den Beginn einer Gewinnsucht ohne Maß und Ziel an (Plin. nat. 29,4f.): Die Leistung des Hippokrates, der schließlich die Versorgung der im Bett liegenden Kranken etabliert habe, werde durch die ἰατραλείπται regelrecht pervertiert. Die zweite nichtärztliche Gruppierung stellten die Krankenpfleger (»capsarii« / ὑπηρέτεις) dar. Sie sind schwer zu erfassen, da oft mit »capsarius« / ὑπηρέτης ein Spezialdiener bezeichnet wurde. In einer Annäherung kann man davon ausgehen, dass ὑπηρέτεις als Gehilfen fungierten und damit beschäftigt waren, Salben zu mischen oder Verbände und Schienen anzulegen. Welchen genauen Beitrag ein solcher »capsarius« / ὑπηρέτης dann am Heilen leistete, bleibt unklar. Im römischen Heer sind »capsarii« bekannt, die den Pflegedienst besorgten. Den »capsarii« standen »discentes capsariorum« und »qui praesto sunt« zur Seite. Im Rahmen des Sanitätsdiensts konnten sich »capsarii« zu »medici« weiterbilden. Schließlich gehören noch die Hersteller und Händler von Drogen und Pharmaka zu den nichtärztlichen Gruppierungen. Sie wurden unter anderem mit folgenden Nomina bezeichnet: »aromatarii«, »myropolae«, »pharmacopolae«, »pigmentarii«, »seplasiarii«, »thuriarii«, »unguentarii«. Diese hatten im Umgang mit ihren Kunden neben dem eigentlichen Verkauf ihrer Waren auch die Beratung zu besorgen, so dass sie im Gesundheits- und Heilermarkt eine bedeutende Rolle einnahmen, zumal eine Beratung meistens eine Analyse der Beschwerden voraussetzte. Unklar bleibt im Einzelfall, welche Kräuter sie verkauften und wie umfangreich ihre medizinischen Aufgaben waren. Von den φαρμακοπώλαι weiß man, dass sie nicht nur Medikamente verkauften, sondern auch Krankheiten behandelten. Einige verkauften auch kosmetische Stoffe. Da sie Angriffen von Ärzten ausgesetzt waren (Gal. De fasc. 43A, 770 K.), ist davon auszugehen, dass sie von Patienten in Anspruch genommen und von den Ärzten als Konkurrenz wahrgenommen wurden. Öffentliche, private sowie Militärärzte auf der einen und nichtärztliche Gruppierungen auf der anderen Seite standen neben Heilern mit magischen und heilkultlichen Anschauungen. Gemeinsam ist ihnen allen, dass sie sich um Gesundheit und Krankheit des Menschen kümmerten. Sie taten dies aber in sehr verschiedener Art und Weise, teilweise in Konkurrenz zueinander, teilweise aber auch in einem bemerkenswertem Miteinander.

3. Hippokrates gestern und heute –
Moderne Probleme und alte Wurzeln

Der Hippokratische Eid ist noch heute eine zentrale Bezugsgröße vieler Ärzte (Ausfeld-Hafter 2003, Arz de Falco 2003). *Noch* heute? Hatte der Eid denn Gültigkeit, Bedeutung, Relevanz in der Antike? Was wissen wir über die Rezeption des Eides zum Zeitpunkt seiner Entstehung? Was hat der Eid eigentlich mit seinem Namensgeber Hippokrates zu tun? Der Eid beginnt eine Reihe ethischer Codices, die häufig Halt bieten und so einem grundlegenden menschlichen Bedürfnis nach Orientierung entsprechen. Charlotte Schubert (2005: 67) schreibt in ihrem Hippokrates-Band, der über die antiken Verhältnisse profunde Informationen enthält, sehr richtig: »Die Besonderheit des hippokratischen Eides lag und liegt in seiner partiell sehr einseitigen Ausrichtung auf eine Ethik, die für die Antike nie repräsentativ war und offensichtlich erst in den Betrachtungshorizont größerer Kreise kam, als die Tendenz zur Moralisierung insbesondere der Medizin stärker wurde.«

Der Mythos, der sich um dem Namen Hippokrates von Kos rangt, ist gewaltig. Vielfach wird der Name Hippokrates mit dem nach ihm benannten Eid in Verbindung gebracht. Doch ist der Name Hippokrates ganz allgemein durch vielerlei Assoziationen und Wortverbindungen im Gedächtnis präsent. So hat man beispielsweise einer therapeutischen Methode, bei der nach Schulterluxation (Schulterausrenkung) eine Reposition durch Zug, Außenrotation und Adduktion des Oberarms erreicht wird, den Namen »Ferse des Hippokrates« gegeben.

Hippokrates ist zu einer wichtigen Vorbildfigur von Ärzten avanciert. Doch ist Schuberts Einschätzung, dass »[d]er hippokratische Eid […] heute als der wichtigste Text innerhalb der medizinischen Ethik [gilt]« (Schubert 2005: 15) kritisch zu sehen.

Es wurden zahlreiche Studien vorgelegt, in denen nachgewiesen wurde, wie der Name Hippokrates in der zeitgenössischen medizinischen und medizinethischen Fachliteratur Verwendung findet. Dabei wurde unter anderem auch die 1993 erschienene Dezemberausgabe des Deutschen Ärzteblattes ausgewertet (Leven 1994: 51, Winau 1997). Auf deren Titelblatt sieht man Hippokrates von Kos, unter dem sich gewissermaßen als Wasserzeichen der Hippokratische Eid abzeichnet. Einige Seiten später liest man in derselben Ausgabe davon, dass der Hippokratische Eid, obwohl 2400 Jahre alt, immer noch im Gespräch sei. Solch anachronistisch anmutende Herangehensweise an ein historisches Textdokument spiegelt nicht zuletzt einen gelebten Traditionalismus der Medizin wieder. Es scheint zumindest so zu sein, dass die Moderne Medizin ohne den Hippokratischen Eid nicht auszukommen vermag, in dem Hippokrates als Paternalist einem Arzt-Patienten-Verhältnis gegenübersteht, das heute nach den Maximen eines »Informed consent« (Aufklärung, Verstehen, Freiwilligkeit, Entscheidungskompetenz und Einwilligung) ausgerichtet sein sollte.

Eine eigene Beobachtung neueren Datums betrifft einen Beitrag von Axel Fenner (2003), Direktor im Ruhestand der Klinik für Neonatologie an der Universität zu Lübeck. Er bezieht sich in seinem im August 2003 in der Deutschen Medizinischen Wochenschrift veröffentlichten Beitrag mit dem Titel »Schwangerschaftsabbruch – Embryo-Fetozid – drohender Auto-Genozid?« eben auf jenen Hippokrates und den Hippokratischen Eid:

Für den Umgang des Arztes mit dem Tod, in dem die Problemstellungen oft sehr diffizil sind, hat der ›Eid des Hippokrates‹ auch bereits vor ca. 2 Jahrtausenden klare Richtlinien gegeben, die das ungeborene Leben einschließen: ›[…] Ich werde niemandem, nicht einmal auf ausdrückliches Verlangen, ein tödliches Medikament geben […]; ebenso werde ich keiner Frau ein Abtreibungsmittel aushändigen […]‹, heißt es darin wörtlich.

Etwas später stellt Fenner die Frage:

Wie nun stehen die Ärzte unseres Landes zu der Frage des Massen-Embryo-Fetozids? Man müsse einen ständigen, nicht verstummenden Aufschrei erwarten, würden sie ihr Tun und ihrer Einstellung nach wie vor dem Eid des Hippokrates verpflichtet wissen. Doch sie schweigen – sie schweigen und machen mit!

Für die heranwachsende Medizinergeneration fordert Fenner schließlich, man müsse diese

zu Ärzten [ausbilden, F.St.], die sich nicht damit begnügen, ihre gesetzlich geforderte Pflicht zu tun, sondern die ihr Tun hinterfragen und bereit sind, sich gegen ein Gesetz aufzulehnen, wenn sie es mit ihrem ärztlichen Gewissen oder mit dem Eid des Hippokrates nicht in Einklang bringen können.

Wer war nun dieser Hippokrates von Kos, auf den sich noch heute viele Ärzte beziehen?

Mit dem Namen Hippokrates von Kos ist eine Tradition verbunden, die in der Forschung insofern als der Beginn einer abendländischen Medizin verstanden wird, als zum ersten Mal in der abendländischen Kulturgeschichte fern von den Göttern Gesundheit und Krankheit durch Beobachtungen an der Natur vernunftgemäß beschrieben werden (Schubert 2005: 61–78). Im 5. Jh. v.Chr. war man darum bemüht, Erklärungsmodelle, die von den Vorsokratikern durch ihre Fragen an die Natur für den Makrokosmos gefunden wurden, auf den Mikrokosmos Mensch zu übertragen. Größte Bedeutung erlangte die in diesem Zusammenhang in der Schrift »De natura hominis« formulierte Konzeption der Vier-Säfte, die von dem kaiserzeitlichen Arzt Galen von Pergamon aufgegriffen, verändert, angereichert und systematisiert wurde, so dass diese die abendländische Medizin bis in die Frühe Neuzeit maßgeblich prägte. In diese Bewegung fällt auch der Name Hippokrates von Kos, über dessen Leben es viele Spekulationen und wenig verlässliche Fakten gibt: Wir können davon ausgehen, dass Hippokrates ca. 460 v.Chr. auf der Insel Kos geboren wurde. Er stammte aus einer Familie, die sich auf den großen Heilgott Asklepios zurückführt. Vermutlich hat Hippokrates nach seiner Ausbildung auf Kos Medizin gelehrt, bis er als Wanderarzt tätig wurde. Er verstarb hochbetagt im Alter, er dürfte wohl zwischen 85 und 109 Jahre alt geworden sein – auch das wissen wir auch nicht so genau. Mit seinem Namen ist aber nicht nur der »Hippokratische Eid« und die »Ferse des Hippokrates« verbunden, vielmehr und ganz wesentlich ist nach ihm ein ganzes Werk benannt. Das so genannte »Corpus Hippocraticum«, das ca. 60 medizinische Schriften umfasst und das in die Zeit zwischen 450 und 350 v.Chr. fällt. In dieser Schriftensammlung sind nahezu alle Bereiche der Heilkunde abgedeckt. Es sind dort Krankengeschichten, Therapieanweisungen, Aphorismen oder reflexive Überlegungen zur Ethik und Etikette des Arztes vereint. Welche Schriften dieser Sammlung nun wirklich Hippokrates zuzuschreiben sind und wie diese Schriften zu datieren sind, ist eine die Forschung seit langem beschäftigende Frage, die bis heute nicht geklärt ist. Ebenso ungeklärt ist die Frage, ob die als Corpus Hippocraticum zusammengefassten Schriften (a) den Kern einer wissenschaftlichen Bibliothek der Ärzteschule auf Kos repräsentieren, die durch Hippokrates zur Blüte gekommen war, oder (b) erst im 3. Jh. v.Chr. in Alexandria gesichtet, gesammelt und später als hippokratische Sammlung zusammengefasst wurden.

Aus dieser Sammlung wird seit langer Zeit vor allem dem Hippokratischen Eid große Aufmerksamkeit zugestanden (Deichgräber 1955, Jouanna 1992, Leven 1997, Lichtenthaeler 1984, Nutton 1993). Jutta Kollesch und Georg Harig (1978) haben im Zusammenhang mit dem Hippokratischen Eid wichtige Überlegungen zur Entstehung der antiken medizinischen Deontologie angestellt, auf die ich an dieser Stelle etwas näher eingehen möchte: Die deontologischen Grundsätze des Hippokratischen Eides haben bis heute weitgehend Gültigkeit. Allein dies ist Argument genug, von einer historischen Losgelöstheit des Eides auszugehen, der dadurch universellen Anspruch bekommt. An wen hätte sich der Eid auch als geschlossene Gruppierung wenden sollen? So kann man zu diesem Zeitpunkt von keiner geschlossenen Ärzteschaft ausgehen. Ärzte bildeten eine heterogene Gruppierung schon allein aufgrund ihrer Ausbildung. Dies erklärt zudem die

Unvereinbarkeit utilitaristischer Haltungen, wie sich solche in den hippokratischen Schriften finden, mit den ethischen Vorstellungen im Eid. Am augenscheinlichsten wird solche Unvereinbarkeit bei der Haltung gegenüber dem Schwangerschaftsabbruch. Während im Corpus Hippocraticum durchaus positive Stimmen eines künstlich herbeigeführten Aborts zu vernehmen sind (Nickel 1972), wird ein solcher im Eid kategorisch abgelehnt. Kollesch und Harig (1978) machen sich zugleich dafür stark, dass der Eid aus den gesellschaftlichen Umständen des 5. und 4. Jh. v.Chr. zu verstehen ist. Kranken soll geholfen werden. Dabei soll der Arzt einen weitgehenden Schutz der persönlichen Integrität des Patienten gewähren. Der Kranke und seine Interessen stehen damit im Mittelpunkt der Patient-Arzt-Beziehung. Der Patient soll vor einem Missbrauch der Stellung und Möglichkeit des Arztes geschützt werden. Damit tritt im Eid der Patient dem Arzt als Mensch entgegen, der selbstständig handelt und sein persönliches Schicksal mitbestimmt. Eine solche Auffassung des Menschen als Individuum ist ganz allgemein für das Corpus Hippocraticum feststellbar, in dessen Theorien das Bestreben ausmachbar ist, die Individualität des Menschen zu erfassen (Kollesch 1976). Damit geht es zunehmend mehr um eine soziale Medizin, in dessen Aufgaben die Prävention und damit die Diätetik (Steger 2004) fällt. Zugleich ist für die Wende vom 5. zum 4. Jh. v.Chr. ein neues Verständnis vom Menschen im Sinne einer Individualisierung festzuhalten, wie dies auch in Literatur und Philosophie zum Ausdruck kommt: Der Mensch steht mehr und mehr im Mittelpunkt.

Die große Aufmerksamkeit, die dem Eid zuteil wird, ist in zweifacher Hinsicht bemerkenswert: (1) Es ist nicht geklärt ist, ob der Eid überhaupt dem Corpus Hippocraticum zuzurechnen ist. (2) In dieser Sammlung ist eine ganze Reihe von Schriften überliefert, die ethische Aspekte ärztlichen Handelns zum Gegenstand haben. Man denke hierbei vor allem an die deontologischen Texte, in denen ethische Aspekte der ärztlichen Tätigkeit zu fassen sind. Wie man den Hippokratischen Eid nun auch datieren mag und welchen Autor man diesem Eid letzten Endes zusprechen mag, ist beides ungeklärt. Vielleicht kann man davon ausgehen, dass dieser in das 4. Jh. v.Chr. zu datieren ist und vielleicht weiter, dass Hippokrates der Autor ist; sicher ist das aber nicht. Vielmehr ist festzuhalten, dass der Hippokratische Eid in seiner Geschichte niemals die Funktion eines »Grundgesetzes« ärztlicher Ethik erfüllt hat, wenngleich dieser Anspruch an ihn immer wieder von außen herangetragen wurde und (immer noch) wird.

Hippokratischer Eid
nach einer Übersetzung von Karl Deichgräber (1955)

(1)   Ich schwöre bei Apollon, dem Arzt, und Asklepios und Hygieia und Panakeia und allen Göttern und Göttinnen als Zeugen, dass ich nach meinem besten Vermögen und Urteil diesen Eid und diese Verpflichtung erfüllen werde:

(2)   Den, der mich diese Kunst lehrte, gleich zu achten meinen Eltern, insbesondere mit ihm den Lebensunterhalt zu teilen und ihn mitzuversorgen, falls er Not leidet; seine Nachkommen gleich zu achten meinen männlichen Geschwistern, insbesondere, wenn sie es wünschen, sie diese Kunst zu lehren ohne Entgelt und ohne vertragliche Verpflichtung, und so Ratschlag und Vorlesung und alle sonstige Belehrung zu erteilen meinen und meines Lehrers Söhnen wie auch den Schülern, die durch den Vertrag gebunden und vereidigt sind nach ärztlichem Brauch, sonst aber niemandem.

(3)   Meine Verordnungen werde ich treffen zum Nutzen der Kranken nach meinem besten Vermögen und Urteil, sie schützen vor allem, was ihnen schaden und Unrecht zufügen könnte.

(4)   Nie werde ich, auch nicht auf eine Bitte hin, ein tödlich wirkendes Mittel verabreichen oder auch nur einen Rat dazu erteilen; gleicherweise werde ich niemals einer Frau ein fruchtabtreibendes Zäpfchen geben.

(5)   Heilig und rein werde ich mein Leben bewahren und meine Kunst.

(6)   Ich werde nicht schneiden, und zwar auch nicht bei solchen, die ein Steinleiden haben, sondern ich werde den Männern Platz machen, die in diesem Handwerk beschäftigt sind.

(7)   In welche Häuser ich eintrete, stets will ich eintreten zum Nutzen der Kranken, mich fernhaltend von willkürlichem Unrecht und jeder anderen Schädigung, insbesondere von sexuellen Handlungen gegenüber Frauen und Männern, Freien und Sklaven.

(8)   Was ich auch bei der Behandlung sehe oder höre oder außerhalb der Behandlung im Leben der Menschen, soweit man es nicht ausplaudern darf, werde ich darüber schweigen, in der Überzeugung, dass hier Schweigen heilige Pflicht ist.

(9)   Wenn ich nun diesen meinen Eidspruch erfülle und nicht verletze, möge mir im Leben und in der Kunst Erfolg beschieden sein, Ruhm und Ansehen bei allen Menschen bis in ewige Zeiten; wenn ich ihn übertrete und meineidig werde, dessen Gegenteil.

Im Eid sind einige Grundforderungen ärztlicher Selbstverpflichtung erhalten, die Eduard Seidler (1979) mit folgenden Worten würdigt:

Die Einzelaussagen des Eides sind zeitgebunden und bedürfen sorgfältiger historischer Abwägungen. Sie sind in keiner Weise normgebend für ein oft beschworenes ›ewiges Arzttum‹ und stellen auch rechtlich allein keine ausreichende Grundlage ärztlicher Berufstätigkeit dar. – Wichtig sind jedoch die im Eid enthaltenen Leitkonstanten für die Grundlegung ärztlich- bzw. medizinisch-ethischen Handelns und Verhaltens.

Als solche Leitkonstanten könnten man benennen: Der Arzt soll Leben schützen, seinem Patienten nicht schaden, das Wohl des Kranken voranstellen, die Menschenwürde im Kranken achten und durch Kompetenz und Gewissensfähigkeit selbst vertrauenswürdig sein. Der Eid ist kunstvoll ringkomponiert: Er beginnt feierlich (1) und schließt ebenso (9). Das zentrale Versprechen »Heilig und rein werde ich mein Leben bewahren und meine Kunst« (5) steht in der Mitte. Um dieses zentrale Versprechen sind die einzelnen Gebote gruppiert: Die Götter zu Zeugen gerufen wird im Eid versprochen, (1) den Lehrer zu ehren, für ihn zu sorgen, die Kunst an dessen Nachkommen gleich den eigenen Söhnen weiterzugeben, sonst aber niemandem, (2) den Kranken zu nützen, (3) keine tödlichen Mittel zu geben, (4) Leben und Kunst unbefleckt und gottgefällig zu bewahren, (5) den Steinschnitt nicht auszuüben, (6) weder Unrecht noch Übeltat bei den Kranken zu begehen und (7) Geheimnisse zu bewahren.

In der Antike selbst kann der Eid keine bedeutende Rezeption für sich in Anspruch nehmen. Weder zur Zeit des Hippokrates noch des Galen von Pergamon kann eine Auseinandersetzung mit dem Eid nachgewiesen werden. Doch scheint der Eid mit seinen moralischen Positionen gegenüber Abtreibung, Sterbehilfe und Chirurgie für die christliche, jüdische und islamische Überlieferung besonders attraktiv gewesen zu sein. So erfreut sich der Eid im Mittelalter einer großen Rezeption, nahezu in jeder erhaltenen Handschrift ist der Eid als Eingangsseite vorangestellt und erhält dadurch eine hervorgehobene Position. In der christlichen Rezeption wurde die Anrufung der Götter durch die Dreifaltigkeit ersetzt. Neben der ursprünglichen Fassung finden sich auch solche, in denen die Invokationsformel dem christlichen oder islamischen ›Gewand‹ angepasst wurde. Texte des Eides und der christlichen Variante sowie Ergebnisse der Rezeption finden sich in Schubert 2005: 8–13 und 79–95:

Seite	Titel
8–11	Antiker Eid in Griechisch mit deutscher Übersetzung
12–13	Antiker Eid in Latein in christlicher Fassung mit deutscher Übersetzung
79	Antiker Papyrus Text (P. Oxy. XXXI 2547)
80	Mittelalterliche Fassung des Hippokratischen Eids (Ambrosianus B 113 Antiker Papyrus-Text, sup. fol. 2)
81	Baseler Eid 1460
83	Gießener Doktoreid 1607/8
85–87	»Eid des Maimonides«
87–88	Göttinger Eid 1887
88	Genfer Ärztegelöbnis 1948
88–89	Genfer Gelöbnis 1968
89–94	Helsinki-Tokio-Deklaration zur biomedizinischen Forschung 1975
94–95	Deklaration von Lissabon 1981
95	Gelöbnis in der Berufsordnung des Deutschen Ärztetages 2003

So ist eine christliche Textvariante des Eides in Kreuzesform erhalten wie beispielsweise diejenige in einer Byzantinischen Handschrift des 12. Jh. aus Rom (Vatikan, Urbinas graec. 64); eine weitere Kreuzesform ist erhalten in einer Mailänder Handschrift (Ambrosianus B 113 sup.). Im 14./15. Jh. entstanden in Italien vier verschiedene lateinische Übersetzungen des Eides, die alle durch Handschriften mehrfach belegt sind. Der erste griechische Druck mit einer lateinischen Übersetzung von Perott kommt aus Basel; dieser wurde 1518 von Johannes Froben angefertigt. Ianus Cornarius (1500–1558) hat dann eine wichtige lateinische Übersetzung des Hippokratischen Eides vorgelegt. Der Eid erfährt durch zahlreiche Übersetzungen und durch den Buchdruck eine weite Verbreitung, so dass er bis ins 19. Jh. zu denjenigen Texten gehörte, die jedem Medizinstudenten bekannt waren und die zahlreich kommentiert wurden. Er fand auch Verwendung in den lokal verschiedenen Promotionseiden, doch war dieser immer nur Teil dieser Promotionseide (Boschung 2003), die von Ort zu Ort verschiedene Ausprägungen hatten.

   Verschiedene Fassungen des Hippokratischen Eides finden sich in der »Zeitschrift für medizinische Ethik« (Arzt und Christ) (Band 1–48, 1955–2003):

Band	Jahr	Seite	Titel
8	1962	1	Eid in Griechisch
		2	Eid in lateinischer Übersetzung und deutscher Übertragung (beides von Erna Lesky erbracht)
		3	Genfer Gelöbnis in Deutsch 1948
		4	Genfer Gelöbnis in Französisch 1948
		4	Genfer Gelöbnis in Englisch 1948
		11–34	Ärztliche Gelöbnisse heute (»eine weltweite Umfrage«)
		17–27	Promotionseide (zum Teil in deutscher Übersetzung)
		27–28	Europäische Fakultäten
		28–33	Afrikanische Fakultäten
		33–34	Amerikanische Fakultäten
			Asiatische und ozeanische Fakultäten
9	1963	201–205	Ärztliche Eide und Gelöbnisse an der medizinische Fakultät der Universität Wien
19	1973	118	Der Eid des Amatus Lusitamus (1559)
21	1975	120	Ärztegelöbnis in Bulgarien
22	1976	56	Eid der rumänischen Ärzte (Neufassung 1973)
		115	Hebammeneid in Russland (1754)
23	1977	110	Gelöbnis der Medizinabsolventen in Wilna (1924)
		111	Ärztliches Gelöbnis in Warschau (1917)

Der Hippokratische Eid ist ein zeitgebundenes Dokument, zugleich aber, das haben die erwähnten Beispiele verdeutlicht, ist der Hippokratische Eid ein Zeugnis ständischen Bewusstseins. Es sei daran erinnert, dass der Hippokratische Eid während der nationalsozialistischen Terrorherrschaft zwar auch als Identifikationsdokument (Karl Brandt begründete die NS-»Euthanasie« anhand des Hippokratischen Eides) und Hippokrates selbst als Identifikationsfigur von »Charakter und Leistung« instrumentalisiert wurde, sogleich aber als Argument einer Verwerfung der Tötung von unheilbar Kranken herangezogen wurde (Leven 1994) – so schlug der Pathologe Frank Büchner am 18.11.1941 in der Aula der Universität Freiburg in einer ungeahnten Wendung die Brücke zur Gegenwart. Werner Leibbrand, der im Nürnberger Ärzteprozess als Zeuge der Anklagebehörde und als Sachverständiger für medizinische Ethik auftrat, bezog sich explizit auf den Hippokratischen Eid, als er die Humanexperimente im Nationalsozialismus ethisch verurteilte. Doch da die Experimente am Menschen im Hippokratischen Eid keine Erwähnung finden, wurde 1947 im »Nürnberger Codex« ein eigener Codex bezüglich der Experimente am Menschen geschaffen. Von weiterreichender Bedeutung war dann die vom Weltärztebund 1964 verabschiedete »Deklaration von Helsinki«, in welcher die Grundsätze medizinischer Forschung festgelegt wurden und die seither in mehrfach revidierter Fassung vorliegt.

1948 wurde von der »World Medical Association« im Anschluss an den Nürnberger Ärzteprozess das so genannte Genfer Gelöbnis geschaffen, das zugleich Präambel der Berufsordnung für deutsche Ärzte ist. In der Berufsordnung wird die Stellung des ärztlichen Berufsstandes in der Gesellschaft reflektiert. Damit werden die moralischen Normen ärztlichen Handelns angeführt. Das Gelöbnis zeigt – ungeachtet des im Nürnberger Codex zum Ausdruck gebrachten Rückzuges vom Eid – deutliche Referenzen an den Hippokratischen Eid. Es stellt sich bewusst in die Tradition des Hippokratischen Eides. Das Gelöbnis ist Ausdruck einer ethischen Selbstverpflichtung für Ärzte in der ganzen Welt. Der Präambel der gültigen (Muster-)Berufsordnung für die deutschen Ärztinnen und Ärzte ist ein Gelöbins vorangestellt, in dem es heißt (http://www.bundesaerztekammer.de/page. asp?his= 1.100.1143#A, abgerufen 21.5.2007):

Gelöbnis

Für jede Ärztin und jeden Arzt gilt folgendes Gelöbnis:

»Bei meiner Aufnahme in den ärztlichen Berufsstand gelobe ich, mein Leben in den Dienst der Menschlichkeit zu stellen.

Ich werde meinen Beruf mit Gewissenhaftigkeit und Würde ausüben.

Die Erhaltung und Wiederherstellung der Gesundheit meiner Patientinnen und Patienten soll oberstes Gebot meines Handelns sein.

Ich werde alle mir anvertrauten Geheimnisse auch über den Tod der Patientin oder des Patienten hinaus wahren.

Ich werde mit allen meinen Kräften die Ehre und die edle Überlieferung des ärztlichen Berufes aufrechterhalten und bei der Ausübung meiner ärztlichen Pflichten keinen Unterschied machen weder nach Religion, Nationalität, Rasse noch nach Parteizugehörigkeit oder sozialer Stellung.

Ich werde jedem Menschenleben von der Empfängnis an Ehrfurcht entgegenbringen und selbst unter Bedrohung meine ärztliche Kunst nicht in Widerspruch zu den Geboten der Menschlichkeit anwenden.

Ich werde meinen Lehrerinnen und Lehrern sowie Kolleginnen und Kollegen die schuldige Achtung erweisen. Dies alles verspreche ich auf meine Ehre.«

In der Berufsordnung und besonders in der Präambel wird das Vertrauen zwischen Arzt und Patient betont. Im Gelöbnis wird von der Maxime »salus aegroti suprema lex« (das Wohl des Kranken als oberstes Gesetz) ausgegangen, während in der Berufsordnung die Maxime »voluntas aegroti suprema lex« (der Wille des Kranken als oberstes Gesetz) bestimmend ist. Solches Vertrauen basiert auf fachlicher Kompetenz und moralischer Integrität, wie diese durch die Zugehörigkeit zum ärztlichen Berufsstand suggeriert wird. Der Arzt wird bei seinen therapeutischen Bestrebungen darum bemüht sein, dem einzelnen Patienten zu nutzen und nicht zu schaden. Diese hippokratische Tradition des »primum nil nocere« (zuerst nicht schaden) (Schlamp 1986) wurde von der Forschung immer wieder als Argument der geforderten Fürsorge im Sinn eines ›starken Paternalismus‹ interpretiert, d.h. einer Fürsorge, die im Gegensatz zur angestrebten Autonomie des Patienten steht (Anselm 1999). Das fehlende Selbstbestimmungsrecht kennzeichnet den Eid als defizitär und begründet den Ruf nach einer posthippokratischen Ethik. Für unsere Spurensuche ist aber festzuhalten, dass das »primum nil nocere« in der englischsprachigen Bioethikdiskussion eine gewisse Entsprechnug in den Prinzipien »beneficence« und »non maleficence« erhalten hat (Rauprich und Steger 2005). In der Forschung wurde herausgestellt, dass jener Paternalismus die Arzt-Patienten-Beziehung maßgeblich geprägt hat und dass es hier grundlegend erst im 20. Jh. einen gewissen Bruch der Tradition in der Arzt-Patienten-Beziehung gegeben hat, indem die Autonomie des Patienten stärker betont wurde. Darüber hinaus sollte – und das bezieht sich auf den jüngeren Teil der Berufsordnung – der Arzt um einen »informed consent« bemüht sein. Der Arzt ist verpflichtet, den Patienten unter Wahrung der hierfür notwendigen Voraussetzungen aufzuklären. Hierbei hat er die Selbstbestimmung des Patienten zu achten. Doch gerade die normativen Grundzüge der Arztrolle sind – sieht man vom informierten Einverständnis einmal ab – schon im Hippokratischen Eid grundgelegt. Der Eid erfüllt eine wichtige Funktion im vereinigenden Bezugspunkt ärztlichen Selbstverständnisses.

4. Grundlagen moderner Medizin in Antike, Mittelalter und Renaissance

In diesem Kapitel werden die geistesgeschichtlichen Grundlagen einer modernen europäischen Medizin dargestellt, wie sich diese aus Antike, Mittelalter und Renaissance ergeben. Es ist dies eine Vertiefung, die nicht zwingend für das Verständnis von medizinethischen Konflikten und deren antiken Wurzeln notwendig ist. Insofern ist es auch durchaus vorstellbar, dass es Leser geben wird, die auf dieses Kapitel – vielleicht zunächst – verzichten wollen und gleich bei den Fragen am Lebensanfang (Kapitel 5) weiterlesen wollen.

Grundlagen moderner Medizin in Antike, Mittelalter und Renaissance darzustellen, und das in einem solch begrenztem Umfang, fällt schwer (Jankrift 2003, Leven 2005, Nutton 2004, Siraisi 1990, Steger 2004, Steger und Jankrift 2004). Gemeint sind geistesgeschichtliche Grundlagen, die häufig fern von realer Alltagspraxis stehen, die aber zentrale Bezugspunkte ethischer Diskursivierungen darstellen.

Das Wissen der Vormoderne ist sehr verflochten, und im Grunde bedarf es einer sehr differenzierten und breiten Darstellung. Versucht man beispielsweise zu verstehen, wie es zu jenen medizintheoretischen Grundlagen des Abendlandes gekommen ist, welche die Medizin bis zum Einsetzen einer zunehmend naturwissenschaftlich geprägten Ausrichtung bestimmten – man denke in diesem Zusammenhang nur an die Wirkungsgeschichte der Humoralpathologie – so ist ein dichtes Flechtwerk von Grenzüberschreitungen zu beschreiben: Impulse aus dem Vorderen Orient wurden in Hellas transformiert und modifiziert, sie wurden in Auseinandersetzungen mit eigenen Vorstellungen und Ideen verändert, von dort in das Römische Weltreich weitergegeben und erneut in einem komplexen Prozess tradiert und verändert, bevor diese Einlass in das Mittelalter fanden und erneut territoriale wie ideengeschichtliche Grenzen überschritten.

Für die Herausbildung medizinischen Wissens ist das Verhältnis von Philosophie und Medizin seit den ersten naturphilosophischen Studien von großer Bedeutung (Wittern und Pellegrin 1996). Der römische Enzyklopädist Celsus sprach davon, Hippokrates habe als erster die Bereiche Philosophie und Medizin getrennt (Cels. pr. 8). Zuvor hätten große Philosophen Heilkunde betrieben, wie zum Beispiel Pythagoras, Empedokles oder Demokrit. De facto ging es hierbei aber weniger um Separation als um Autonomie.

Die Medizin wurde als autonomes System begründet, das eine Beziehung zur Philosophie unterhält. Vor Hippokrates, mag es ihn denn überhaupt gegeben haben bzw. ist er tatsächlich der, den wir mit dem »Corpus Hippocraticum« in Verbindung bringen, waren also Naturphilosophen darum bemüht, in der Natur zu beobachtende Phänomene auf ihre natürlichen Ursachen zu hinterfragen und daraus Gesetzmäßigkeiten abzuleiten.

Die Vorsokratiker entwickelten an Beobachtungen der Natur ihre Vorstellungen gegenüber dem Makrokosmos (Wittern 1994). Prozesse wurden mit Vorgängen von Trennen und Absondern, Hinzufügen und Mischen beschrieben, wobei gewisse Grundstoffe zueinander in Beziehung gesetzt wurden, aus denen sich alles weitere ergab. Das Werden und Vergehen wurde in allen seinen Schattierungen als natürlicher Vorgang verstanden, dessen bestimmende Elemente in unterschiedlicher Ausprägung zugrunde lagen. Hierbei wurde in Orientierung an empedokleischen Vorstellungen die Vierzahl hervorgehoben. Feuer, Wasser, Luft, Erde; feucht, trocken, kalt, heiß; Blut, Schleim, (gelbe) Galle, schwarze Galle. Auch den Erscheinungen Sonne, Himmel, Erde und Mond ordnete Empedokles diese vier zu. In einem zweiten Schritt übertrugen die Vorsokratiker ihre Ergebnisse, die sie für den Makrokosmos gefunden hatten, auf den Mikrokosmos Mensch und machten diesen für Überlegungen fruchtbar, wie Gesundheit und Krankheit entstehen könnten. Sie legten damit die Grundlage für ein Verständnis von Gesundheit und Krankheit, das nicht mehr als Folge eines göttlichen Einwirkens aufzufassen, sondern als ein Naturvorgang zu verstehen ist (Longrigg 1999, Wittern 1996).

Unter den Vorsokratikern ist Alkmaion von Kroton hervorzuheben, der die allgemeine Idee der Gleichheit als Inbegriff der Gesundheit bezeichnete. Er steht mit dieser Feststellung am Beginn eines medizinischen Diskurses um humoralpathologische Vorstellungen. Alkmaion hatte die Vorstellung (Alk. fr. B 4 D.-K.), dass die Gleichheit (ἰσονομία) von feucht – trocken, kalt – warm, bitter – süß und die Gleichheit aller weiterer Gegensatzpaare Gesundheit konstituiert, und das Überwiegen (μοναρχία) eines von beiden Krankheit bestimmt (Schubert 1984). Gesundheit und Krankheit wurden in diesem Zusammenhang zum ersten Mal als natürliche Prozesse verstanden und mit natürlichen Mitteln zu beeinflussen flussen versucht. Es sind also philosophische Überlegungen, die erste Grundlegungen eines medizinischen Konzepts möglich machten. Theoretische Fundierung und wissenschaftliche Analyse von Seiten der Naturphilosophen führten zur Herausbildung erster medizinischer Theorien. Heilkunst wurde als ein Teil der Philosophie gesehen.

Kulturgeschichtlich von großer Bedeutung ist die Vier-Säfte-Lehre (Hipp. Nat. Hom. 4; Schöner 1964), in deren Mittelpunkt die Idee des Gleichgewichts steht und die sich im »Corpus Hippocraticum« befindet.

Das »Corpus Hippocraticum« kann als eine Schriftengruppe von ca. 60 Schriften der letzten beiden Drittel des 5. und des ersten Drittel des 4. Jh. v.Chr. angesehen werden (Jouanna 1992). Die hier vollzogene Literarisierung machte dann auch eine neue Form der Wissensvermittlung möglich. Nach der Vier-Säfte-Lehre besteht der menschliche Körper aus Säften, deren Gleichgewicht für Gesundheit sorgt. Gesundheit kann als Gleichgewicht der vier Elementarqualitäten des Warmen, Kalten, Feuchten und Trockenen verstanden werden, das durch die rechte Mischung des menschlichen Körpers aufrechterhalten wird. Am gesündesten ist die Natur, wenn die Säfte im richtigen Verhältnis sowohl der Kraft als auch der Quantität zueinander stehen und über die rechte Mischung verfügen. Zu Schmerzen kommt es, wenn zu viel oder zu wenig vorhanden ist, wenn sich etwas im Körper absondert oder sich nicht recht mit dem Ganzen vermischt. Über die Säfte hinaus kommt es zur Charakterisierung durch eine Qualität der Gegensatzpaare feucht-trocken und kalt-warm. Auch der Ort sowie das Klima haben Einfluss auf den Körper. Ebenso nehmen Jahreszeiten, Windverhältnisse, Qualität des Wassers und des Bodens Einfluss. Jeder Körper ist von einer Balance geprägt, die ihrerseits von der Ernährung abhängig ist. Die Ernährungsbestandteile haben wiederum Qualitäten, die den funktionellen Organismus individuell beeinflussen und mit Säften im Organismus verglichen werden können. Nahrungsbestandteile werden nach den Kriterien aufbauend/ernährend oder abführend eingeteilt (Hipp. Vict. 2,45–55; Hipp. Morb. 3,17). Während theoretische Überlegungen zu den Säften wie auch zu den Qualitäten auf einer guten Überlieferung basieren und man sich hiervon ein repräsentatives Bild machen kann, sind kaum Anweisungen zur praktischen Umsetzung beispielsweise in Form von Rezepturen erhalten. Kommt es zum Überschuss eines Saftes im Körper, treten Symptome wie Druck und Schmerz auf. Stellt sich eine Dyskrasie (Missverhältnis) des menschlichen Körpers ein, kommt es zur Krankheit, an die therapeutisch in erster Linie durch das Einbringen der entgegen gesetzten Qualitäten herangegangen wird. Eine Vorstellung über die inneren Verhältnisse kann man durch die Beurteilung von Urin, Stuhl und Auswurf gewinnen (Hipp. Prognostikon 11f.). Je nach Farbe, Menge und Zusammensetzung lässt sich über die Verhältnisse im Innern urteilen und davon ausgehend das Ziel der Eukrasie (gute Mischung) verfolgen. Besteht ein Überschuss des Warmen, empfiehlt man etwas Kaltes, ist das Trockene im Überschuss vorhanden, gibt man etwas Feuchtes. Geruch und Geschmack spielen hierbei keine Rolle. Dabei liegt jeder Krankheit, sogar psychischen Erkrankungen, soweit man diese als solche fassen sollte, eine Physis zugrunde, von Natur aus ein Heilungsstreben zu haben, das unterstützt werden muss. Es ist also von großer Bedeutung, für Gleichgewicht im Organismus zu sorgen, Ungleichgewicht frühzeitig zu erkennen und rechtzeitig für Abhilfe zu schaffen

(Hipp. Flat. 7; Hipp. Vict. 3). Erklärtes therapeutisches Ziel ist die Wiederherstellung einer kraftvollen Physis.

An diese dogmatische oder rationalistische Medizin Griechenlands knüpften in Rom die Dogmatiker an (Gourevitch 1996). Man kann in Rom unter medizintheoretischen Gesichtspunkten drei Gruppierungen unterscheiden (Cels. pr. 12): Dogmatiker, Empiriker und Methodiker. Die Dogmatiker waren eine heterogene Gruppierung von Ärzten, die ihre Wissenschaft als Beschäftigung mit dem verstanden, was am häufigsten und in mehr oder weniger derselben Art und Weise zu beobachten war. Sie waren bemüht, das Wissen der rationalistischen Medizin durch anatomische Kenntnisse zu verifizieren. Die beiden bedeutendsten Untergruppierungen sind die Dogmatiker um Herophilos (von Staden 1989) und die um Erasistratos (Fraser 1969, Smith 1982). Sie gelten zugleich als Begründer der Humananatomie des Abendlands. Die Hauptlinien ihrer Auffassung kann man in Anlehnung an Celsus (pr. 13–26) zusammenfassen: Im Dunkeln liegende Ursachen von Krankheiten können vom Arzt erkannt werden, der hieraus eine Ätiologie abzuleiten versucht. Bei aller Verschiedenheit der Sichtweisen entsprechen diese Ursachen dem Zustand der Grundelemente des Körpers, die über den Verstand zugänglich werden. Neben den verborgenen werden auch offensichtliche Ursachen beschrieben, die mit den Sinnen wahrgenommen werden: Hitze oder Kälte, Hunger oder Sattheit gehen Krankheiten unmittelbar voraus. Komplizierte Probleme, die sich aus Anatomie und Physiologie ergeben können, werden durch das logische Denken gelöst. Eine Therapie wählt man nach Mutmaßungen aus, indem man die verborgene Ursache als Indikator wählt. Dabei können wie auch schon bei der Lösung des Problems durchgeführte Sektionen den Erfahrungsschatz bereichern und bei Heilungsversuchen sinnvoll eingebracht werden. Gegen diese Vorstellungen wandte sich als erster ein ehemaliger Dogmatiker namens Philinos von Kos. Er war Schüler des Herophilos und damit Anhänger der dogmatischen Medizin gewesen, brach aber mit seinem Lehrer. Philinos begründete in Alexandria ca. 250 v. Chr. die empirische Tradition (Deichgräber 1948), die als älteste der Traditionen anzusehen ist. Grundgedanke ist, dass alles, das nicht mit den Sinnen wahrnehmbar ist, auch nicht verstanden werden kann. Daher ist für die Empiriker, wie der Name schon suggeriert, Medizin nur durch das bestimmt, was von der Erfahrung her verständlich wird. Krankheit ist nach der empirischen Tradition durch Symptome indiziert, die mit den Sinnen wahrnehmbar sind. Verborgene Ursachen, wie die Dogmatiker diese annahmen, sind irreal, da die Natur verstehbar ist und Realität besitzt. Deshalb brauche man keine Experimente, die zum Verständnis beitragen könnten. Eine Vivisektion ist wie eine Obduktion obsolet. Die Praxis bietet genügend Möglichkeiten, aus der Behandlung von Menschen ausreichend Kenntnisse über die Versorgung zu gewinnen. Die Behandlung richtet sich also nach Analogieschlüssen, indem die Ähnlichkeit verschiedener Fälle über die Therapie entscheidet. Daher kommt dem Buchwissen eine zentrale Rolle zu.

Die methodische Tradition war die bedeutendste der Kaiserzeit. Sie knüpfte auf der einen Seite an die empirische Tradition an, so interessierte sie sich ebenso wenig für verborgene Ursachen wie die Empiriker. Auf der anderen Seite nahm sie Gedanken des Asklepiades von Bithynien auf. Schließlich vertrat sie wie die dogmatische Tradition eine eigene theoretische Anschauung. Demnach ist das, was die Methodiker geschaffen haben, aus ihrer Auseinandersetzung mit bereits Bestehendem entstanden, an das sie anknüpften. Sie leisteten eine typische Auseinandersetzung mit transferiertem Wissen, das sie mit ihren eigenen kulturellen Anschauungen prägten. Die methodische Tradition vertrat keine festgefügte Wissenschaft, vielmehr ein Wissen, das den steten Veränderungen angepasst werden musste und damit einem Wandel unterlag (Pigeaud 1982). Es wurden keine verborgenen Ursachen gesucht, aber auch keine reine Empirie vertreten, vielmehr wurde mit dem gesteckten Ziel der Therapeutik moduliert. Man kann nur vermuten, dass die Methodiker den Dogmatikern aus Gründen der Vivisektion kritisch gegenüberstanden. Die Trias Phänomen, Gemeinschaft und Indikation prägte die methodischen Ansätze. Dabei wurde das zu beobachtende Phänomen selbst von den Methodikern in den Mittelpunkt gestellt. Es konnte mit den Sinnen oder mit Hilfe von Instrumenten begriffen werden. Gemeinschaft war schon von den Methodikern in vielfacher Hinsicht verstanden worden. Wichtig scheint dabei zu sein, dass eine Differenz zwischen angespannter und entspannter Form besteht, und eine dritte die gemischte ist. Phänomen und Gemeinschaft führen schließlich zur Indikation, dem dritten Schlüsselbegriff. Das Phänomen wird auf die Gemeinschaft übertragen, wodurch eine gewisse Form der Klassifizierung von Phänomenen erfolgt. Hieraus wird die Indikation gestellt. Für die Therapie ist die Vorstellung von Krankheit entscheidend. Sie wird bestimmt durch eine Bezeichnung, eine Beschreibung, eine angegriffene Stelle des Körpers und die Behandlung. Das wesentliche Prinzip ist ein ganzheitlicher Ansatz, der bei einem umschriebenen Leiden immer von der Krankheit des ganzen Körpers ausgeht. Für diese Vorstellungen wurden die Methodiker von Celsus (pr. 62–73) bis Galen scharf angegriffen.

Neben den drei auch von Celsus in dieser Form differenzierten Traditionen (Dogmatiker, Empiriker und Methodiker) ist weiterhin die pneumatische Tradition bekannt. Diese wurde von Agathinos von Sparta, einem Zeitgenossen des Nero, gegründet. Agathinos war Schüler des Athenaios von Attaleia, der in Pamphylien lebte und mit den Stoikern Kontakt hatte. Die Stoiker hatten dem Pneuma besondere Bedeutung zugestanden. Es ist das Element, woraus die Welt den menschlichen Körper baut. Agathinos hatte sich in einem eigenen Buch mit dem Pneuma auseinandergesetzt und war dabei zu der Erkenntnis gelangt, dass das Pneuma über den Puls im menschlichen Körper wahrnehmbar sei. Hierüber hatten aber schon die Dogmatiker, die Schüler des Herophilos und die Schüler des Erasistratos, die Empiriker und die Methodiker geforscht, so dass die Frage nach der Eigenständigkeit der pneumatischen Tradition respektive die Frage nach der Auseinandersetzung mit bereits bestehendem Wissen ihre Berechtigung erhält. Es ist bekannt, dass Agathinos freundschaftliche Beziehungen zu den anderen Traditionen unterhielt, so dass sicherlich ein reger Austausch stattfand.

Im 2. Jh. n.Chr. existierte in Alexandria eine im Gegensatz zu den bisher vorgestellten vier Gruppierungen namenlose und unbekannte Tradition, die in der Forschung als anonyme bezeichnet wird. Sie ist der Forschung lange Zeit entgangen, wozu nicht zuletzt auch Galen beigetragen hatte (Grmek und Gourevitch 1988). Denn er hatte diese anonyme Tradition aus seiner Geschichte gestrichen. Wie Danielle Gourevitch (1996) darstellt, erreichte die Medizin durch Vermittlung von Marinus, dessen Schüler Quintus und wiederum dessen Schüler Numisianus war, in Pergamon, Korinth, Rom und Makedonien einen wahren Aufschwung. Marinus, Quintus und Numisianus gelang es, die humoralpathologischen Vorstellungen um eine lokalisieren-de Konzeption von Krankheit zu erweitern. Dabei waren ihnen einerseits anatomische, physiologische und pharmakologische Forschungen und ande-rerseits Erfahrungen aus der Klinik hilfreich. Es ging bei der Konzeption weniger um eine Ausgrenzung des einen oder anderen, vielmehr um eine abgewogene Auseinandersetzung mit den einzelnen Konstituenten, an deren Ende ein Konzept aus hippokratischen Theorien, Entdeckungen am mensch-lichen Körper und klinischer Methode respektive Erfahrung steht.

Ein integratives Angebot hielt Asklepios bereit, der den bedeutendsten antiken Heilkult für sich in Anspruch nehmen darf (Edelstein und Edelstein 1945, Haehling von Lanzenauer 1996, Hart 2000, Schouten 1967, Steger 2004). In der Antike hatte jeder Gott und Halbgott (Heros) die Fähigkeit zu heilen. Dennoch konzentrierte sich ein eigener Heilkult auf wenige Reprä-sentanten wie auf Herakles, Sarapis oder Asklepios. Im Mythos sind zahl-reiche Varianten von der Herkunft des Asklepios überliefert, die sich bei Diodor in einer späthellenistischen Synthese (4,71,1–3) finden: Asklepios ist Sohn der Koronis und des Apollon. Dieser genoss als Sender und Heiler von Krankheiten große Verehrung. Asklepios zeichneten besondere Fähig-keiten sowie Scharfsinn aus, so dass er sich eifrig um die Heilkunst bemühte. Er war sogar dazu in der Lage, hoffnungslos Erkrankte wieder zu heilen. Asklepios stand auch im Ruf, Tote wieder ins Leben zurückrufen zu kön-nen. Die einen brachte er mit dieser Fähigkeit zum Staunen, den Hades aber verärgerte Asklepios. Denn die Zahl der Toten hatte so stark abgenommen,

dass der Hades vor Zeus Anklage gegen Asklepios erhob. Er befand Asklepios für schuldig und erschlug ihn zur Strafe mit einem Donnerkeil. Dann
übte Asklepios' Vater, Apollon, wiederum Rache an den Kyklopen – immerhin hatten sie die Donnerkeile angefertigt; Apollon ließ sie töten. Zeus
bestrafte dann Apollon, indem er ihm befahl, einem Menschen zu dienen.
Nachzutragen bleibt, dass Asklepios zwei Söhne hatte: Machaon und Poda-
leirios, frühe Vertreter von Chirurgie und Innerer Medizin. Asklepios hatte
die gesetzte Norm überschritten, Leben über das biologische Maß hinaus zu
verlängern. Damit hat er seinen Handlungsspielraum zugleich um eine epi-
phanische Komponente erweitert, die es ihm möglich machte, in seinen
Heiligtümern (Asklepieia) Wunder zu vollbringen. Von Asklepios sind zwei
ikonographische Grundtypen aus dem 4. Jh. v. Chr. erhalten: Der bärtige
Asklepios, der auf einen Schlangenstab gestützt ist und der sitzende Asklepios, unter dessen Thron sich eine Schlange windet. Schlange und Stab sind
beides Attribute des Asklepios sowie seines Heilkultes. Gerade die sich um
einen Stab windende Schlange wird schließlich zum Symbol für Medizin
und Pharmazie schlechthin. Ein weiteres Attribut ist der Tempelschlaf, wie
er auf zahlreichen Weihreliefs überliefert ist: Man sieht Asklepios allein
oder in Begleitung seiner Familie, oft in Begleitung von Hygieia, seiner
Tochter, der personifizierten Gesundheit. Schlange, Stab und Tempelschlaf
sind typische Attribute seines Heroenkultes. Diese sind für Asklepios seit
dem späten 5. Jh. v. Chr. charakteristisch und finden sich auf Statuen, Statu-
etten, Weihreliefs, Münzen sowie Gemmen. Asklepios wurde in Asklepieien verehrt, in denen Kranke Heilung erfuhren. Der Heilkult um Asklepios
machte den Kern einer religiösen Medizin im westlichen Abendland aus. Er
breitete sich seit der zweiten Hälfte des 5. Jh. v. Chr. von Epidauros in den
Mittelmeerraum aus und hatte Ausläufer bis in das gallisch-germanische
Gebiet. Beim Kulttransfer konnte man häufig an einen bereits bestehenden
Apollon-Kult anschließen. Das Asklepieion von Kos wurde im Hinblick auf
die architektonische Gestaltung zum Vorbild künftiger Asklepios-Filialen.
Im 4. Jh. v. Chr. wurden Pergamon und Kos gegründet. Am Ausgang des 4.
Jh. v. Chr. sind bereits knapp 200 Kultplätze belegt. Zu Beginn des 3. Jh.
v. Chr. kommt der Kult auf die Tiberinsel nach Rom. Asklepios konnte die
Römer offensichtlich bei der Suche nach neuen religiösen Bindungen überzeugen, ihn als herausragenden Vertreter griechischer Heilgötter in den
römischen Staatskult aufzunehmen. Im Laufe der Kaiserzeit breitet sich der
Asklepioskult immer mehr aus – zu Beginn des 1. Jh. n. Chr. sind bereist
mehr als 300 Kultplätze belegt – und erreichte im 2. Jh. n. Chr. eine regel-
rechte Blüte. Auch wenn Asklepios – nicht zuletzt durch den kaiserlich
unterstützen Ausbau der Heilstätten – eine potentielle Gefährdung des Aus-
schließlichkeitsanspruches der Christen darstellte, konnte sein Kult lange
Zeit bestehen. Er wurde sogar zur reellen Gefahr für das Christentum, als es

zu einer Allianz zwischen Kaiserkult und Asklepiosfrömmigkeit kam. Asklepios war der führende Vertreter paganer Kulte. Er stand gemeinsam mit dem Kaiser dem Heiler Christus gegenüber. Im Dualismus von Christentum und Heidentum konnte Asklepios mit seinem Kult bis in das 6. Jh. n. Chr. bestehen. Insofern kann man durchaus festhalten: Asklepios und sein Kult stellen eine griechisch-römische Tradition dar, die auch der Transformationsphase von der Spätantike in das frühe Mittelalter standhielt und die Erinnerung an die Antike bewahrte. Zugleich hatte die so genannte Asklepiosmedizin einen beachtenswerten Anteil an der medizinischen Versorgung der Antike. In den Tempelanlagen des Heilgottes wurden Patienten versorgt. Man betrieb in den Asklepieien eine eigene Form der Medizin, wie man dies auch an der architektonischen Gestaltung des Tempelbezirks erkennen kann. Wahrscheinlich ist, dass der Behandlungsbereich der Asklepiosmedizin diejenigen Krankheiten umfasste, die den konventionellen medizinischen Methoden nicht zugänglich waren. Sogar Abgewiesene und Unheilbare fanden hier Fürsorge. Die Lage der Asklepieien wählte man nach den sozialen Bedürfnissen der Patienten aus. Dabei war die zentrale Frage, wie die Patienten am meisten davon profitieren konnten. Entsprechend empfahl man einen gesunden Ort mit guten Quellen, wie dies in Epidauros, Kos sowie Pergamon der Fall ist. Die Patienten waren in eigenen Häusern untergebracht, die außerhalb des heiligen Bezirks lagen; das ist noch heute in Kos sichtbar. Diese Wohnhäuser hatten mit der eigentlichen Behandlung nichts zu tun. Die Behandlung fand im Heiligtum statt. So kann man auch nicht davon sprechen, dass die Asklepieien frühe Formen von Versorgung darstellen. Funktionsstätte und Herberge waren in verschiedenen Häusern und damit klar voneinander getrennt. Der Kontakt zwischen Patient und Gott fand im Heiligtum statt. Hier befanden sich auch Quellen, Brunnenanlagen sowie Brunnenbauten. So konnte man sich rein waschen, bevor man das Heiligtum betrat. Über das Gebot der Reinheit hinaus war es möglich, in den Brunnenbauten balneologische Therapieaspekte umzusetzen. Nach ritueller Einstimmung, Waschen, Gebet und Opfer kam der Kontakt in der Liegehalle (Abaton) zustande. Eine solche Inkubation kann als ein Übergangsritus beschrieben werden. Die Patienten träumten und verließen anschließend den heiligen Bezirk. Aus Dankbarkeit opferten sie anschließend Asklepios und stifteten ihm zum Beispiel eine Votivtafel. Von diesen Stiftungen weiß man Näheres über den Kurbetrieb. Auf einigen Votivtafeln werden die betroffenen Körperregionen dargestellt. Auf anderen bekommt man einen Eindruck von den Trauminhalten vermittelt. Davon erinnern einige an christliche Wunderberichte; andere wiederum sind eigenständige Kurberichte, die aus der Perspektive der Patienten sogar einen Blick von unten auf das Geschehen zulassen. So wird ein Einblick in die Erfahrungen und das Innenerleben der Patienten möglich. Ausgewählte

Quellenzeugnisse erlauben also einen differenzierten Einblick in das prakti-
zierte Kurwesen. Für die Kaiserzeit kann man deshalb festhalten: Die
Asklepiosmedizin hielt ein komplexes Therapiegeflecht bereit, in dem die
Medizin eine wichtige Rolle einnahm und durch die Verflechtung von heil-
kultlich-rituellen Handlungen und medizinischen Therapiebestandteilen ge-
prägt war. Die Asklepiosmedizin war Teil des kaiserzeitlich facettenreichen
Heiler- und Gesundheitsmarktes. Die Anlage der Heiligtümer war insofern
Teil eines ganzheitlichen Therapiekonzepts, zu dem auch Bibliotheken,
Theater und Sportstadien gehörten. Eine solche Anlage gewährte den
Patienten ein angenehmes Ambiente, das den Kurerfolg förderte.

Über die medizinischen Traditionen und über die Versorgung in den
Asklepieien hinaus sind Ärzte hervorzuheben, die aus ihrer eigenen literari-
sche Überlieferung bekannt sind, ohne dass in jedem Fall zu entscheiden
wäre, ob diese auch tatsächlich praktisch tätig waren. Hierzu gehören
v.a. Galen von Pergamon Aretaios von Kappadokien, Scribonius Largus,
Dioskurides Pedanius von Anazarba, Rufus von Ephesos und – unter der
Prämisse, dass dieser tatsächlich Arzt war – auch Aulus Cornelius Celsus.

Aretaios von Kappadokien stand in pneumatischer Tradition (Oberhelman
1997). Er wirkte als griechischer Arzt in der Mitte des 1. Jh. Seine Schriften
lassen ausgeprägte Interdependenzen zum Corpus Hippocraticum erkennen
(Grmek 2000), die sich sowohl stilistisch als auch inhaltlich festmachen
lassen. Jede Krankheit beschrieb Aretaios exakt mit ihrem Sitz, Namen,
Symptomen und äußeren Umständen wie beispielsweise der Jahreszeit.
Seine therapeutischen Vorschläge umfassten diätetische Maßnahmen, Ader-
lass und Schröpfen.

Ein Zeitgenosse des Aretaios war Scribonius Largus, von dem eine
Rezeptsammlung mit dem Titel »Compositiones« erhalten ist (Deichgräber
1950 und Sconocchia 1994). Scribonius besaß durch seine Freunde und
Kollegen politischen Einfluss bei den Kaisern Caligula und Claudius. Scribonius gab in seinem Werk pharmakologische Hinweise zur Selbstmedikation – und das in populärwissenschaftlicher Weise. Die Leser sollten nicht
nur in Kenntnis der Pharmakologie zur Selbstmedikation gesetzt werden,
sondern generell einen Zugang zur Pharmakologie vermittelt bekommen.
Die Patienten bräuchten schon bei der Wahl des richtigen Arztes gewisse
Sachkenntnisse, ohne die sie eine solche Entscheidung nicht treffen könnten. Die Vermittlung dieser Sachkenntnisse konnte auch dazu beitragen,
dass der Scharlatanerie Unqualifizierter ein Ende gesetzt wurde.

Dioskurides Pedanius von Anazarba war unter Nero zeitweise Militärarzt
gewesen (Riddle 1985 und 1994). Die »Materia medica« (»Arzneimittellehre«), entstanden zwischen 65 und 75 n.Chr., gilt als das bedeutendste
pharmazeutische Werk der Antike. Dioskurides' umfassendes Nachschlagewerk informiert über Beschaffenheit, Fundorte und Anwendungsgebiete

einzelner Arzneistoffe bzw. über die verschiedenen Arzneimittelzubereitungen. Die »Materia medica« ist in fünf Bücher gegliedert: In Buch I geht es um Gewürze, Öle, Salben und Bäume. Buch II thematisiert Tiere, Honig, Milch, Fett, Getreide, Gemüse und Kräuter des Gartens. Andere Kräuter und Wurzeln stehen im Mittelpunkt von Buch III und IV. In Buch V werden Getränke behandelt, v.a. Weinsorten sowie Mineralien. Um Präparierung, Qualität sowie Prüfung der Heilmittel darzustellen, führt Dioskurides eine Vielzahl von pflanzlichen, tierischen und mineralischen Stoffen an. Deren Illustrationen sind überliefert in zwei prachtvoll erhaltenen Wiener Dioskurides-Handschriften (Codex Vindobonensis, Österreichische Nationalbibliothek) des 5. und 7. Jh. n.Chr. Bei den Pflanzen gliedert Dioskurides – im Gegensatz zu Vorgängern, die z.B. nach dem Alphabet systematisierten – seine Beschreibung nach Namen, Synonymen, bildlicher Darstellung, Fundort, botanischer Beschreibung, pharmakologischer Wirkung, medizinischer Anwendung, schädlicher Nebenwirkung, Dosierung, Anweisungen zum Sammeln und Aufbereiten, Möglichkeiten der Verfälschung, Methoden, wie man verfälschte Substanzen erkennt, tiermedizinische Anwendungen, magische Anwendungen (von denen er sich absetzt), geographischem Vorkommen. Die Vielzahl der Begriffe verweist schon auf eine unübersichtliche, aber reiche Fundgrube der Botanik. Dioskurides wendet sich mit dem Handbuch an seine Kollegen, denen er vorwirft, sie hätten voneinander abgeschrieben, ohne aber selbst seine Quellen offenzulegen: Eigene Erfahrungen mit Heilmitteln sollen das Fundament seines neuen pharmakologischen Handbuches sein. Es ist auch als medizinisches Nachschlagewerk für Patienten geeignet. Formal ist Dioskurides anstrengend und schwierig zu lesen. Die »Materia medica« kann sich einer großen Wirkungsgeschichte rühmen. So verdrängte Dioskurides mit der »Materia medica« die Bedeutung anderer pharmakologischer Werke der Antike wie Krateuas, Sextius Niger oder Nikander. In der Spätantike wurde die »Materia medica« ins Lateinische, dann ins Syrische und Arabische übersetzt und fand so Verbreitung im Mittelalter. Sein Werk wirkte bis in die Renaissance, im Orient sogar bis in das 19. Jh. nach.

Ein Zeitgenosse des Trajan ist dann Rufus von Ephesos. Er wirkte als Peregrinus zur Zeit der Flavier in Ägypten und Rom. Neben Galen ist Rufus der bekannteste griechische Arzt des 2. Jh., der im Imperium Romanum wirkte (Meißner 1999: 221–226). Sein enzyklopädisches Werk stellte die Prinzipien hippokratischer Medizin dar, setzte sich von diesen Vorstellungen aber begründet ab. Er stellte heraus, dass die fachliche Entwicklung zu einer methodischen Überlegenheit führte, die stärker, als dies früher möglich war, ärztliche Kenntnisse und therapeutische Praktiken auf den einzelnen Patienten ausrichten konnte. In seinen Darstellungen setzt er sich nicht nur von den alten Traditionen ab, sondern auch von seinen praktizierenden

Kollegen; seine Ausführungen sind damit Ausdruck einer Auseinandersetzung mit konkurrierenden Ärzten, aus der Rufus als »kaiserzeitlicher Erfolgsarzt« hervorging. Entsprechend wirkte Rufus auch im Mittelalter nach.

Schließt man sich der neuen Untersuchung von Schulze (1999) an, ist neben den vier Genannten auch Aulus Cornelius Celsus als Arzt mit literarischer Tätigkeit einzubeziehen (Mudry 1994a und 1994b). Celsus verfasste eine Enzyklopädie praktischer Wissenschaften, deren Anfänge bei den Griechen liegen. Das medizinische Handbuch, wohl nach 25/26 n.Chr. verfasst in der Zeit des Kaisers Tiberius, gehört zu Celsus Werk »Artes« (Über die Künste), von dem nur die acht medizinischen Bücher »De medicina« überliefert sind. In der Tradition eines Enzyklopädisten (Vorbilder: Cato oder Varro) handelte Celsus die Medizin allgemeinbildend im Rahmen von Landwirtschaft, Rhetorik, Kriegswesen, Philosophie sowie Jurisprudenz ab. Er folgte dabei der klassischen Trichotomie Diätetik (Bücher I–IV), Pharmazeutik (Bücher V–VI) und Chirurgie (Bücher VII–VIII). »De medicina« beginnt mit einem kulturgeschichtlich wichtigen Prooimion, in dem Celsus eine medizinhistorische Rückschau bis auf Themison gibt. Die Entstehung der Medizin in Griechenland wird erklärt und dabei ihre enge Verbindung zur Philosophie herausgestellt, besonders zu den Vorsokratikern: Es sei das Verdienst des Hippokrates, eine Trennung von Philosophie und Medizin vollzogen zu haben. Den alexandrinischen Ärzten Herophilos und Erasistratos wird die therapeutische Dreiteilung der Medizin in Diätetik, Pharmazeutik und Chirurgie zugeschrieben. Als wichtigste Ärzteschulen werden die Dogmatiker und die Empiriker benannt. Die acht Bücher sind didaktisch klar strukturiert; es wird in diesen kompendienartig in einzelne medizinische Gebiete eingeführt. In Buch I werden Fragen der Lebensführung (Diätetik) thematisiert und dabei auf Alter, individuelle Konstitution und äußere Faktoren eingegangen. Buch II ist eine allgemeine Pathologie verbunden mit Therapie, in der die Einflüsse von Jahreszeiten und Klima sowie Therapieanweisungen – auch in ihrer prophylaktischen Bedeutung – abgehandelt werden. Buch III thematisiert Krankheiten, die den ganzen Körper betreffen. Es wird eingegangen auf: Fieber, Depressionen, Wassersucht, Epilepsie, Lepra, Lähmungen sowie Rheuma. Buch IV, dessen Gliederungsprinzip anatomischen Annahmen früherer Ärzte folgt, fokussiert auf Krankheiten einzelner Organe. Die beiden folgenden Bücher behandeln die Arzneimittellehre des ganzen Körpers (Buch V) und einzelner Körperteile (Buch VI). Blutstillende, Wund verklebende, ätzende, zerteilende, erweichende u.a. Arzneien werden vorgestellt und deren Herkunft (Natur, Tier, Mineralien) angegeben. Celsus führt auch in Arzneimischungen und Arzneigewichte ein. In Buch VI stellen die Augenkrankheiten einen Schwerpunkt dar. Die abschließenden Bücher VII und VIII behandeln die Wund- und Knochenchirurgie und sind eine Frakturen- und Luxationslehre. Wenngleich Celsus auch der Diätetik und der Arzneimittellehre Bedeutung zugesteht, ist doch der Detail- und Kenntnisreichtum in diesen beiden Büchern ein Hinweis darauf, dass der Autor in der Chirurgie die größten, da augenscheinlichsten Erfolge der Medizin sieht. Formal wurde Celsus immer wieder als Cicero unter den medizinischen Schriftstellern gewürdigt. Er schreibt zwar auf hohem stilistischem Niveau und hat auch griechische medizinische Termini in die lateinische Sprache eingeführt, dennoch haben sich bei seinen Übersetzungsbemühungen viele Fehler eingeschlichen. Trotzdem ist De medicina durch den Kulturtransfer griechischer Medizin in das Imperium Romanum von großem kulturgeschichtlichem Wert. Celsus war in seinem Werk eklektisch, d.h. er steht in hippokratischer Tradition, hat aber auch Anleihen von der alexandrinischen Medizin genommen. So erfährt man aus »De medicina« viel über hellenistische Medizin und darüber hinaus einiges über Kultur und Gesellschaft. Celsus wurde u.a. von Plinius dem Älteren und Marcellus rezipiert. Während des Mittelalters war »De medicina« verschollen. Es wurde erst um 1480 durch den späteren Papst Nikolaus V. wiederentdeckt und nach Florenz in den Druck gegeben. Für den Kulturtransfer griechischer Medizin in das Imperium Romanum ist das Werk von Celsus »De medicina libri octo« von unschätzbarem, gerade auch sozialgeschichtlichem Wert.

Galen entwickelte seine Vorstellungen am Idealbild eines eukratischen Menschen, der frei von jeglicher Krankheit ist und nur für seine Gesundheit leben kann, und folgt dabei weitgehend der Grundlegung im »Corpus Hippocraticum« (Gal. De san. tuenda; De alim. facult.). Galen hat sich weder einer philosophischen Richtung angeschlossen, noch gehörte er einer medizinischen Tradition an. Er hielt die Inhalte des »Corpus Hippocraticum« für bedeutender als die Lehren der Methodiker oder Empiriker. Den Methodikern warf er vor, sie verstünden das Prinzip technischer Methode falsch. Die praktische Erfahrenheit werde ignoriert, Erfahrung falsch interpretiert und das theoretische Wissen vernachlässigt. Die Empiriker, so Galens Kritik, räumten der Anschauung zu geringen Raum ein. An Stelle einer soliden, praktisch durchgeführten Ausbildung in Anatomie stehe bei ihnen eine oberflächliche Inspektion einer gelegentlich auftretenden Verletzung. Wie auch die Anonymen nimmt Galen die humoralpathologischen Vorstellungen auf und vertieft dadurch sein Wissen. Fortschrittliche Entwicklung ist seines Erachtens nur durch ein Anknüpfen an hippokratische Überlegungen möglich. Schließlich verteidigt Galen die Doppelrolle des Arztes als Philosoph und Praktiker in seiner Schrift »Quod optimus medicus sit quoque philosophus«. Galens Weiterentwicklung beruht auf einem Erklärungsmodell, das zu den vier Primärqualitäten sekundäre, die Sinne beeinflussende Qualitäten mit einem je spezifischen Effekt kombiniert, wobei er beim Wirkungsaspekt nach der Intensität in vier Grade (kaum wahrnehmbar, deutlich wahrnehmbar, leicht schädigend, vernichtend) differenziert. Des weiteren setzt Galen seine theoretischen Vorstellungen konsequent in einen praktischen Bezug von Gesundheit und Krankheit und ist dabei bemüht, den Berufstätigen Empfehlungen an die Hand zu geben, die sich umsetzen lassen und ihre beruflichen Anforderungen in angemessener Weise berücksichtigen (Gal. De san. tuenda 1,12). Zwischen den Nahrungsmitteln und den vier Primärqualitäten (feucht – trocken, kalt – heiß) stellt er eine Verbindung her (Comm. in Hipp. Nat. Hom 1,14) und ordnet den Säften ethische Qualitäten zu (Comm. in Hipp. Nat. Hom 1,40). Die Wahl der Nahrungsmittel orientiert sich an medizinischen Überlegungen, ein Gleichgewicht der Körpersäfte aufrechtzuerhalten. Es ist die rechte Diätetik, die über den gesundheitlichen Zustand des Einzelnen entscheidet und deshalb verantwortlich ist für Gesundheit und Krankheit (Gal. De san. tuenda 6,332–334). Über die Verdauung (Digestion) hat Galen eigene Vorstellungen: Im Magen findet die erste Digestion statt; dort entsteht aus der Nahrung der Chylos. Was davon ausgeschieden werden soll, verlässt über Magen und Darm den Körper als schwarze Galle. Was rein ist, fließt in die Leber, den zweiten Ort der Digestion. Dort bildet sich aus dem nun reinen Chylos zum einen Blut, gelbe und schwarze Galle und zum anderen entsteht aus dem Rest als Überschussprodukt der Harn, der von den Nieren ausgeschieden wird. Die dritte Digestion findet in der Peripherie statt, wo das Blut über das Herz in die Organe gepumpt wird. Dort wird das Blut aufgebraucht; der Rest ist Schweiß und verlässt als letztes Abfallprodukt über die Haut den Körper. Galen zeichnet sich durch seine autoptischen Erkenntnisse aus. Er beobachtet Natur und Kultur, in der er sich befindet, und beachtet dabei auch die Lebensumstände und natürlich nicht zuletzt die Ernährungsgewohnheiten. Demnach unterscheidet er Gesunde von Kranken und unter den Gesunden diejenigen, die präventiv zu versorgen sind. Außerdem erkennt er unterschiedliche Veranlagungen. Auch bei Gesunden kann ein leicht gestörtes Mischungsverhältnis der Körpersäfte vorliegen. So gibt es acht verschiedene Dyskrasievariationen, die selbst bei Gesunden vorliegen können und trotzdem bereits eine Krankheitsdisposition darstellen. Insofern ist es erstrebenswert, so früh als möglich einer Dyskrasie therapeutisch entgegenzuwirken, um den Ausbruch einer Krankheit zu verhindern. Galen entwickelt die Zweiteilung zwischen den res non naturales (Diätetik) und den res contra naturam (Pathologie) weiter und ordnet differenzierter in sex res non naturales (Garcia-Ballester 1993). Non naturales sind die sex res deshalb, da sie zwar Natur sind, vom Menschen aber in die Hand genommen und geregelt werden müssen. Dementsprechend unterscheidet Galen auch eine Wissenschaft des Gesunden (salubrum) von einer des Kranken (insalubrium) und schließlich des Neutralen (neutrorum), das sich zwischen den beiden erstgenannten Extremen befindet. Das anthropologische Konzept der sex res non naturales, die zugleich Voraussetzung von Gesundheit und Krankheit sind, eine Differenzierung in Licht und Luft (aer), Essen und Trinken (cibus et potus), Bewegung und Ruhe (motus et quies), Schlafen und Wachen (somnus et vigilia), Ausscheidungen (secreta et excreta) und Affekte (affectus animi). Diese sechs Bereiche wirken ineinander und aufeinander, sie sind bestimmend für Gesundheit und Krankheit, schließlich auch für das Sterben. So besteht ein enger Zusammenhang von Essen und Trinken und Philosophie und Diätetik. Essen und Trinken hat seine Verbindung zu Licht und Luft wie zu Bewegung und Ruhe oder zur Ausscheidung. Das Konzept der sex res non naturales liegt der Galenischen Pathologie wie der Prävention zugrunde, und die Balance der sex res non naturales ist entscheidend für einen physiologischen oder pathologischen Zustand des Menschen. Letzten Endes war es Galens Orientierung an der hippokratischen Tradition, die ihm zu einer weit reichenden Rezeption verhalf. Schließlich gilt Galen als der bedeutendste Ausgangspunkt westlicher Medizin. Das antike Wissen war Grundlage eines medizinischen Systems und Ausdruck einer weit in die Vergangenheit zurückreichenden Auseinandersetzung mit bereits bestehenden Ansätzen medizinischen Denkens und Handelns. Es bildete zugleich die Grundlage für mittelalterliche Medizin und war damit Basis eines Transfers von Wissen zwischen ›Orient‹ und ›Okzident‹.

In der Spätantike wurde medizinisches Wissen, wie es in der Kaiserzeit ideengeschichtlich geformt war, in den syrisch-arabischen Kulturkreis transferiert. Zuletzt war es Julian Apostata, der seinem Arzt Oreibasios die Aufgabe übertrug, das in den Galenischen Schriften enthaltene Wissen wiederzugewinnen (Oreib. collect. med. I pr. 1–4). Hintergrund war, dass man in den Kreisen um Julian Apostata – in Anbetracht der zunehmenden Christianisierung – um den Wissensbestand der heidnischen Antike fürchtete. Oreibasios verfolgte bei dieser Wissenssicherung zwei Ziele: Zum einen bereitete er das erhaltene Wissen für angehende Ärzte didaktisch auf. Zum anderen schulte er Laien: Sie sollten befähigt werden, den ›richtigen‹ Arzt auszusuchen und sie sollten eine Hilfe zur Selbstmedikation an die Hand bekommen. Untersucht man das Werk des Oreibasios näher, lassen sich zahlreiche galenische Intertexte nachweisen, so dass man mit gutem Recht davon sprechen kann: Oreibasios ist bei dieser Wissenssicherung ganz ein Galen geblieben.

Aufkommende Ansätze medizintheoretischer Konkurrenz wurden an der Wende zum 6. Jh. durch den so genannten Galenismus abgelöst. So schlossen sich Ärzte wie Alexander von Tralleis – wenn auch zu Teilen in kritischer Auseinandersetzung – Galen an. Insofern trat in der medizinischen Theorie nach Galen an die Stelle schöpferischen Schaffens die Phase des Erhaltens, indem übersetzt, kompiliert und resümiert wurde.

Mittelalterliche Medizin, wie man diese in Fachschriften fassen kann, ist also im Wesentlichen von den Wissensbeständen Galens bestimmt; dies trifft für Byzanz ebenso wie für den arabischen Kulturbereich zu. Dagegen kam bis ins ausgehende 10. Jh. der Westen Europas – im Gegensatz zum Osten – kaum mit solch differenzierter Medizintheorie in Berührung. Dies änderte sich erst im ausgehenden 11. Jh., als in Süditalien die antike Medizin wiederbelebt wurde. Dagegen griff man in diesen 500 Jahren im arabisch-islamischen Kulturkreis auf die kaiserzeitlich-römischen Vorlagen zurück und brachte durch eigene Übersetzungen eine ›prächtige‹ arabische Medizin mit eigener Fachliteratur zum Blühen (Weisser 1983, Siraisi 1990). Dieses Wissen übte in differenzierten Traditionen und an verschiedenen Behandlungsstätten starken Einfluss auf die Gestaltung mittelalterlicher Medizin aus. Und auch für diese Wissenstradition sind komplexe Transfer- und Transformationsprozesse zu beschreiben, an denen arabische Übersetzungen einen wesentlichen Anteil hatten. So übersetzte zu Beginn des 6. Jh. als einer der ersten Sergios von Resaena griechische Originale in eine Volkssprache des Mittleren Ostens, unter denen sich auch zahlreiche Schriften des Galen befanden. Zur gleichen Zeit wurden weitere medizinische Schriften in Pahlavi übersetzt. David Anhacht – zum Beispiel – übernahm Überlegungen Galens in seinen philosophischen Schriften, die in Armenisch verfasst sind. Im Laufe des 7. Jh. wurde weiter ins Syrische übersetzt. Man kann bei näherer Analyse beobachten, dass bei der Übersetzung ins Arabische oder Syrische neue Denkansätze eingebracht wurden. Im Versionsprozess wurden also nicht nur Sprachbarrieren überwunden, sondern es wurde um neue Ansätze und Modelle erweitert. Der kaiserzeitliche Galen bekam also im arabisch-islamischen Kulturkreis ein neues Kleid. Dagegen blieben im byzantinischen Einflussraum solche Übersetzungsvorgänge aus: Galen blieb in Byzanz ganz unverfälscht.

Im arabisch-islamischen Kulturbereich fand der Prozess der Aneignung seinen Höhepunkt im 9. Jh. (Strohmaier 1996 und 1997). Mit Unterstützung des Kalifen sowie wohlhabender Männer am Hof kam es zu einer Flut von Übersetzungen ins Syrische, gefolgt von denen ins Arabische. In diesem Zusammenhang ist Hunain ibn Ishaq zu nennen, der in Bagdad wirkte und der äußert treffend übersetzte. Daneben sind auch Theophilos von Edessa und Job von Edessa (Ayyub al-Ruhawi) erwähnenswert, die in der Grenzregion Nordsyriens wirkten. Zu Beginn des 10. Jh. lagen knapp 130 galenische Schriften in arabischer Übersetzung vor. Hippokratische Schriften wurden indirekt, über die Galenkommentierung, ins Syrische oder Arabische übersetzt. Aber auch Oreibasios, Aetius, Paulos oder Palladios sowie ein Rufus von Ephesos oder Dioskurides wurden übersetzt; die Schriftengruppe »Summaria Alexandrorum« wurde zuerst ins Syrische und dann ins Arabische übersetzt. Ein arabischsprachiges Lehrwerk soll besonders hervorgehoben werden. Es handelt sich um den »Liber Canonis« (al-Quanun fi t-tibb) des Avicenna (Siraisi 1987 und Strohmaier 1999). Dieses medizinische Lehrwerk von 1294 wurde ursprünglich in arabischer Sprache verfasst; seit 1507 liegt es durch eine Übersetzung des Gerhard von Cremona in Latein vor. Der Kanon steht als Norm für die arabische Medizin des Mittelalters in deutlichem Gegensatz zum christlichen Europa. Dort trat an die Stelle von medizinischer Kunst religiöse Orthodoxie, wie dies auch später im Islam für die so genannte Prophetenmedizin zutraf. In fünf Bücher gegliedert wird im »Liber canonis« die Medizin vom Allgemeinen zum Speziellen thematisiert. In Buch I steht zu Beginn eine Definition von Medizin. Es geht um die Grundlagen der vier Elemente, ihrer Mischungen, die vier Säfte sowie die aus ähnlichen Teilen bestehenden Körperteile. In einer Krankheitslehre geht es um Umwelteinflüsse, Symptome und Diagnose anhand von Puls und Urin. Es werden Hinweise zu einer gesunden Lebensweise gegeben, wobei verschiedene Gruppierungen, wie zum Beispiel die Reisenden, unterschieden werden. Es folgt eine Zusammenstellung therapeutischer Ansätze wie Abführmittel, Klistiere, Aderlässe, Schröpfköpfe, Blutegel sowie chirurgische Eingriffe von außen. Buch II handelt von so genannten einfachen Heilmitteln, die nicht mit anderen vermischt, deshalb also einfach, eingenommen werden durften. Es sind ca. 800 tierische, pflanzliche und mineralische Heilmittel gelistet, ohne dass auf pathophysiologische Mechanismen oder Hypothesen näher eingegangen wird. In Buch III wird es dann spezieller, insofern die einzelnen Körperteile von Kopf bis Fuß systematisch auf mögliche Krankheiten und Behandlungsoptionen durchgegangen werden. Leitender Grundgedanke ist hierbei, dass diese Körperteile aus Substanzen, die aus ähnlichen Teilen bestehen, zusammengesetzt sind. Auch wird über magische Therapieansätze berichtet, die zudem mit humoralpathologischen Erklärungsmodellen in Verbindung gebracht werden. Buch IV thematisiert Krankheiten, die überall im Körper auftreten können. Auch kann dies an mehreren Stellen des Körpers gleichzeitig sein wie z.B. bei Arten von Fieber, Hautausschlägen, Knochenerkrankungen, Verrenkungen, Brüchen sowie Vergiftungen. Schließlich geht es auch um kosmetische Behandlung. Abschließend wird in Buch V erneut auf Arzneimittel eingegangen, zuerst so genannte zusammengesetzte, das heißt es dürfen mehrere gleichzeitig eingenommen werden, dann werden die genannten Pharmaka bestimmten Krankheiten zugeordnet, bevor eine Liste der Apothekermaße und Apothekergewichte gegeben wird. Formal erinnert der »Liber canonis« mit seiner Fünfteilung eher an ein philosophisches Werk. Der systematische Charakter wird formal durch die klare Gliederung in Bücher, Abschnitte, Unterweisungen, Doktrinen, Summen und Kapitel unterstrichen. Inhaltlich setzt sich diese Systematik in der Gliederung vom Allgemeinen zum Speziellen fort; auch wird die Beziehung von Philosophie und Medizin stark gemacht. Bis heute gibt es keine textkritische Ausgabe des »Liber canonis«, was in Anbetracht der kulturell vielschichtigen Traditionsspuren, von deren Einlass in das Werk auszugehen ist, ein echtes Desiderat ist. Auch liegt keine deutsche Übersetzung vor. Der »Liber canonis« wurde bald rezipiert und fand Aufnahme im lateinischen Westen. So gehörte der Kanon zu den arabischen Schriften, die Gerhard von Cremona und seine Übersetzerschar nach der Eroberung Toledos im Jahr 1085 in das Lateinische übersetzten. Diese Übersetzung, an der viel Kritik zu üben wäre, hatte durchschlagenden Erfolg, so dass der »Liber canonis« neben den antiken Autoritäten an den Universitäten des Westens bis in das 17. Jh. maßgeblich blieb. Dies ist nicht zuletzt auch auf die empirische Zutat von Ibn Sina zurückzuführen, die ihm als praktizierender und angesehener Arzt möglich war: Ibn Sina hat mit dem »Liber canonis« maßgeblich auf die Entwicklung der arabischen wie auch der abendländischen Medizin Einfluss genommen.

Ganz allgemein lässt sich feststellen, dass vom Arabischen häufig Überset-zungen ins Armenische, Pahlavische, Hebräische und ab dem späten 11. Jh. auch ins Lateinische angefertigt wurden. So konnte im 11. und 12. Jh. in Salerno durch Übersetzungen des Constantinus Africanus und in Toledo durch Übersetzungen der Gerhard von Cremona-Schule arabische Medizin – nun wieder im lateinischen Gewand – Einlass in die europäischen Universitäten des Mittelalters finden. Insofern kann man seit dem 12. Jh. feststellen, dass ein neuer – nun arabisch gekleideter (Ibn Ridwan, al-Razi (Rhazes), al-Zahrawi) – Galen an die Universitäten Westeuropas kam, der oftmals im Inhalt weit über den eigentlichen – pergamenischen – Galen hinausging. Dieser ist es, der fortan den medizinischen Unterricht bestimmte (Steger und Jankrift 2004).

Seit den 1490er Jahren schloss sich dann ein medizinischer Humanismus an, in dem eine Rückkehr zu den griechischen Originaltexten eingefordert wurde: Der vollzogene Kulturtransfer wurde durch einen Rückgriff auf antike Originaltexte rückgängig zu machen versucht. Gelehrte und Gebildete leiteten davon ausgehend Ideen und Techniken für Anatomie (Mateo Corti, Jacobus Sylvius, John Caius), Botanik und Chirurgie (Vidus Vidius) ab und führten neue klinische Methoden zur Beobachtung und Klassifikation ein (G.B. Da Monte). Arabische Gelehrte wurden (mehr oder weniger) konsequent abgelehnt. Es ist meines Erachtens gut nachvollziehbar, dass sich aus diesen hier nur angedeuteten Konfliktfeldern große Auseinandersetzungen ergaben. Und diese waren es auch, die zum Streit in der Medizin des 16. Jh. zwischen denen führten, die in einem mittelalterlichen Latein verfassten und auf die arabische Version galenischer Originaltexte gestützte neue Fachtexte präsentierten, und jenen, die anstelle der verfälschten lateinischen Retroversionen arabischer Versionen galenischer Originaltexte eine Orientierung und Lehre an den griechischen Originaltexten forderten

(Wittern 1999). In Anlehnung an Vivian Nutton kann man dies auf die Formel bringen: Man focht für Galen und wider Avicenna, für Hippokrates und wider Rhazes (Nutton 1997). Ein Beispiel aus der Anatomie kann das noch einmal verdeutlichen: Neue anatomische Kenntnisse, die durch Humansektionen gewonnen wurden, standen im Widerspruch zu Galenischen Vorstellungen und boten im Laufe der Zeit Anlass genug, sich kritisch mit den medizintheoretischen Prägungen der Antike auseinanderzusetzen (Wittern 2004). Andreas Vesal griff in seiner zentralen Schrift »De humani corporis fabrica libri septem« (Basel 1543) Vorstellungen an, die auf Galen zurückgingen und die mit seinen eigenen humananatomischen Erkenntnissen nicht mehr in Einklang zu bringen waren. Die Autopsie kratzte an den antiken Autoritäten und leitete eine neue Ära ein, die ihr Wissen nicht nur aus dem theoretischen Diskurs, sondern auch aus den autoptischen Erkenntnissen gewann.

5. Probleme am Lebensanfang

Probleme am Lebensanfang sind mittlerweile zahlreich. Präimplantations-diagnostik im Vorfeld einer künstlichen Befruchtung, wenn dies auch in Deutschland nicht erlaubt ist (in Belgien oder den Niederlanden beispiel-weise aber schon!), erinnert an eugenische Diskussionen, wie wir diese in Deutschland lange Zeit führten. Präimplantationsdiagnostik birgt also hoch-aufgeladene ethische Konflikte, die um »positive« wie »negative Eugenik« kreisen. Durch pränatale Diagnostik werden mehr und mehr Krankheiten schon vor der Geburt entdeckt. Die hierdurch gewonnenen Informationen führen häufig zu schwierigen Konflikten für die Schwangere, den Partner und die behandelnden Ärzte, vor allem dann, wenn infolge der pränatalen Diagnostik ein Schwangerschaftsabbruch diskutiert wird. Der Schwanger-schaftabbruch dürfte einer der ältesten medizinethischen Konflikte sein, in dem das Verbot des Tötens dem Selbstbestimmungsrecht der Schwangeren gegenübersteht. Schließlich sind Fragen der Therapiebegrenzung bei Neu-geborenen im Rahmen einer avancierten neonatologischen Intensivmedizin von sehr großer Bedeutung.

Schon im Hippokratischen Eid findet sich der Verweis darauf, dass einer Frau kein fruchtabtreibendes Mittel zu geben ist. Die Tötung von Ungebo-renen wird meist moralisch abgelehnt. So bezeichnete auch Papst Johannes Paul II. eine Abtreibung als schweres sittliches Verbrechen. Diesen Einstel-lungen steht das Recht auf Selbstbestimmung der Schwangeren entgegen, die gemeinsam mit dem behandelnden Arzt zu einer Entscheidung kommen sollte, wenn es um die Frage des Schwangerschaftsabbruchs geht (Gommel 2007). Im Grundgesetz (Art. 1 und 2) wird dem ungeborenen Menschen Würde und Lebensschutz zugestanden. Insofern ist jeder Schwanger-schaftsabbruch ein Straftatbestand, der nach §§ 218 und 219d StGB gere-gelt ist. In § 219d StGB ist festgelegt, dass von einem Schwangerschaftsab-bruch erst nach dem Zeitpunkt der Einnistung gesprochen wird; Nidations-hemmer bewirken damit keinen Schwangerschaftsabbruch. Nach deutschem Recht gibt es drei Möglichkeiten, wie ein Schwangerschaftsabbruch straf-frei bleiben kann: 1. Die Schwangerschaft wird nach einer Konfliktberatung (unter Beachtung einer mindestens dreitägigen Bedenkzeit), die von einem anderen Arzt als dem, der die Beratung durchgeführt hat, maximal 12 Wochen nach der Empfängnis abgebrochen. 2. Es liegt eine medizinische Indikation vor, so dass durch den nicht auf einen bestimmten Zeitpunkt begrenzten Schwangerschaftsabbruch eine »Gefahr für das Leben oder die Gefahr einer schwierigen Beeinträchtigung des körperlichen oder seelischen Gesundheitszustandes der Schwangeren abzuwenden [...]« ist. 3. Liegt ein Straftatbestand nach §§ 176–179 StGB (Vergewaltigung) vor, darf bis maximal 12 Wochen nach der Empfängnis eine Schwangerschaft abgebrochen werden. Von den genannten drei Möglichkeiten unterliegt also nur die medizinische Indikation keiner zeitlichen Regelung, so dass unter Anführung medizinischer Argumente Spätabbrüche gesetzlich legitimiert sind. Viele Krankheitsbilder des Kindes können mit Hilfe der Pränataldiagnostik erst nach der 22. Schwangerschaftswoche erkannt werden. Zu diesem Zeitpunkt kann ein Neugeborenes außerhalb des Mutterleibs entweder bereits selbst überleben oder aber mihilfe der modernen neonatologischen Intensivmedizin. Kommt der behandelnde Arzt erst zu diesem Zeitpunkt zu der Entscheidung, dass eine Schwangerschaft abgebrochen werden soll, dann muss meist das Kind intrauterin getötet werden, bevor es entfernt wird. Man spricht in diesem Zusammenhang auch von Fetozid. Alternativ kann ein Kind auf die Welt gebracht und dann nicht weiter versorgt werden. Diese Nichtversorgung ist moralisch höchst bedenklich. Der behandelnde Arzt ist wegen seiner Garantenstellung gesetzlich dazu verpflichtet, das Leben eines eben auf die Welt gekommenen Menschen zu unterstützen.

Eine ethische Konfliksituation aus dem klinischen Alltag kann die Situation noch einmal verdeutlichen:

Frau Keim ist eine 20jährige Frau. Ihre Eltern sind vor einigen Jahren bei einem tragischen Unfall ums Leben gekommen; sie hat keine Geschwister. Frau Keim befindet sich in einer sozial schwierigen Situation und finanziert sich zur Zeit durch Hartz IV. Sie lebt allein in einem unpersönlichen Hochhaus mit vielen weiteren Mieter(inne)n. Keiner kennt hier wirklich den anderen, so dass auch keiner dem anderen abgeht. Seit mehr als vier Monaten hat sich Frau Keim völlig zurückgezogen. Seit einigen Tagen quälen Frau starke Bauchschmerzen, die ihr auch in der Nacht keine Ruhe mehr lassen. Ohnedies hat sie seit Monaten nicht mehr richtig schlafen können. Aus diesem Grund begibt sie sich zur Allgemeinärztin, Frau Dr. Gut. In der Sprechstunde stellt die Ärztin bei Frau Keim eine Schwangerschaft fest. Es vergehen weitere zwei Wochen, in denen Frau Keim immer wieder den Kontakt zu Frau Dr. Gut sucht. Schließlich stellt sich heraus, dass Frau Keim vor knapp fünf Monaten im Keller des Hochhauses, in dem sie wohnt, vergewaltigt wurde. Infolge dieser Vergewaltigung wurde sie schwanger. Frau Dr. Gut empfiehlt eine Gynäkologin, an die sich Frau Keim auch wendet. In mehreren Gesprächen mit der Gynäkologin, Frau Dr. Hut, wird deutlich, dass Frau Keim dieses Kind nicht gebären möchte. Sie befindet sich in der 23. Schwangerschaftswoche. Wie soll sich Frau Dr. Hut verhalten? Wozu soll sie raten? Wie wird es Frau Keim damit gehen?

Frau Keim hat ihren Wunsch, ihr Kind nicht gebären zu wollen, klar formuliert. Als Mutter hat sie ein Recht auf Selbstbestimmung, von dem sie hier klar und deutlich Gebrauch macht. Doch dieses Recht geht auf Kosten des weit entwickelten Kindes, das getötet werden soll, und zwar durch Mithilfe einer Ärztin. Es handelt sich also um den Wunsch nach einem Schwangerschaftsabbruch, der grundsätzlich strafbar ist. Zugleich widerspricht die Tötung eines Lebens dem ärztlichen Auftrag Leben zu wahren, zu erhalten sowie zu schützen. Welcher Schutz steht dem menschlichen Embryo nun zu? In der Literatur unterscheidet man hier zwischen absoluter Schutzwürdigkeit des Embryos und der so genannten abgestuften Schutzwürdigkeit, bei der die Schutzwürdigkeit des Embyros von im Laufe der Entwicklung erworbenen Eigenschaften oder Fähigkeiten abhängig gemacht wird. Beide Argumentationslinien basieren dabei auf weltanschaulichen Grundüberzeugungen, die jede für sich wiederum zu schwierigen ethischen Konflikten führen. Dem gegenüber stehen die klare juristische Regelung sowie die vom Bundesausschuss der Ärzte und Krankenkassen beschlossenen »Richtlinien zur Empfängnisregelung und zum Schwangerschaftsabbruch«. Erklärtes Ziel dieser Richtlinien ist es, darauf hinzuwirken, dass die Schwangerschaft nicht abgebrochen wird. Zieht man die gesetzlichen Regelungen für eine Entscheidung heran, wie mit Frau Keims Wunsch nach einem Schwangerschaftsabbruch umzugehen ist, ergeben sich erneut Konflikte. Denn sie befindet sich bereits in der 23. Schwangerschaftswoche, so dass weder die Fristenregelung nach Beratung noch eine kriminologische Indikation greift. In der Tat könnte man argumentieren, dass der Schwangerschaftsabbruch insofern medizinisch indiziert ist, als hierdurch eine Gefahr für die seelische Gesundheit der Schwangeren besteht. Durch solche Argumentation würde Frau Keim aber deutlich stigmatisiert. Ich selbst stufe das Selbstbestimmungsrecht von Frau Keim als so hoch ein, dass ich es – unter den geschilderten Umständen – für ethisch angemessen erachte, dem Wunsch Frau Keims nach einem Schwangerschaftsabbruch zu entsprechen.

In den Hippokratischen Schriften ist eine ablehnende Haltung gegenüber dem Schwangerschaftsabbruch von ärztlicher Seite deutlich zu erkennen – so verpflichtet sich der Arzt im Hippokratischen Eid, »keiner Frau ein abtreibendes Mittel« zu geben (»οὐδὲ γυναικὶ πεσσόν φθόριον δώσω« / »desgleichen werde ich keiner Frau ein abtreibendes Mittel geben«).

Hippokrates: Eid, 3 (= Heibert (1927): CMG 1,1, S. 4; dt. Übersetzung nach Fuchs 1895, S. 2)

Abtreibungsverbot
Diätetische Maßnahmen werde ich treffen zu Nutz und Frommen der Kranken nach meinem Vermögen und Verständnisse, drohen ihnen aber Fährnis und Schaden, so werde ich sie davor zu bewahren suchen. Auch werde ich keinem, und sei es auf Bitten, ein tödliches Mittel verabreichen, noch einen solchen Rat erteilen, desgleichen werde ich keiner Frau ein abtreibendes Mittel geben. Lauter und fromm will ich mein Leben gestalten und meine Kunst ausüben.

Im selben Satz wird diese Verpflichtung derjenigen gleichgesetzt, niemals ein tödliches Mittel zu verabreichen, auch nicht auf Verlangen des Patienten. Ein Schwangerschaftsabbruch und das Töten bereits geborener Menschen, etwa in Form von aktiver Sterbehilfe, erfahren hier eine gleichermaßen negative Bewertung. An anderer Stelle (Hipp. de nat. pueri 13) wird eine Situation geschildert, in der ein Schwangerschaftsabbruch unter Anleitung eines Arztes durchgeführt wird.

Hipp. De nat. pueri 13 (7, 490, 1–6 Littré; dt. Übersetzung nach Fuchs 1895, S. 219)

Hinweis auf Abtreibungsfall
Eine mir verwandte Dame besaß eine sehr geschätzte Künstlerin [als Sklavin/Leibeigene], welche mit vielen Männern verkehrte. Sie durfte nicht schwanger werden, wenn sie nicht ihren Ruf einbüssen sollte. Die Künstlerin hatte aber gehört, was die Frauen unter sich erzählen, dass nämlich, wenn eine Frau schwanger wird, der Samen bei ihr nicht herausfliesst, sondern darin bleibt. Diese Worte behielt sie immer im Sinne und gab immer darauf Acht, und wie sie eines Tages merkte, dass der Samen bei ihr nicht herausfloss, erzählte sie es ihrer Herrin, und das Gerücht drang auch zu mir. Als ich das gehört hatte, hiess ich sie im Sprunge mit den Fersen gegen die nates schlagen. Siebenmal hatte sie schon diesen Sprung ausgeführt, da ergoss sich der Samen auf die Erde; es entstand ein Geräusch und sie wunderte sich bei dem Anblicke und staunte. Wie es aber aussah, will ich jetzt beschreiben.

Der betreffende Arzt kommt dem im Eid formulierten Verbot der Abtreibung somit nicht nach. Diese Textstelle wurde oft als Beleg für die nicht generell ablehnende Haltung hippokratischer Ärzte gegenüber abtreibenden Eingriffen angeführt. Es ist allerdings zu beachten, dass es sich bei diesem Beispiel um einen Ausnahmefall handelt, der durch den sozialen Hintergrund der Frau bedingt ist (die betreffende Frau war eine »Künstlerin, welche mit vielen Männern verkehrte«). Zudem nimmt nicht der Arzt selbst den Eingriff vor, sondern leitet die Frau an, wie sie ihre Schwangerschaft durch spezielle Sprünge vorzeitig beenden kann. Hippokrates beschreibt den gesamten Vorgang und vor allem das Aussehen des »sechstägigen Samens« ausführlich und etwas umständlich; es kann also nicht allzu üblich gewesen sein, dass Ärzte in dieser Weise handelten.

Bei Platon wird die Frage nach der Zulässigkeit eines Schwangerschaftsabbruches anders beantwortet: Unter bestimmten Umständen ist ein Eingreifen nicht nur zulässig, sondern sogar erwünscht, etwa wenn es sich um Kinder handelt, die aus Inzest entstanden sind (Plat. Pol. 461c-d).

Platon: Pol. 461c-d (dt. Übersetzung nach Schleiermacher 1971, S. 405)

Abtreibung oder Aussetzung von Kindern, die aus Inzucht entstanden sind
Wenn aber, denke ich, Frauen und Männer erst das Alter der Fruchtbarkeit überschritten haben, dann wollen wir letzteren freilassen, sich zu vermischen, mit welcher sie wollen, nur mit keiner Tocher oder Mutter oder Tochterkind oder über die Mutter

hinaus, und den Frauen ebenfalls, nur mit keinem Sohn oder Vater und die mit diesen in auf- und jenen in absteigender Linie zusammenhängen. Und nachdem wir ihnen all dies anbefohlen haben, mögen sie dann dafür sorgen, am liebsten nichts Empfangenes, wenn sich dergleichen findet, ans Licht zu bringen, sollte es aber nicht zu verhindern sein, dann es auszusetzen, weil einem solchen keine Auferziehung gestattet wird.

Die Begriffe »Abtreibung« oder »Schwangerschaftsabbruch« tauchen hier nicht explizit auf; vielmehr möge man nach Platon in solchen Fällen dafür sorgen, dass eine Geburt nicht stattfindet (»προθυμεῖσθαι μάλιστα μὲν μηδ᾽ εἰς φῶς ἐκφέρειν κύημα μηδέν« / »dafür sorgen, am liebsten nichts Empfangenes, wenn sich dergleichen findet, ans Licht zu bringen«). Die Erzeuger selbst also sollen dafür Sorge tragen, dass es nicht zu einer Geburt kommt. Die Frage, inwiefern ärztliches Eingreifen in diesem Vorgehen miteinbegriffen ist, bleibt offen. Die Haltung Platons basiert auf einer Unterscheidung zwischen lebenswertem und nicht lebenswertem Leben, welche nicht anhand von Merkmalen des ungeborenen Kindes getroffen wird (angesichts der medizinisch-technischen Bedingungen Platons Zeit wäre dies auch schwierig gewesen). Vielmehr sind es äußere Faktoren, in diesem Fall der Verwandtschaftsgrad der Eltern, die den »Wert« des Lebens festlegen. Nicht lebenswertes Leben muss weder vor noch nach der Geburt erhalten werden; ist es nicht möglich, die Geburt eines aus Inzest entstandenen Kindes abzuwehren, empfiehlt Platon, das Neugeborene auszusetzen (»οὕτω τιθέναι, ὡς οὐκ οὔσης τροφῆς τῷ τοιούτῳ« / »so zu behandeln, als sei für ein solches keine Nahrung vorhanden«).

Ein ähnliches Beispiel für eine zustimmende Haltung gegenüber Abtreibung in bestimmten Fällen findet sich bei Aristoteles (Aristot. Pol. 7, 16).

Aristoteles: Pol. 7,16 (dt. Übersetzung nach Gigon 1971, S. 316–317)

Geburtenkontrolle, Abtreibung
Was Aussetzung oder Aufnahme der Kinder anlangt, so soll es Gesetz sein, daß nichts Verstümmeltes aufgezogen wird; wen dagegen die Zahl der Kinder zu groß wird, so verbietet zwar die Ordnung der Sitten, irgendein Geborenes auszusetzen; dennoch soll die Zahl der Kinder eine Grenze haben, und wenn ein Kind durch die Vereinigung über diese Grenze hinaus entsteht, so soll man es entfernen, bevor es Wahrnehmung und Leben erhalten hat. Denn was erlaubt ist oder nicht, soll sich nach dem Vorhandensein von Wahrnehmung und Leben richten.

Wenn die Eltern bereits eine bestimmte Anzahl an Kindern gezeugt haben, sollen die Geburten weiterer Kinder durch Abtreibung verhindert werden. Aristoteles hebt allerdings hervor, dass ein Abbruch nur in einem frühen Stadium der Schwangerschaft erlaubt ist, nämlich bevor dem entstehenden Menschen »Wahrnehmung und Leben« zugesprochen werden kann (»πρὶν αἴσθησιν ἐγγενέσθαι καὶ ζωὴν ἐμποιεῖσθαι δεῖ ἄμβλωσιν« / »bevor es Wahrnehmung und Leben erhalten hat, soll man es entfernen«). Zwar ist der »Wert« eines Lebens wie bei Platon zunächst durch äußere Faktoren (wie viele Kinder die Eltern schon gezeugt haben) bedingt; anders als bei Platon entscheidet Aristoteles die Frage, ob ein Schwangerschaftsabbruch zulässig ist, auch anhand von Merkmalen des ungeborenen Kindes (ob es bereits »Wahrnehmung und Leben« hat). Ein grundlegender Gedanke hinter diesen zustimmenden Äußerungen zum Schwangerschaftsabbruch ist sowohl bei Platon als auch bei Aristoteles die Aufgabe jedes Bürgers, für die Erhaltung der Bürgerzahl zu sorgen. Dies betrifft sowohl die Forderung nach genügend Geburten als auch deren Begrenzung, möglicherweise durch Abtreibung. Beide Autoren weisen darauf hin, dass der Schwangerschaftsabbruch nicht bedenkenlos als Mittel zu einem politischen Zweck eingesetzt werden soll. Platon fordert, dass zunächst mit »Ehrungen und Ehrenentzug« für erwünschtes beziehungsweise unerwünschtes Fortpflanzungsverhalten von einer zuständigen staatlichen Behörde versucht werden soll, die Bürgerzahl auf einem festgelegten Niveau zu erhalten (Plat. Nom. 740c-e).

Platon: Nom. 740c-e (dt. Übersetzung nach Schöpsdau 1977, S. 319)

Mittel zur Begrenzung der Bürgerzahl
Was aber die übrigen Kinder angeht, falls jemand mehr als eines hat, so soll er die weiblichen gemäß dem Gesetz, das noch aufgestellt wird, verheiraten; die männlichen aber soll er an diejenigen Mitbürger, denen es an Nachkommen fehlt, als Söhne verteilen, und zwar möglichst entsprechend der Freundschaft. Wenn es aber jemandem an freundschaftlichen Beziehungen fehlt oder zuviele weibliche oder männliche Nachkommen in den einzelnen Familien geboren werden oder auch wenn es umgekehrt ihrer zu wenige sind infolge einer Unfruchtbarkeit, für all diese Fälle soll die Behörde, die wir als höchste und ehrenvollste einsetzen werden, indem sie überlegt, wie bei dem Überschuß oder bei dem Mangel zu verfahren ist, ein Mittel finden, so gut sie kann, damit die fünftausendundvierzig Wohnstätten, und nicht mehr, stets bestehenbleiben. Mittel aber gibt es viele. Denn sowohl Möglichkeiten zum Hemmen der Fortpflanzung in Fällen, wo die Fortpflanzung zu leicht vonstatten geht, als auch umgekehrt Anstrengungen und Bemühungen um eine größere Zahl von Geburten gibt es; indem sie mit Ehrungen und Ehrenentzug und mit Zurechtweisungen, die die Älteren durch zurechtweisende Worte an die Jüngeren richten, dagegen angehen, vermögen sie das zu bewirken, wovon wir sprechen.

Auch Aristoteles' Ansicht, dass ein Schwangerschaftsabbruch dann nötig sei, wenn die Zahl der Kinder einer Familie ansonsten ein festgelegtes Maß übersteige, lässt sich in diese Überlegungen einordnen.

Platons Ansichten zum Schwangerschaftsabbruch sind Teil einer im »Staat« geführten Diskussion zwischen Sokrates und Glaukon, in der vor allem eine staatliche Regelung der Fortpflanzung nach bestimmten Kriterien thematisiert wird (Plat. Pol. 458–461).

Platon: Pol. 458–461 (dt. Übersetzung nach Schleiermacher 1971, S. 399–403)

Gezielte Steuerung der Fortpflanzung, getrennte Aufzucht »guter« und »schlechter«
Kinder
459e–460a
Nach dem Eingestandenen sollte jeder Trefflichste der (sic!) Trefflichsten am meisten
beiwohnen, die Schlechtesten aber den ebensolchen umgekehrt; und die Sprößlinge
jener sollten aufgezogen werden, dieser aber nicht, wenn uns die Herde recht edel
bleiben soll; und dies alles muß völlig unbekannt bleiben, außer den Oberen selbst,
wenn die Gesamtheit der Hüter soweit wie möglich durch keine Zwietracht gestört
werden soll.
Das ist ganz richtig, sagte er.
    Also werden gewisse Feste gesetzlich eingeführt werden, an welchen wir die neu-
en Ehegenossen beiderlei Geschlechts zusammenführen werden, und Opfer und
Gesänge sollen unsere Dichter dichten, wie sie sich für die zu feiernden Hochzeiten
schicken. Die Menge aber der Hochzeiten wollen wir den Oberen freistellen, damit
diese, indem sie Kriege und Krankheiten und alles dergleichen mit in Anschlag bringen, uns möglichst dieselbe Anzahl von Männern erhalten, und so der Staat nach
Möglichkeit weder größer werde noch kleiner.
    Richtig, sagte er.
    Und dann, denke ich, müssen wir stattliche Lose machen, damit bei jeder Verbin-
dung jener Schlechtere dem Glück die Schuld beimesse und nicht den Oberen.
Ei freilich, sagte er.
    Und den Jünglingen, die sich wacker im Kriege oder sonstwo gezeigt haben, sind
auch andere Gaben zwar und Preise zuzuteilen, aber auch eine reichlichere Erlaubnis
zur Beiwohnung der Frauen, damit zugleich auch unter gerechtem Vorwand die
meisten Kinder von solchen erzeugt werden.

460c
Die (Kinder) der guten nun, denke ich, tragen sie in das Säugehaus zu Wärterinnen,
die in einem besonderen Teil der Stadt wohnen, die der schlechteren aber, und wenn
eines von den anderen verstümmelt geboren ist, werden sie, wie es sich ziemt, in
einem unzugänglichen und unbekannten Orte verbergen.

461a–b
Also wenn, gleichviel ob ein Älterer oder ein Jüngerer als so, sich mit der Erzeugung für
das Gemeinwesen befaßt, wollen wir sagen, es sei eine unheilige und widerrechtliche Ver-
gehung, dem Staate ein Kind zu zeugen, welches, wenn es unbemerkt ans Licht kommt,
nicht wird unter Opfern und Gebeten erzeugt sein, wie bei jeder Verheiratung Priester
und Priesterinnen und der ganze Staat sie zu beten pflegen, daß aus guten bessere und aus
brauchbaren immer brauchbarere Nachkommen entstehen mögen, sondern welches im
Dunkeln aus sträflicher Unmäßigkeit wird erzeugt sein.

Bei der Vereinigung von Menschen schlägt Sokrates ein ähnliches Vorgehen wie in der Tierzucht vor: Sie sollte nicht dem Zufall überlassen, sondern von den Archonten durch gezielte Zusammenführung geregelt werden.
Nach einem solchen Verfahren sollten sich sowohl die Besten, als auch die

weniger Guten mit ihresgleichen paaren (»δεῖ τοὺς ἀρίστους ταῖς ἀρίσταις συγγίγνεσθαι ὡς πλειστάκις« / »Nach dem Eingestandenen sollte jeder Trefflichste dem Trefflichsten am meisten beiwohnen«). Die Erlaubnis zur Paarung mit einer »guten« Frau wird beispielsweise als Preis für tapferes Verhalten im Krieg erwähnt. Dies hat nach Platon folgenden Zweck: »damit zugleich auch unter gerechtem Vorwand die meisten Kinder von solchen erzeugt werden.« (»ἵνα καὶ ἅμα μετὰ προφάσεως ὡς πλεῖστοι τῶν παίδων ἐκ τῶν τοιούτων σπείρωνται.«).

Da Platon hier von einem Vorwand spricht, scheint ihm wohl bewusst zu sein, dass ein solches Vorgehen moralisch nicht zu rechtfertigen ist. Von Seiten des Staates wird nachgeholfen, wenn es darum geht, dass von auserwählten Personen möglichst viele Kinder gezeugt werden. Die Personen selbst und die Öffentlichkeit insgesamt sollen davon aber nicht wissen, sondern die Paarungen als natürlich ansehen. In diesen Fällen ist es den Bürgern nicht möglich, sich ihren Fortpflanzungspartner selbst auszuwählen. In dieser Einschränkung könnte die Ungerechtigkeit liegen, die durch den »gerechten Vorwand« verborgen werden soll. Auch könnte sich die Ungerechtigkeit auf die Kinder übertragen, die aus arrangierten Paarungen hervorgehen. Das von Platon vorgeschlagene Vorgehen ergibt nur unter der Voraussetzung Sinn, dass die Kinder zweier »guter« Menschen bestimmte gute Eigenschaften von ihren Eltern erben oder sie noch übertreffen. In umgekehrtem Sinne gilt dies auch für die Kinder schlechter Menschen, von denen folglich angenommen wird, dass sie keine oder nur wenig gute Eigenschaften haben können. Durch eine Paarung zweier »ungleicher« Menschen, also beispielsweise einem eher schwächlichen Mann mit einer körperlich sehr robusten und gesunden Frau, könnte ein Ausgleich zwischen guten und schlechten Eigenschaften stattfinden; gerade diesem Ausgleich soll mittels einer gesteuerten Fortpflanzung entgegengewirkt werden. Somit sind es die Kinder der »schlechten« Menschen, denen eine Ungerechtigkeit widerfährt, da sie unter natürlichen Umständen als »bessere« Menschen geboren worden wären.

Zudem gibt es einen festgelegten Altersrahmen für beide Geschlechter, außerhalb dessen keine Kinderzeugung erlaubt ist. Die nach der Vorschrift gezeugten Kinder der Guten werden, sofern sie nicht »verstümmelt« sind, in Säugeanstalten gebracht und dort aufgezogen (»εἰς τὸν σηκὸν οἴσουσιν παρά τινας τροφούς« / »[Die Kinder der Guten] tragen sie in das Säugehaus zu Wärterinnen«). Behinderte Kinder und die der Schlechten werden an einen abgeschiedenen Ort gebracht (»ἐν ἀπορρήτῳ τε καὶ ἀδήλῳ κατακρύψουσιν ὡς πρέπει« / »[Sie werden die Kinder], wie es sich ziemt, in einem unzugänglichen und unbekannten Orte verbergen.«)

Ein Aspekt, der im Laufe des Gesprächs immer wieder auftaucht, ist das Staatswohl als übergeordneter Zweck der Kinderzeugung. Dieser Zweck dient als Rechtfertigungsgrund dafür, dass der Staat in einen Bereich des bürgerlichen Lebens eingreift, der eigentlich dem Privaten zugeordnet ist. Nach Platon ist es primär die Aufgabe des Bürgers, für den Staat möglichst tüchtige Nachkommen zu zeugen. Individuelle Wünsche und Bedürfnisse von Eltern und Kindern werden absichtlich nicht berücksichtigt. Sie sollen sich nicht einmal kennen, damit keine emotionalen Bindungen entstehen können, die sich mit den Pflichten des Bürgers nicht vereinbaren lassen.

6. Patient-Arzt-Verhältnis

Das Patient-Arzt-Verhältnis ist hochsensibel. Es ist zentrales Element medizinischen Handelns. Dieses Verhältnis ist in der Praxis zunächst als asymmetrisch zu beschreiben, da der Patient als Hilfesuchender (oftmals in einer existenziellen Notlage) dem Arzt gegenübertritt und zwar im Vertrauen darauf, dass der Arzt dank seiner Fachkompetenz die Krankheit heilen oder zumindest die Beschwerden lindern kann. Insofern ist es geboten, das Verhältnis von Arzt und Patient unter der Perspektive einer ungleichen Machtverteilung zu analysieren. Aufgrund der wachsenden Pluralität von Wertüberzeugungen in modernen Gesellschaften und des veränderten Selbstverständnisses von Patienten gerät die traditionelle paternalistisch geprägte Fürsorge in der Arzt-Patienten-Beziehung zunehmend in Kritik.

Nach Ezekiel und Linda Emanuel (1992) lassen sich klassischer Weise vier Modelle der Arzt-Patienten-Beziehung unterscheiden:

1. Paternalistisches Modell: Der Arzt entscheidet, was für den Patienten gut ist. Der Patient ordnet sich vertrauensvoll den Ratschlägen des Arztes unter.
2. Informatives Modell: Die Entscheidungsautonomie des Patienten wird betont. Der Patient wählt selbst aus, nachdem er vom Arzt informiert wurde.
3. Interpretatives Modell: Der Arzt hält sich mit gesundheits- und krankheitsbezogenen Bewertungen zurück. Er hilft dem Patienten, seine eigenen Wertvorstellungen zu klären und eine entsprechende Wahl zu treffen.
4. Deliberatives Modell: Der gemeinsame Entscheidungsprozess steht im Vordergrund. Der Arzt unternimmt auch den Versuch, den Patienten von den Werten und Zielvorstellungen zu überzeugen, die aus ärztlicher Sicht realisierbar und für den Patienten am besten geeignet wären.

In der Geschichte der Patient-Arzt-Beziehung lässt sich eine Entwicklung von paternalistischen Strukturen hin zu einem partizipativen Miteinander beschreiben, natürlich nicht als lineare Bewegung, vielmehr als stetes Vor und Zurück sowie Auf und Ab. Ganz allgemein kann man sagen, dass in den 1950er und 1960er Jahren der »informed consent« als »legal doctrine« von der mediznischen Gemeinschaft vermehrt Aufmerksamkeit zugestanden bekommt (Beauchamp und Faden 1995, Vollmann 2000). So werden bestimmte Formen der Information ausgeschlossen und großer Wert darauf gelegt, dass der »consent« »informed« zustande kommt, also zwischen Arzt und einem gute informierten Patienten. Der Terminus technicus »informed consent« geht auf die Gerichtsentscheidung Salgo vs. Leland Stanford, Jr.

University Board of Trustees (1957) zurück, nach der die Risiken und Alternativen einer Behandlung klargemacht werden müssen. Dies kommt
einer logischen Erweiterung der bestehenden Pflicht gleich, die Behandlung
und ihre möglichen Konsequenzen aufzuzeigen. Zugleich wird die Frage
gestellt, inwiefern der Konsens auch wirklich informiert zustandegekommen
ist. In der Entscheidung Natanson vs. Kline (1960) wird die Aufklärung als
eine Verpflichtung des Arztes festgeschrieben:

[...] to disclose and explain to the patient in language as simple as necessary the
nature of ailment, the nature of the proposed treatment, the probability of success or
of alternatives, and perhaps the risks of unfortunate results and unforeseen conditions
within the body.

In der Folge zeigen die Fachzeitschriften eine vermehrte Beschäftigung mit
der Praxis des »informed consent«. Diese Artikel sind in der Mehrzahl von
Juristen verfasst, die (1) »informed consent« als neue gesetzliche Entwicklung und (2) die Konsequenzen einer schlechten Praxishandhabung aufzeigen. In den späten 1960er und den beginnenden 1970er Jahren, in einer
Zeit, als die Bedeutung einer interdisziplinären Annäherung an medizinische Ethik wächst, beginnen die Ärzte damit, es als (1) moralische und (2)
rechtliche Pflicht anzusehen, entsprechend des »informed consent« zu handeln. Zugleich wird in der medizinischen Fachliteratur der 1970er Jahre
immer wieder deutlich gemacht, wie schwierig die praktische Umsetzung
eines »informed consent« ist. 1974 schloss sich hieran eine U.S. National
Commission for the Protection of Human Subjects of Biomedical and Be-
havioral Research an, in deren Folge es zur Entwicklung eines abstrakten
Schemas von grundlegenden ethischen Prinzipen kam, die dem »informed
consent« große Bedeutung zugestanden. Die Wahrung der Patientenautono-
mie / der persönlichen Dignität erfährt nun zum ersten Mal eine philosophische Grundlegung. Der »informed consent« wird so charakterisiert:

[...] informed consent is ultimately based on the principle that competent persons are
entitled to make their own decisions from their own values and goals, but that the
context of informed consent and any claim of ›valid consent‹ must derive from active,
shared decision making.

Heute ist es erklärtes Ziel, das Patient-Arzt-Verhältnis so zu gestalten, dass
es zu einem informierten Einverständnis (»informed consent«) kommt. Ein
solcher »informed consent« setzt Informationsvermittlung, Informations-
verständnis, Einwiligunsfähigkeit und freie Entscheidung voraus. Der
Patient muss ausreichend aufgeklärt sein, die Aufklärung verstanden haben,
freiwillig entscheiden, dabei entscheidungskompetent sein und seine Zustimmung geben. Aus diesen Bedingungen ergeben sich notwendigerweise
Schwierigkeiten in der Umsetzung. Nach Beauchamp und Faden (1995)
sind zwei Bedeutungsebenen des »informed consent« zu unterscheiden:

1.   Eine autonome Patientenentscheidung kommt dann zustande, wenn ein wohl informierter, einsichtsfähiger Patient bewusst und ohne äußeren Zwang einer medizinischen Maßnahme zustimmt.

2.   Ein informiertes Einverständnis liegt vor, wenn es zu einer Übereinstimmung mit formalen, (standes-)rechtlich kodifizierten Vorgaben kommt.

Dabei gilt es zu bedenken, dass die rechtlichen Standards keinesfalls ausreichen, die Kommunikation zwischen Arzt und Patient zu verbessern. Denn es besteht weiterhin eine defizitäre Kompetenz der Ärzte, die Patienten mit in ihre Entscheidung einzubeziehen. Der Patient muss nicht nur aufgeklärt werden, sondern soll aktiv in den Entscheidungsprozess einbezogen werden. Die Entscheidungsfähigkeit des Patienten muss gestärkt werden. Die Informationen müssen dem Patienten so vermittelt werden, dass er diese auch wirklich versteht. Dies muss durch Rückfragen und Erklärenlasssen überprüft werden. Damit erhält die Kommunikation zwischen Arzt und Patient eine wesentliche Bedeutung für die selbstbestimmte Entscheidung des Patienten (Schildmann, Steger und Vollmann 2007).

Eine besonders heikle Situation der Patient-Arzt-Beziehung liegt dann vor, wenn der Patient ein Kind ist. Folgendes Beispiel kann die besonderen Schwierigkeiten in solchen Situation deutlich vor Augen führen:

Marissa ist fünf Jahre alt. Eigentlich ist sie immer gerne in den Kindergarten gegangen. Doch seit zwei Wochen hat sie wenig Lust auf das Spielen mit anderen Kindern; sie wirkt abgeschlagen, ist blass und hat wenig Appetit. Marissas Knie und ihr Ellenbogen schmerzen. Ihre Mutter ist besorgt und geht mit Marissa zur Kinderärztin Dr. Häm. Die Ärztin wirkt angespannt, als sie Marissa sieht und von Frau Zweisam berichtet bekommt. Sie untersucht Marissa und nimmt Blut ab. Frau Zweisam geht mit ihrer Tochter wieder nach Hause. Marissa will wissen, was mit ihr los ist. Ihre Mutter beruhigt sie mit den Worten, es werde ihr in ein paar Tagen wieder besser gehen. Am Abend erzählt sie ihrem Mann von ihrer Angst; auch er ist jetzt besorgt. Am nächsten Tag ruft nachmittags Dr. Häm bei Familie Zweisam an: In Marissas Blut seien unreife Vorstufen weißer Blutkörperchen nachweisbar. Es bestehe der dringende Verdacht einer akuten Leukämie. Dr. Häm bittet Frau Zweisam deshalb Marissa unmittelbar in die benachbarte Universitätskinderklinik zu bringen. Sie habe dort bereits auf der Hämatoonkologie angerufen und Marissa angekündigt. Frau Zweisam legt auf und bricht in Tränen aus. Marissa kommt herbei und fragt, was denn los sei. Sie will wissen, wer angerufen hat. Sie bekommt aber keine Antwort. Stattdessen setzt ihre Mutter sie in das Auto. Sie müsse in die Uniklinik. Aber: Warum denn eigentlich? Was ist denn los?

Ein Kind wird in die Hilflosigkeit geboren. Es ist von Anfang an den Erwachsenen ausgeliefert. Von seiner Familie kann es sich de iure sogar niemals trennen. Das kann brutal sein. Der kindlichen Autonomie steht die elterliche Fürsorge entgegen. Dem Rebellieren und Sich-Befreien-Wollen werden immer wieder Grenzen gesetzt – gegebenenfalls mit Gewalt. Individuelles Recht wird hierbei nicht selten beschnitten. Aber: Es handelt sich

um einen ganz natürlichen Reifungsprozess: das Erwachsenwerden. Im
Kontext der Medizin kann ein minderjähriges Kind erst dann in einen ärztlichen Eingriff einwilligen, wenn es die dazu notwendige Reife hat, die
Tragweite dieses ärztlichen Eingriffs zu ermessen. Man geht im Allgemeinen davon aus, dass Jugendliche unter 14 Jahren die Voraussetzung der
Einwilligungsfähigkeit nicht erfüllen. Empirische Untersuchungen haben
aber zeigen können, dass durchaus auch Kinder im Alter von 10–12 Jahren
diese Voraussetzungen erfüllen. Kinder, die an schweren Krankheiten leiden (zum Beispiel Leukämie, Tumore, Cystische Fibrose), erleben Krankheit und Krankenhaus sehr intensiv. Sie haben in frühen Jahren schon viel
mit Medizin zu tun. Man kann sich also vorstellen, dass Kinder auch vor
dem 14. Lebensjahr die Tragweite eines an ihnen selbst vorzunehmenden
ärztlichen Eingriffs sehr wohl ermessen können. Ob das allerdings schon
für die fünfjährige Marissa zutrifft, ist wohl eher kritisch zu sehen. Eine
Einwilligung setzt eine gute Aufklärung voraus, in der die Informationen
umfassend und allgemeinverständlich – hier im Speziellen auch für das
Kind verständlich – dargebracht werden. Wie verständlich eine solche
Information war – ggf. wie kindgerecht diese aufbereitet war, kann die
behandelnde Ärztin / der behandelnde Arzt durch ein Nachfrage ermessen,
inwiefern ihre / seiner Erklärungen auch wirklich verstanden wurden. Zentral ist hierbei auch die Wahrheit. Kinder sind sehr sensibel, sie haben »feine
Antennen« und spüren sehr rasch, wenn ihnen nicht die Wahrheit gesagt
wird. Kinder wollen diese Informationen auch unvermittelt, das heißt sie
wollen selbst erfahren, woran sie sind – und das nicht als letztes Glied einer
langen Kette von »Flüsterpost«. Kinder haben wie Erwachsene ein Recht
darauf, die Wahrheit über ihre eigene Krankheit zu erfahren. Erwachsene
sollten sich hier nicht stets in der fürsorglichen Rolle des Beschützenden
fühlen. Gerade kranken Kindern geht es wesentlich besser damit, wenn sie
um ihre Krankheit ehrlich Bescheid wissen. Marissa will wissen, was mit
ihr los ist, sie bekommt aber keine (ehrlichen) Antworten. Sie wird vielmehr vor vollendete Tatsachen gestellt. Wie soll Marissa dann verstehen,
was mit ihr los ist? Bei der Aufklärung ist weiterhin wichtig, dass eine
Entscheidung ohne Zwang herbeigeführt wird. Schließlich muss der Patient
einwilligungsfähig sein. Nicht zuletzt dieser vierte Gesichtspunkt macht es
beim minderjährigen Kind schwierig. Üblicherweise wird die Einwilligung
der Eltern (idealereeise beider Elternteile) eingeholt, bevor man an einem
Minderjährigen einen Eingriff vornimmt. Die Vulnerabilität und Schutzbe-
dürftigkeit des Kindes rechtfertigen diese Vorgehensweise, so die gängige
Meinung. Eltern entscheiden anstelle ihrer Kinder, am Wohl des Kindes
orientiert und mit dem Ziel, das Kind vor Fehlentscheidungen und Fehlver-
halten zu bewahren. Das minderjährige Kind soll an diesen Entscheidungen
also keinen Anteil haben, wie dies bei Erwachsenen im Sinne eines parti-

zipativen Patient-Arzt-Verhältnisses und eines guten »informed consent« gefordert wird? Eine in der Forschung mittlerweile feine aber wichtige Unterscheidung greift an diesem kritischen Gesichtspunkt an. Ein Kind kann wegen seiner gesetzlich definierten Minderjährigkeit keine rechtswirksame Entscheidung treffen, da ihm hierzu die juristisch wirksame Zustimmungsfähigkeit fehlt. Diese Zustimmung muss noch von einem gesetzlichen Vertreter gegeben werden, üblicherweise von den Eltern. Verweigern die Eltern einen aus ärztlicher Sicht notwendigen Eingriff, sollte im Interesse des Minderjährigen das Vormundschaftsgericht angerufen werden. Gegebenfalls kann der Arzt auch auf Grundlage eines rechtfertigenden Notstands selbst entscheiden. Um das Kind an diesem Entscheidungsprozess aber intensiver zu beteiligen, kann man »consent« von »assent« unterscheiden. »Informed assent« und »informed consent« haben Aufklärung und Zustimmung gemeinsam, »assent« unterscheidet sich aber von »consent« in der fehlenden gesetzlichen Verbindlichkeit. Das Kind kann somit aktiv am Entscheidungsprozess beteiligt werden, es kann selbst seinen »assent« mitteilen, und dieser »assent« sollte dann auch Einfluss auf den »informed consent« haben, zu dem der behandelnde Arzt mit dem Stellvertreter des Kindes kommt. Hierzu sollte Marissa doch eigentlich schon in der Lage sein. Aber: Will das Kind das eigentlich? Am einfachsten wird man diese Frage klären, indem man das Kind selbst fragt.

Die Patient-Arzt-Beziehung sollte immer wieder zwischen den beteiligten Menschen hinsichtlich ihrer Stabilität und Ausgeglichenheit überprüft werden. Jeder zusätzliche externe Faktor wirkt auf dieses Verhältnis zunächst störend ein. Ein in seiner Bedeutung für diese Beziehung sicherlich nicht zu unterschätzender Faktor sind die im Rahmen von E-Health vorgenommenen bzw. vorgesehenen Eingriffe (Krüger-Brand 2007). Zu Recht wird im Rahmen der elektronischen Gesundheitskarte über die Patientensicherheit in einem von E-Health geprägten Gesundheitssystem diskutiert. Dabei sollte unbedingt die Vertraulichkeit sichergestellt werden. Zentral ist darüber hinaus aber auch, dass man auf die Patient-Arzt-Beziehung achtet, die hierdurch empfindlich gestört werden kann. Dies bekommt besondere Bedeutung, wenn es tatsächlich um so genannte elektronische Gesundheitsdienste gehen soll. Es werden auf diesen Karten Informationen gesammelt, die wichtige patientenbezogene Daten umfassen. Ich denke hier an die so genannte »patient summary«, damit an elektronisch erfasste Basisdaten für Notfälle sowie an elektronische Rezepte und eine damit verbundene IT-gestützte Arzneimitteldokumentation. Beide Informationsdatensätze eröffnen den Weg zu einer elektronischen Patientenakte, die dringend der sicheren Wahrung und Vertraulichkeit bedarf.

Auf dem 111. Deutschen Ärztetag in Münster sprach Präsident Jörg Hoppe sogar von einer Entindividualisierung der Patient-Arzt-Beziehung.

Er wandte sich gegen eine Ökonomisierung des Gesundheitswesens. Die Ärzte seien zunehmend ›Leistungsanbieter‹, die Patienten ›Krankheitsanbieter‹, Krankheit sei ›Geschäftsgegenstand‹, Ärzte seien ›Erfüllungsgehilfen im Medizingeschäft‹ und für den Träger gebe es ›Fließbandmedizin‹.

Um informiertes Einverständnis zu erreichen, bedarf es einer guten Aufklärung, deren Notwendigkeit bzw. deren Ausmaß und deren Grenzen nicht unumstritten sind. So sind durchaus Stimmen zu vernehmen, die soweit aufklären wollen, wie es das Wohl des Patienten zulässt. Oberste Maxime ist demach das »primum nil nocere« (zuerst einmal nicht schaden), ggf. auch durch Vorenthalten von Informationen. Dabei gerät rasch in Vergessenheit, dass diese paternalistische Grundhaltung gegenüber dem Patienten in der Medizingeschichte zahlreich beschrieben ist und keineswegs immer als positiv zu bewerten ist.

Die Schweigepflicht ist die vielleicht wichtigste Basis einer vertrauensvollen und offenen Arzt-Patient-Beziehung. Ärzte können in bestimmten Fällen von der Schweigepflicht entbunden werden, dann können vertrauliche Informationen weitergegeben werden. Dies trifft auch zu, wenn nur so ein schwerer Schaden für Dritte oder für den Patienten abzuwenden ist. Gesetzlich geregelt ist zum Beispiel, dass bestimmte übertragbare Infektionskrankheiten gesetzlich zu melden sind, sowie geplante schwere Verbrechen der Behörde oder dem Betroffenen angezeigt werden können.

Folgende klinische Situation zeigt eine ethische Konfliktsituation, in der die Schweigepflicht im Zentrum steht (vgl. hierzu auch Hick 2007: 46–53): Das Ehepaar Müller ist seit Jahren bei Herrn Dr. Ritsch in Behandlung. Eines Tages stellt Dr. Ritsch bei Herrn Müller eine HIV-Infektion fest. Dr. Ritsch geht davon aus, dass Herr Müller seine Frau über die HIV-Infektion informiert. Als eines Tages Frau Müller zur Behandlung kommt, merkt Dr. Ritsch, dass sie nicht über die HIV-Infektion ihres Mannes Bescheid weiß. Zunächst ist sich Dr. Ritsch unsicher, wie er sich verhalten soll, und klärt Frau Müller nicht über die Infektion ihres Mannes auf. Hat sich Dr. Ritsch richtig verhalten? Und wie soll er in Zukunft mit diesem Wissen umgehen?

Folgt man hoher richterlicher Rechtsprechung (OLG, Frankfurt, 5.10. 1999), könnte sich Dr. Ritsch auf einen rechtfertigenden Notstand berufen; damit wäre Dr. Ritsch nach § 34 StGB von der ärztlichen Schweigepflicht entbunden. Man könnte sogar urteilen, er sei aufgrund einer vorgesehenen Güterabwägung zum Bruch der ärztlichen Schweigepflicht verpflichtet. Demnach könnte Dr. Ritsch Frau Müller über die HIV-Infektion ihres Mannes informieren – ja, er wäre sogar zur Aufklärung von Frau Müller verpflichtet. Denn Dr. Ritsch ist behandelnder Arzt beider Ehepartner und hat eine für den anderen Lebenspartner bestehende Lebensgefahr von diesem abzuwenden. Das OLG Frankfurt hatte im analogen Fall bei einer HIV-Infektion eine Offenbarungspflicht gegenüber nahe stehenden Personen entgegen der ärztlichen Schweigepflicht befürwortet. Der Schutz des Lebens und die Gesundheit der Partnerin seien demnach als höhere Rechtsgüter anzusehen als die ärztliche Schweigepflicht. Doch ist der Hinweis auf den rechtfertigenden Notstand nicht problematisch? Und wie steht es um die tatsächliche Verpflichtung, die ärztliche Schweigepflicht brechen zu müssen? Ist der behandelnde Arzt, bei dem sich auch die Frau eines an HIV-erkrankten Mannes in Behandlung befindet, wirklich verpflichtet, die Frau über die HIV-Erkrankung ihres Mannes aufzuklären? Immerhin ist die ärztliche Schweigepflicht Teil der Standespflichten, die heute – in Fortsetzung des Hippokratischen Eides – in der Berufsordnung festgeschrieben ist. Die Schweigepflicht ist dann aber auch Rechtspflicht und in § 203 StGB normiert: Es geht um das allgemeine Vertrauen in die Verschwiegenheit bestimmter Berufsgruppen und um den Schutz des persönlichen Lebens- und Geheimnisbereiches. Der Patient vertraut dem Arzt in dieser Gewissheit intime Details seines Lebens mit. Die Verschwiegenheit des Arztes ermöglicht die freie Entfaltung des Patienten und stärkt die Selbstbestimmung des Patienten. Die ärztliche Schweigepflicht (Dr. Ritsch) und das Recht auf Selbstbestimmung (Herr Müller) stehen hier dem Recht eines Dritten (Frau Müller) auf körperliche Unversehrtheit gegenüber. Der ethische Konflikt besteht also in der Frage, wie hoch die körperliche Unversehrtheit gegenüber der Schweigepflicht anzusetzen ist. Wie hoch ist das Risiko der Ansteckung anzusetzen? Wie sehr fühlt man sich als behandelnder Arzt an die Schweigepflicht gebunden? Inwiefern ist man als behandelnder Arzt dazu berechtigt, in die Selbstbestimmung des einen Lebenspartners (hier: Herr Müller) einzugreifen?

Blicken wir nun auf die Patient-Arzt-Verhältnisse oder vielleicht eher Arzt-Patient-Verhältnisse in der Antike (Carrick 2001, Edelstein 1967, Rütten 1997). Die angemessene Anwendung medizinischen Fachwissens ist in den hippokratischen Schriften eine der grundlegenden Anforderungen an den Arzt. Für den Erfolg einer ärztlichen Behandlung ist schon in der Antike neben den professionellen Fähigkeiten des Arztes auch seine soziale Kompetenz im Umgang mit dem Kranken entscheidend. Nur wenn der Arzt mit dem Kranken »richtig« umgeht, können die Möglichkeiten einer medizinischen Behandlung voll ausgeschöpft werden. Die übergeordnete Aufgabe und das Ziel des Arztes ist es, mit dem Patienten gemeinsam der Krankheit entgegenzutreten und dessen Gesundheit wiederherzustellen. Das ist eine überraschend moderne Anschauung und steht der Vorstellung eines partizipativen Miteinander (»informed consent«) sehr nahe.

Vor diesem Hintergrund wird die Beziehung zwischen Arzt und Patient beschrieben. Die hippokratischen Schriften enthalten Handlungsgrundsätze, die der Arzt im Umgang mit dem Patienten befolgen soll, um eine möglichst wirkungsvolle Behandlung zu ermöglichen. In diesem Zusammenhang hat die Frage Bedeutung, wie der Arzt mit Informationen über den Gesundheitszustand des Patienten umgehen soll. Einerseits hat der Patient grundsätzlich einen Anspruch darauf, über seinen Zustand informiert zu werden. Geht man prinzipiell von einem mündigen Patienten aus, muss dieser Anspruch als Teil seines Selbstbestimmungsrechts erfüllt werden. Andererseits kann die völlige Aufklärung seitens des Arztes negative Konsequenzen für den Patienten haben. Gerade bei sehr beunruhigenden Diagnosen kann es zu einer Beeinträchtigung des Gesundungsprozesses kommen, da sich der Kranke den zu erwartenden Unannehmlichkeiten möglicherweise nicht gewachsen fühlt. Geht es beispielsweise um die Überlebenschancen eines Kranken, so könnte man das Vorenthalten von Informationen dadurch rechtfertigen, dass der Patient durch einen vorgetäuschten Optimismus des Arztes mehr Entschlossenheit zur Überwindung der Krankheit aufbringen kann. Gibt der Arzt hingegen die ihm zur Verfügung stehenden Informationen an den Patienten weiter, besteht die Gefahr, dass der Patient angesichts seines wahrscheinlich eintretenden Todes verzweifelt und sein Überleben nicht mehr mit allen Kräften anstrebt.

In zwei hippokratischen Schriften (Hipp. de decenti 16, Hipp. de morbis 1,6) wird der Umgang des Arztes mit Informationen über den Gesundheitszustand des Patienten thematisiert:

Hipp. De decenti 16 (= Heiberg (1927): CMG 1,1, S. 29; dt. Übersetzung nach Fuchs, Bd. I (1895), S. 54)

Vorenthalten von Informationen über den Gesundheitszustand
Dies alles soll man mit Ruhe und Geschick thun, indem man vor dem Patienten während der Hilfeleistung das Meiste verbirgt. Was zu geschehen hat, soll man mit ruhiger und freundlicher Miene anordnen, dem Patienten, indem man sich von seinen eigenen Gedanken losmacht, bald mit Bitterkeit und ernster Miene Vorwürfe machen, bald ihm wieder mit Rücksicht und Aufmerksamkeit Trost zusprechen, indem man ihm nichts von dem, was kommen wird und ihn bedroht, verrät; denn schon viele sind hierdurch, ich meine durch das eben erwähnte Voraussagen dessen, was sie bedroht und eintreffen wird, zum Aeussersten getrieben worden.

Hipp. De morb. 1,6 (6, 150, 6–15 L.; dt. Übersetzung nach Fuchs, Bd. II (1897), S. 381)

Keine falschen Informationen über den Gesundheitszustand
Richtig und unrichtig ist aber in der ärztlichen Kunst Folgendes. Nicht richtig ist es, wenn man sagt, dass die Krankheit eine andere sei, als sie ist, wenn man eine schwere für leicht, eine leichte für schwer erklärt, wenn man von demjenigen, welcher mit dem Leben davonkommen wird, behauptet, er werde nicht davonkommen, und zu demjenigen, welcher sterben muss, sagt, dass er nicht sterben werde; wenn man nicht erkennt, dass einer ein Empyem hat, wenn man nicht merkt, dass sich eine schwere Krankheit im Körper vorbereitet, wenn es irgendeines Arzneimittels bedarf, es nicht zu erkennen; zu behaupten, man könne das Heilbare nicht heilen.

Dem Arzt wird davon abgeraten (Hipp. de decenti 16), den Patienten über die zu erwartenden Nebenwirkungen der Behandlung zu informieren. Die übergeordnete Verpflichtung des Arztes, so zu handeln, wie er es seiner Ansicht nach für den Patienten am besten ist, bringt die paternalistische Haltung in den hippokratischen Schriften zum Ausdruck. Der Arzt geht so weit wie möglich auf die Belange des Patienten ein, muss sich aber in entscheidenden Situationen dessen Zustimmung zu seinen Entscheidungen nicht versichern. So soll das Verhalten des Arztes während der Behandlung vollkommen auf die Bedürfnisse des Patienten ausgerichtet sein; die Gründe und Konsequenzen seiner konkreten Anweisungen legt er nicht dar (Hipp. de decenti 16: »μεθ᾽ ὑπουργίης τὰ πολλὰ τὸν νοσέοντα ὑποκρυπτόμενον« / »indem man vor dem Patienten während der Hilfeleistung das Meiste verbirgt«). Da es für den Patienten gefährlich sein kann, wenn er mit beunruhigenden Diagnosen und Prognosen konfrontiert wird, soll ihm möglichst viel vorenthalten werden. Würde der Patient über »das, was kommen wird und ihn bedroht« in Kenntnis gesetzt, könnte er verzweifeln und seine Gesundung wäre möglicherweise erschwert oder gar verhindert (Hipp. de decenti 16: »πολλοὶ γὰρ δι᾽ αἰτίην ταύτην ἐφ᾽ ἕτερα ἀπεώσθησαν διὰ τὴν πρόρρησιν τὴν προειρημένην τῶν ἐνεστώτων ἢ ἐπεσοένων« / »denn schon viele sind hierdurch, ich meine durch das eben erwähnte Voraussagen dessen, was sie bedroht und eintreffen wird, zum Aeussersten getrieben worden«).

Das Vorenthalten von Informationen darf nach Hippokrates nicht gleichgesetzt werden mit gezielter Fehlinformation. So ist es dem Arzt nicht erlaubt, vorgeblich eine andere (nicht vorliegende) Krankheit zu diagnostizieren oder die Chancen auf eine Heilung bewusst falsch einzuschätzen (Hipp. de morbis 1,6: »οὐκ ὀρθῶς μὲν, τὴν νοῦσον ἑτέρην ἐοῦσαν ἑτέρην φάναι εἶναι [...] καὶ περιεσομένον μὴ φάναι περιέσεσθαι, καὶ μέλλοντα ἀπολεῖσθαι μὴ φάναι ἀπολεῖσθαι« / »nicht richtig ist es, wenn man sagt, dass die Krankheit eine andere sei, als sie ist, [...] wenn man von demjenigen, welcher mit dem Leben davonkommen wird, behauptet, er werde nicht davonkommen, und zu demjenigen, welcher sterben muss, sagt, dass er nicht sterben werde«). Geht es also um die Überlebenschancen eines Patienten, darf der Arzt weder falsche Hoffnungen auf eine nicht mögliche Heilung wecken noch solche Hoffnungen zerstreuen, wenn eine Heilung zu erwarten ist. Diese Anweisung ist hinsichtlich ihrer Bedeutung für das richtige Verhalten des Arztes nicht ganz eindeutig. Sie kann dahingehend interpretiert werden, dass sie nur solche Situationen betrifft, in denen der Arzt von sich aus den Zustand des Patienten beurteilt oder in denen er vom Patienten explizit befragt wird. Da der Arzt von sich aus möglichst wenig Informationen über den tatsächlichen Zustand des Patienten an diesen weitergeben soll, bleiben vor allem solche Situationen, in denen der Patient selbst nachfragt. Der Arzt darf dann nicht lügen, da er ihm damit Unrecht täte. Dies scheint allerdings im Widerspruch zu stehen zu der übergeordneten Pflicht, im Interesse des Patienten zu handeln. Handelte der Arzt aus seiner Sicht im Interesse des Patienten, würde er ihm möglicherweise falsche Informationen geben, wenn dies dem Heilungsprozess nützte. Somit ist er mit einem Dilemma konfrontiert: Er kann dem Patienten falsche Informationen geben, etwa dass die Krankheit nicht beunruhigend sei, obwohl sie sehr schwerwiegend ist. Somit handelt er einerseits im Interesse des Patienten, da er dessen Demoralisierung und Verzweiflung vorbeugt; andererseits schadet er ihm, indem er ihn vorsätzlich täuscht. Die andere Möglichkeit für den Arzt wäre, seine Informationen an den Patienten weiterzugeben, ihn also nicht zu täuschen, damit aber möglicherweise dessen Heilung zu gefährden. Vermutlich geht in solchen Fällen die Verpflichtung, im Interesse des Patienten zu handeln vor; der Arzt soll den Patienten also eher durch Fehlinformationen täuschen als die Wiederherstellung dessen Gesundheit in Gefahr zu bringen. Hier wird die Problematik des paternalistischen Prinzips der hippokratischen Position deutlich: Das Vorgehen des Arztes im Interesse des Patienten setzt voraus, dass der Arzt in jedem Fall entscheiden kann, was für den Kranken am besten ist. Ein Mitbestimmungsrecht beziehungsweise Selbstbestimmungsrecht des Patienten muss nicht eingeräumt werden, da ein Fehlurteil des Arztes, darüber was im Interesse des Patienten ist, nicht in Betracht gezogen wird. Sofern sich solche Entscheidungen nicht rein auf das körperliche Wohl des Patienten beziehen, ist diese Voraussetzung nur eingeschränkt haltbar.

Die Ausrichtung ärztlichen Handelns auf das Wohl des Patienten wird im Hippokratischen Eid explizit gefordert:

Hipp. Eid, 6 (= Heiberg (1927): CMG 1,1, S. 5; dt. Übersetzung nach Fuchs, Bd. I (1895), S. 2)

Keine sexuellen Kontakte zu Personen im Umfeld des Patienten
Lauter und fromm will ich mein Leben gestalten und meine Kunst ausüben. Auch will ich bei Gott keinen Steinschnitt machen, sondern ich werde diese Verrichtung denjenigen überlassen, in deren Beruf sie fällt. In alle Häuser aber, in wie viele ich auch gehen mag, will ich kommen zu Nutz und Frommen der Patienten, mich fernhaltend von jederlei vorsätzlichem und Schaden bringendem Unrechte, insbesondere aber von geschlechtlichem Verkehre mit Männern und Weibern, Freien und Sklaven. Was ich aber während der Behandlung sehe oder höre oder auch ausserhalb der Behandlung im gewöhnlichen Leben erfahre, das will ich, soweit es ausserhalb nicht weitererzählt werden soll, verschweigen, indem ich derartiges für ein Geheimnis ansehe.

Dabei werden die Anforderungen an den Arzt nicht nur positiv, sondern auch negativ formuliert werden. Es geht nicht nur darum, wie der Arzt handeln soll, um ein bestimmtes Ziel zu erreichen; ebenso wichtig ist die Frage, wie er nicht handeln soll, um dem Erreichen seines Ziels nicht entgegenzuwirken. Sein Handeln muss zum Wohl der Patienten sein; von jedem »Unrechte« muss er sich aktiv fernhalten (Hipp. Eid 6: »ἐς οἰκίας δὲ ὁκόσας ἂν ἐσίω, ἐσελεύσομαι ἐπ᾽ ὠφελείῃ καμνόντων ἐκτὸς ἐὼν πάσης ἀδικίης ἑκουσίης καὶ φθορίης τῆς τε ἄλλης« / »In alle Häuser aber, in wie viele ich auch gehen mag, will ich kommen zu Nutz und Frommen der Patienten, mich fernhaltend von jederlei vorsätzlichem und schadenbringendem Unrechte«). Als eine besondere Form unrechten Verhaltens wird der Geschlechtsverkehr mit Personen im Umfeld des Patienten genannt. Da der Arzt in den meisten Fällen Hausbesuche durchführt, kommt er unweigerlich in Kontakt mit der privaten Umgebung des Patienten. Diesen Zugang darf er nicht missbrauchen oder sich dazu verleiten lassen, ihn auszunutzen, indem er mit »Männern und Weibern, Freien und Sklaven« sexuell verkehrt (Hipp. Eid 6: »ἀφροδισίων ἔργων ἐπί τε γυναικείων σωμάτων καὶ ἀνδρείων ἐλευθέρων τε καὶ δούλων« / »mich fernhaltend [...] insbesondere aber von geschlechtlichem Verkehre mit Männern und Weibern, Freien und Sklaven«). Der sexuelle Verkehr mit solchen Personen wird als Beispiel für unrechtes Verhalten seitens des Arztes angeführt; im Text schließt es direkt an das Verbot unrechten Verhaltens im Allgemeinen an. Allerdings hat diese Form von Unrecht offenbar eine Sonderstellung, da sie nicht wie alle anderen zu vermeidenden Handlungen des Arztes behandelt wird. Zunächst muss ärztliches Handeln dem Wohl des Patienten dienen, außerdem darf es für den Patienten nicht schädlich sein. Zusätzlich darf der Arzt nicht in sexuellen Kontakt mit Personen im Umfeld des Patienten treten. Im griechischen Text ist diese Sonderstellung daraus ersichtlich, dass die entsprechenden Satzteile parataktisch miteinander verbunden sind. In der deutschen Übersetzung wird der Satzteil, der den sexuellen Verkehr betrifft, durch die Einleitung mit »insbesondere« als eine Instanz unrechten Handelns gekennzeichnet. Auch diese Formulierung bringt zum Ausdruck, dass es sich um eine besondere Instanz handelt. Wie alle anderen Anweisungen, die in den hippokratischen Schriften an das Verhalten des Arztes gerichtet sind, dient auch das Verbot von Geschlechtsverkehr mit Angehörigen des Patienten nicht allein dessen Wohlbefinden, sondern auch dem Interesse des Arztes. Um seine berufliche Stellung zu rechtfertigen und zu sichern, darf er an seiner Vertrauenswürdigkeit keine Zweifel aufkommen lassen.

Hipp. De med. 1 (= Heiberg (1927): CMG 1,1, S. 4–5; dt. Übersetzung nach Fuchs, Bd. I (1895), S. 41)

Selbstdisziplin

Der Arzt aber hat nicht wenige Beziehungen zu seinen Patienten, geben sich diese doch den Aerzten ganz in die Hand und kommen jene doch zu jeder Stunde mit Frauen, jungen Damen und Gegenständen von höchstem Werte in Berührung. In allen diesen Fällen muss man sich zusammenzunehmen wissen. So muss ein Arzt an Geist und Körper beschaffen sein.

Die Beziehung zwischen Arzt und Patient ist nach Hippokrates dadurch gekennzeichnet, dass der Patient den professionellen Fähigkeiten und charakterlichen Eigenschaften des Arztes vertrauen kann. Nur so ist er gewillt, sich dem Arzt gewissermaßen auszuliefern und ihm die Entscheidung über das Wohl seines Körpers zu überlassen (Hipp. de med. 1: »πρὸς δὲ ἰητρόν οὐ μικρὰ συναλλάγματα τοῖσι νοσοῦσιν ἐστι· καὶ γὰρ αὐτοὺς ὑποχειρίους ποιέουσι τοῖς ἰητροῖς« / »Der Arzt aber hat nicht wenige Beziehungen zu seinen Patienten, geben sich diese doch den Ärzten ganz in die Hand«). Eine Folge dieses Vertrauens ist der Eintritt des Arztes in die Privatsphäre des Patienten. Wie oben erwähnt, ist damit der Kontakt eines Mannes mit Personen wie beispielsweise Frauen und jungen Mädchen verbunden, der in der antiken Gesellschaft nicht üblich war. In solchen Situationen muss der Arzt eventuellen »Verlockungen« widerstehen können. Dies betrifft nicht nur den Umgang mit Personen und eigenen sexuellen Interessen; Hippokrates spricht auch von wertvollen Gegenständen, mit denen der Arzt in Berührung kommt und von deren materiellem Wert er sich nicht verleiten lassen darf, etwa zu einem Diebstahl (Hipp. de med. 1: »καὶ πᾶσαν ὥρην ἐντυγχάνουσι γυναιξί, παρθένοις καὶ τοῖς ἀξίοις πλείστου κτήμασιν· ἐγκρατέως οὖν δεῖ πρὸς ἅπαντα ἔχειν ταῦτα« / »und kommen jene [sc. Ärzte, F.St.] doch zu jeder Stunde mit Frauen, jungen Damen und Gegenständen von höchstem Werte in Berührung. In allen diesen Fällen muss man sich zusammenzunehmen wissen«). Zurückhaltung und Selbstdisziplin muss der Arzt in jeder Situation üben können. Persönliche Interessen dürfen auf sein Verhalten im Umfeld des Patienten keinen Einfluss haben. Die Beziehung zwischen Arzt und Patient wird auch bei Platon behandelt:

Platon: Nomoi 720b-e (Übersetzung nach Schöpsdau 1977, S. 269)

Dialog mit dem Patienten
Der Athener: Nun kannst du doch auch folgendes beobachten: da die Kranken in den Städten teils Sklaven, teils Freie sind, so werden die Sklaven in der Regel zumeist von Sklaven behandelt, die ihre Rundgänge machen oder sie in den Arztstuben erwarten; und kein einziger von solchen Ärzten pflegt auch nur irgendeine Begründung für die jeweilige Krankheit des Sklaven zu geben oder sich geben zu lassen, sondern er verordnet ihm das, was ihm aufgrund seiner Erfahrung gut scheint, als wüßte er genau Bescheid, eigenmächtig wie ein Tyrann; dann springt er auf und begibt sich zu einem andern erkrankten Sklaven und erleichtert so seinem Herrn die Sorge für den Kranken. Der freie Arzt dagegen behandelt meistens die Krankheiten der Freien und beobachtet sie; und indem er sie von ihrem Entstehen an und ihrem Wesen nach erforscht, wobei er sich mit dem Kranken selbst und mit dessen Freunden bespricht, lernt er teils selbst manches von den Kranken, teils belehrt er auch, soweit er es vermag, den Patienten selbst und verordnet ihm nicht etwas, bis er ihn irgendwie davon überzeugt hat; dann erst versucht er, indem er durch Überredung den Kranken immer wieder beschwichtigt, ihn zur Gesundheit zu führen und damit Erfolg zu haben. Ist

nun der auf diese oder der auf jene Art heilende Arzt oder seine Übungen durchführende Gymnastiklehrer der bessere? Der, der auf doppeltem Wege die eine Wirkung erzielt, oder der, der auf dem einzigen Weg und nach dem schlechteren der beiden Verfahren vorgeht und den Kranken nur noch widerspenstiger macht?

Kleinias: Zweifellos, Fremder, verdient der doppelte Weg weitaus den Vorzug.

Platon: Nomoi 857c-e (Übersetzung nach Schöpsdau und Müller 1977, S. 189)

Arzt als Erzieher
Denn darüber muß man sich völlig im klaren sein: wenn einmal einer der Ärzte, welche die die Heilkunst rein empirisch und ohne theoretische Grundlage betreiben, auf einen freien Arzt träfe, der sich mit einem freien Kranken unterhält und sich dabei beinahe philosophischer Argumente bedient und die Krankheit bei der Wurzel packt, indem er auf die allgemeine Natur des Körpers zurückgeht, so würde jener gleich in lautes Gelächter ausbrechen und keine anderen Reden vorbringen als die, welche in diesem Fall die meisten der sogenannten Ärzte schnell bei der Hand haben; er würde nämlich sagen: »Du Tor, du behandelst ja nicht den Kranken, sondern belehrst ihn, als müßte er ein Arzt, nicht aber gesund werden!«

Kleinias: Und hätte er nicht recht, wenn er so spräche?

Der Athener: Vielleicht, zumal wenn er daneben auch noch bedächte, daß jeder, der über Gesetze spricht, wie wir es jetzt tun, die Bürger belehrt und erzieht, nicht aber ihnen Gesetze gibt. Würde er nicht auch mit dieser Behauptung recht zu haben scheinen?

Im vierten und neunten Buch der »Nomoi« ist die Beziehung zwischen Patient und Arzt Gegenstand einer Diskussion zwischen Kleinias und »dem Athener«. Platon vergleicht zwei Arten von Ärzten. Er spricht von »sogenannten« (Plat. Nom. 857d: »λεγομένοις ἰατροῖς«) Ärzten, die nach der Methode von Alleinherrschern behandeln und sich in ihren Entscheidungen allein auf ihre Erfahrung stützen (Plat. Nom. 720c: »προστάξας δ' αὐτῷ τὰ δόξαντα ἐξ ἐμπειρίας, ὡς ἀκριβῶς εἰδώς, καθάπερ τύραννος αὐθαδῶς« / »er verordnet ihm das, was ihm aufgrund seiner Erfahrung gut scheint, als wüßte er genau Bescheid, eigenmächtig wie ein Tyrann«). Ihnen stellt Platon den »freien« (Plat. Nom. 720d: »ἐλεύθερος [ἰατρός]«) Arzt gegenüber, der sich in seinem Vorgehen nach dem Kranken richtet und ihn nicht nur behandelt, sondern nach Art eines Erziehers belehrt. Platon stellt heraus, dass die Methode des freien Arztes die bessere sei, da ihre Wirkungskraft auf zwei verschiedene Behandlungsebenen beruht. Einerseits wendet der Arzt sein medizinisches Fachwissen an, um so eine körperliche Gesundung des Patienten herbeizuführen. Andererseits baut er eine Beziehung zum Patienten auf, innerhalb derer er den Kranken als gleichgestellten Partner begreift. Im Dialog mit dem Patienten versucht er, diesen vom Sinn der Behandlung zu überzeugen (Plat. 720d: »οὐ πρότερον ἐπέταξεν πρὶν ἄν πῃ συμπείσῃ« / »[er] verordnet ihm nicht eher etwas, bis er ihn irgendwie davon überzeugt hat«). Die Argumente, mit denen der Arzt den

Patienten zu überzeugen versucht, sind nicht medizinischer, sondern »beinahe philosophischer« Natur (Plat. 857d: »ἐλεύθερον ἐλευθέρῳ νοσοῦντι διαλεγόμενον ἰατρόν, καὶ τοῦ φιλοσοφεῖν ἐγγὺς χρώμενον μέντοῖς λόγοις«, deutsch: »[ein freier Arzt], der sich mit einem freien Kranken unterhält und sich dabei beinahe philosophischer Argumente bedient«). Anders als in den hippokratischen Schriften wird in dieser Diskussion kein uneingeschränktes Wissen des Arztes vorausgesetzt. Vielmehr kann nach Platon auch der Arzt vom Patienten lernen (Plat. 720d: griech: »ἅμα μὲν αὐτὸς μανθάνει τι παρὰ τῶν νοσούντων, ἅμα δὲ καὶ καθ᾽ ὅσον οἷός τέ ἐστιν διδάσκει τὸν ἀσθενοῦντα αὐτόν« / »lernt er teils selbst manches von den Kranken, teils belehrt er auch, soweit er es vermag, den Patienten selbst«); nimmt er ihn als Gesprächspartner ernst, kann er beispielsweise neue Erfahrungen bezüglich bestimmter Krankheiten sammeln, die ihm bei einer einseitigen Behandlung ohne Dialog mit dem Patienten verwehrt geblieben wären. So dienen die Gespräche, die der Arzt im Rahmen der Behandlung sowohl mit dem Patienten als auch mit nahe stehenden Personen führt, auch dazu, die Krankheit tiefer gehend zu erfassen. So muss sich der Arzt bei seinen Entscheidungen nicht nur auf die für ihn erkennbaren äußerlichen Symptome stützen, sondern kann möglicherweise die Gründe für die Erkrankung erfragen und erfahren. Dadurch werden beispielsweise Fehlentscheidungen seitens des Arztes möglicherweise vermieden.

7. Probleme am Lebensende

Herr Twin, 70jähriger Rentner, kommt mit deutlich reduziertem Allgemeinzustand in die chirurgische Notaufnahme. Der behandelnde Arzt erkennt den Ernst der Situation: Herr Twin hat seit 5 Tagen keinen Stuhl mehr abgesetzt und klagt über krampfartige Bauchschmerzen. Er wird stationär aufgenommen und noch am selben Tag operiert. Die OP gestaltet sich schwieriger als angenommen: Herr Twin hat einen Ileus mit schwerer Perforation und Peritonitis. Nach hohem Blutverlust und bei kritischen Vitalparametern wird er auf die chirurgische Intensivstation aufgenommen. Als Komplikation tritt eine Sepsis auf. Knapp eine Woche später ist Herr Twin noch immer nicht bei Bewusstsein. Die Tochter von Herrn Twin – er lebt seit dem Tod seiner Frau allein – will ihren Vater nicht länger leiden sehen: Sie fragt den behandelnden Arzt: Mein Vater hätte so nie leben wollen. Können Sie meinem Vater nicht helfen, dass er in Würde stirbt?

Es ist unbestrittene ärztliche Aufgabe, Patienten Gutes zu tun sowie Schaden von ihnen abzuwenden. In der Regel meint dies, dass der Arzt die Gesundheit des Patienten wahren bzw. wiederherstellen soll, mit dem Ziel, das Leben des Patienten zu erhalten. Doch es stellt sich die Frage: um jeden Preis und in jedem Fall? Auch in Deutschland mehren sich Nachrichten, dass der Sterbeprozess von Patient(inn)en durch Ärztinnen und Ärzten sowie Krankenschwestern und Pflegern beschleunigt wird. Dabei ist das Spektrum dieser »Hilfe« weit und reicht bis zum folgenschweren Vorwurf der fahrlässigen Tötung bzw. des Mordes, zum Beispiel durch die Gabe von Medikamenten in tödlicher Dosierung. Doch ist es wirklich vorstellbar, dass Ärzte beim Sterben helfen?

Man unterscheidet verschiedene Formen der so genannten Sterbehilfe: Handelt es sich um eine Therapiebegrenzung (zum Beispiel keine weitere Beatmung eines beatmungspflichtigen Patienten oder Einstellen überlebensnotwendiger parenteraler Ernährung), spricht man von passiver Sterbehilfe. Davon zu unterscheiden ist die indirekte Sterbehilfe, die durch die Inkaufnahme ggf. Lebenszeit verkürzender Wirkungen von Therapie (zum Beispiel infolge einer Sedierung durch Benzodiazepine) charakterisiert ist. Beiden Handlungsmöglichkeiten entgegen steht die aktive Sterbehilfe, bei der Ärzte ihren Patienten auf dessen Wunsch hin töten. Übelstes Ausmaß solcher aktiver Handlung, die sich zudem verselbstständigt hat und keineswegs mehr im Interesse des zu Tötenden stand, ist für die Medizin im Nationalsozialismus zu beschreiben. Hier wurde in übelstem Maß pervertiert und in den Dienst eines politischen Systems gestellt (Frewer und Eickhoff 2000).

Hiervon abzugrenzen ist die Hilfe zur Selbsttötung, bei der ein Arzt zum Beispiel Medikamente besorgt, mit denen sich der Patient suizidiert. Schließlich ist in diesem Zusammenhang die palliative Begleitung des Sterbenden zu nennen, in dessen Mittelpunkt die menschliche Begleitung eines natürlichen Sterbeprozesses mit dem Ziel der möglichst optimalen Schmerzlinderung steht. Dies geschieht meist durch ein multiprofessionelles Team und mit medizinischen, psychologischen und spirituellen Elementen. Dabei wird aktive Sterbehilfe strikt abgelehnt. Es geht um ein würdiges Sterben, und dies unter professioneller Begleitung.

Die Tochter von Herrn Twin bittet den behandelnden Arzt um eine Therapiebegrenzung. Sie möchte, dass ihr Vater »in Würde stirbt«. Sie erinnert in diesem Zusammenhang daran, dass ihr Vater »so nie hätte leben wollen.« Sie bittet den behandelnden Arzt darum, dass er das Sterben ihres Vaters geschehen lässt. Es stellt sich die Frage, inwiefern die medizinische Situation tatsächlich als terminal anzusehen ist: Hat der Sterbeprozess bereits begonnen, so dass man wirklich von einer Therapiebegrenzung sprechen kann? Liegt eine schwere, unheilbare Grunderkrankung vor, so dass man weitere Therapie begrenzen kann? Daran anschließend sollte der Arzt gemeinsam mit dem Team den mutmaßlichen Willen von Herrn Twin zu ermitteln suchen. Denn Herr Twin äußert den Wunsch des Sterbens nicht selbst. Bestenfalls hat Herr Twin seinen Willen in einer Patientenverfügung festgehalten. Falls dies nicht der Fall ist, sollte über Angehörige bzw. Bezugspersonen dessen mutmaßlicher Wille zu bestimmen versucht werden. Dann wäre in der Tat der Äußerung von Herrn Twins Tochter große Bedeutung zu zu messen, dass Herr Twin so nie hätte leben wollen. Diese Aussage ist, soweit dies möglich ist, auf ihren Wahrheitsgehalt zu prüfen und an allgemein gültigen Wertvorstellungen zu messen. Dies kann durch die Einbeziehung weiterer Angehöriger geschehen. Nicht zuletzt sollte ausgeschlossen werden, dass Interessen Dritter (Stichwort: Erbe) im Spiel sind. Doch liegen überhaupt die Voraussetzungen vor, dass bei Herrn Twin über therapiebegrenzende Maßnahmen diskutiert wird?

Die Bundesärztekammer hat 2004 Grundsätze zur ärztlichen Sterbebegleitung erlassen (vgl. http://www.bundesaerztekammer.de/downloads/ Sterbebegl2004.pdf). Im Zusammenhang der Therapiebegrenzung (vgl. auch Vollmann 2003) wird hier zwischen vier Gruppen von Patientinnen und Patienten unterschieden: 1. Sterbende, die palliativ betreut werden, eine menschliche Betreuung erfahren und eine Basisversorgung erhalten. 2. Patienten mit infauster Prognose, bei denen dem Willen des Patienten entsprechend das Therapieziel von Lebenserhaltung auf palliativmedizinische Versorgung geändert wird. 3. Schwerst beeinträchtigte Neugeborene, bei denen keine Aussicht auf Besserung besteht und mit Zustimmung der Eltern eine lebenserhaltende Behandlung unterlassen oder nicht weitergeführt wird.

4. Patienten, die eine schwere zerebrale Schädigung und anhaltende Bewusstlosigkeit (zum Beispiel apallisches Syndrom) haben. Diese seien grundsätzlich lebenserhaltend zu therapieren. Bei Fragen der Therapiebegrenzung geäußerter bzw. mutmaßlicher Wille des Patienten zu beachten.

Liest man die Grundsätze der Bundesärztekammer genau und beginnt gleich bei der Präambel, fällt auf, dass es dort heißt: »Aufgabe des Arztes ist es, unter Beachtung des Selbstbestimmungsrechtes des Patienten Leben zu erhalten, Gesundheit zu schützen und wieder herzustellen sowie Leiden zu lindern und Sterbenden bis zum Tod beizustehen.« Insofern lässt sich hieraus durchaus ableiten, dass Ärzte »nicht unter allen Umständen« Leben erhalten müssen. Konsequenterweise heißt es in der Präambel dann weiter: »So gibt es Situationen, in denen sonst angemessene Diagnostik und Therapieverfahren nicht mehr angezeigt und Begrenzung geboten sein können.« Und etwas später liest man dann: »Art und Ausmaß einer Behandlung sind gemäß der medizinischen Indikation vom Arzt zu verantworten; dies gilt auch für die künstliche Nahrungs- und Flüssigkeitszufuhr. Er muss dabei den Willen des Patienten beachten.« Ganz entschieden wird aktive Sterbehilfe abgelehnt. Dies gilt ebenso für die Mitwirkung: »Die Mitwirkung des Arztes bei der Selbsttötung widerspricht dem ärztlichen Ethos und kann strafbar sein.« Am Ende der Präambel wird dann sehr richtig auf die Individualität der Entscheidung verwiesen, die jeder Arzt für jede konkrete Situation bestimmen kann und soll. den Grundsätzen der Bundesärztekammer kann man zugleich entnehmen, dass die palliative Begleitung eines sterbenden Menschen auch eine ärztliche Aufgabe ist. So heißt es unter »I. Ärztliche Pflichten bei Sterbenden«: »Der Arzt ist verpflichtet, Sterbenden, d.h. Kranken oder Verletzten mit irreversiblem Versagen einer oder mehrerer vitaler Funktionen, bei denen der Eintritt des Todes in kurzer Zeit zu erwarten ist, so zu helfen, dass sie unter menschenwürdigen Bedingungen sterben können.« Es wird dann expliziert, dass diese Hilfe in Form von palliativmedizinischer Begleitung verstanden wird. Maßnahmen zur Verlängerung des Lebens dürfen dann unterbleiben, wenn sie in Übereinstimmung mit dem Willen des Patienten sind und den Todeseintritt nur noch verzögern, nicht mehr aber verhindern können. Dagegen wird »eine gezielte Lebensverkürzung durch Maßnahmen, die den Tod herbeiführen oder das Sterben beschleunigen sollen« strikt als »aktive Sterbehilfe« angesehen und damit abgelehnt. Schwierig wird die Entscheidung, wenn der Patient nicht einwilligungsfähig ist. Hier heißt es in den Grundsätzen: »Bei einwilligungsunfähigen Patienten hat der Arzt die durch den angemessen aufgeklärten Patienten aktuell geäußerte Ablehnung einer Behandlung zu beachten, selbst wenn sich dieser Wille nicht mit den aus ärztlicher Sicht gebotenten Diagnose- und Therapiemaßnahmen deckt.« Ebenso ist bei einer vorliegenden Patientenverfügung zu verfahren. Noch schwieriger wird es, wenn der mutmaßliche

Wille des Patienten zu bestimmen ist: »Liegt weder vom Patienten noch von einem gesetzlichen Vertreter oder einem Bevollmächtigten eine bindende Erklärung vor und kann eine solche nicht – auch nicht durch Bestellung eines Betreuers – rechtzeitig eingeholt werden, so hat der Arzt so zu handeln, wie es dem mutmaßlichen Willen des Patienten in der konkreten Situation entspricht.« Dieser mutmaßliche Wille muss dann aus den so genannten Gesamtumständen ermittelt werden, das heißt aus früheren Äußerungen der Lebenseinstellung, religiöser Überzeugung sowie Haltung zu Schmerzen und zu schweren Schäden in der verbleibenden Lebenszeit. In die Ermittlung des mutmaßlichen Willens, so wird in den Grundsätzen empfohlen, sollen auch Angehörige sowie nahe stehende Personen einbezogen werden. Dennoch heißt es abschließend in den Grundsätzen der Bundesärztekammer: »Lässt sich der mumaßliche Wille des Patienten nicht anhand der genannten Kriterien ermitteln, so soll der Arzt für den Patienten die ärztlich indizierten Maßnahmen ergreifen und sich in Zweifelfällen für Lebenserhaltung entscheiden. Dies gilt auch bei einem apallischen Syndrom.«

Aktive Sterbehilfe wird klar und deutlich abgelehnt. Doch wie steht es um assistierten Suizid? Es geht also um die Frage, wie ethische Konflikte zu bewerten sind, wenn ein Arzt eine Hilfe zur Selbsttötung offeriert (beispielsweise durch die Gabe von Medikamenten). Den letzten Schritt macht der Patient dann selbst. Häufig wird in diesem Zusammenhang der so genannte Bilanzsuizid angeführt, an dessen Ende – zum Beispiel einer langen Schmerztolerierung – der Arzt eine Möglichkeit aufmacht, diesem »Elend« eine Ende zu bereiten. Dabei stellt der Arzt in dieser Situation meist ein Medikament bereit. Hier gilt es stets zunächst kritisch zu prüfen, ob der Patient nicht unter einer psychischen Störung leidet. Gerade unter ethischer Perspektive ist es zentrale Voraussetzung, dass der Patient seinen Willen frei zum Ausdruck gebracht hat; dabei ist die Einwilligungsfähigkeit sorgfältig zu prüfen. In Deutschland ist weder der Suizid noch die Beihilfe zum Suizid strafbar, so dass die ärztliche Beihilfe zum Suizid vorstellbar ist. Doch ist der Suizid an sich moralisch aufgeladen und nicht frei von abwertenden Vorannahmen. Wie soll es dann erst um die Beihilfe zum Suizid bestellt sein? Vielfach kann man Stimmen hören, dass solches nicht ärztliche Aufgabe sei. Solches, das meint einen frei verantwortlichen und wohlüberlegten Suizid. Entsprechend konservativ ist auch die Empfehlung in den Grundsätzen der Bundesärztekammer, der entsprechend die ärztliche Mitwirkung beim Suizid abzulehnen sei. Erinnert sei in diesem Zusammenhang an den Chirurg Julius Hackethal, der sich in den 1980er Jahren aktiv für Sterbehilfe einsetzte und zum Teil selbst Beihilfe zum Suizid leistete; auch die Sterbehilfe-Organisation »Dignitas« sollte in diesem Zusammenhang erwähnt werden. Ärztliche Beihilfe zum Suizid ist bisher in der ärztlichen Praxis kein großes Thema, wenngleich liberalere Tendenzen in Teilen der USA und Australiens zu erkennen sind. »Empirische Befragungen von deutschen Ärzten aus den letzten Jahren belegen, dass die Mehrheit der deutschen Ärzte eine Tötung auf Verlangen bzw. eine Beihilfe zur Selbsttötung ablehnt.« (Vollmann 2003: 9). Eine solche ablehnende Grundhaltung ist sicherlich nicht ganz frei von historischen Erinnerungen an die Möglichkeiten solcher Grenzüberschreitungen, wie diese in einer Medizin im Nationalsozialismus praktiziert wurden.

Medizin wird als Machtinstrument des Menschen gekennzeichnet, welches ihn dazu verleitet, ihm auferlegte Beschränkungen in Frage zu stellen. Der Tod als die unüberwindbare Begrenzung menschlichen Lebens spielt dabei eine besondere Rolle. Schon Sophokles weist in der »Antigone« auf die problematische Beziehung von Heilkunst und dem göttlich bestimmten Ende des menschlichen Lebens hin:

Sophokles, Antigone 332–375 (dt. Übersetzung nach Schadewaldt 1968)

Viel Ungeheures ist, doch nichts so ungeheuer wie der Mensch
Chor: Viel Ungeheures ist, doch nichts
       so Ungeheures wie der Mensch.
       Der fährt auch über das graue Meer
       Im Sturm des winterlichen Süd
       Und dringt unter stürzenden Wogen durch.
       Und der Götter Heiligste, die Erde,
       Die unerschöpfliche, unermüdliche,
       Plagt er ab,
       Mit wendenden Pflügen Jahr um Jahr
       Sie umbrechend mit dem Rossegeschlecht.

       Und der leicht-sinnigen Vögel Schar
       Holt er mit seinem Garn herein
       Und der wilden Tiere Völker und
       Die Brut des Meeres in der See
       Mit netzgesponnenen Schlingen:
       Der alles bedenkende Mann. Er bezwingt
       Mit Künsten das draußen hausende Wild,
       Das auf Bergen schweift,
       Und schirrt das rauhnackige Pferd
       An dem Hals unters Joch
       Und den unermüdlichen Bergstier.

       Auch die Sprache und den windschnellen
       Gedanken und städteordnenden Sinn
       Bracht er sich bei, und unwirtlicher Fröste
       Himmelsklarheit zu meiden und bösen Regens
       Geschosse, allerfahren. Unerfahren
       Geht er in nichts dem Kommenden entgegen.

Vor dem Tod allein
Wird er sich kein Entrinnen schaffen.
Aus Seuchen aber, unbewältigbaren,
Hat er sich Auswege
Ausgesonnen.

In dem Erfinderischen der Kunst
Eine nie erhoffte Gewalt besitzend,
Schreitet er bald zum Bösen, bald zum Guten.
Achtet er die Gesetze des Lands
Und das bei den Göttern beschworene Recht:
Hoch in der Stadt! Verlustig der Stadt,
Wem das Ungute sich gesellt
Wegen seines Wagemuts! –
Sitze mir nicht am Herd
Noch habe Teil mit mir am Rat,
Wer so tut!
Ältester: Doch vor diesem göttlichen Schreckbild dort
Zweifelt mein Sinn.

Das Ziel der Heilkunst ist es, die Gesundheit des Menschen und somit letzt-
endlich auch sein Leben zu erhalten und zu schützen. Damit stellt sich das
Problem, inwiefern die Mittel der Heilkunst dazu angewendet werden dürfen, den Tod eines Menschen zu verhindern beziehungsweise hinauszuzögern. Das erklärte Ziel medizinischer Bemühungen, menschliches Leben zu
erhalten, darf nach den vom Chor gesprochenen Versen in der Antigone mit
der natürlichen, von den Göttern gewollten Ordnung nicht in Konflikt treten. So wird die Heilkunst als eine Errungenschaft des Menschen angespro-
chen, die ihn zur Bewältigung von Seuchen befähigt (Soph. Ant. 363–364:
»νόσων δ' ἀμηχάνων φυγὰς ξυμπέφρασται« / »Aus Seuchen aber,
unbewältigbaren, hat er sich Auswege ersonnen«). In dieser Funktion ermöglicht sie es, ein vorzeitiges Lebensende auf Grund einer schweren
Krankheit hinauszuzögern. Als Mittel dazu, menschliches Leben vor Be-
drohungen wie Krankheiten oder Seuchen zu schützen, wird die Heilkunst
nicht kritisiert. Angesichts der Möglichkeiten, die dem Menschen durch die
Heilkunst gegeben sind, darf er sich aber nicht dazu verleiten lassen, den
Tod als notwendige Beschränkung seines endlichen Lebens in Frage zu
stellen. Ein Ausweg aus Krankheiten und Seuchen ist nach Sophokles durch
die Heilkunst gefunden worden; einen Ausweg aus dem Tod zu finden,
ist jedoch unmöglich (Soph. Ant. 361–362: »ἅιδα μόνον φεῦξιν οὐκ
ἐπάξεται« / »Vor dem Tod allein wird er sich kein Entrinnen schaffen«).
Der Mensch, insbesondere der Arzt, kann nach Sophokles diese Unmöglichkeit nicht immer einsehen. Er kann mit der Macht, welche ihm durch
medizinisches Fachwissen und damit verbundene Fähigkeiten gegeben ist,

nicht angemessen umgehen (Soph. Ant. 365–367: »σοφόν τι τὸ μηχανόεν τέχνας ὑπὲρ ἐλπιδ᾽ ἔχων τοτὲ μὲν κακόν, ἄλλοτ᾽ ἐπ᾽ ἐσθλὸν ἕρπει« / »In dem Erfinderischen der Kunst eine nie erhoffte Gewalt besitzend, schreitet er bald zum Bösen, bald zum Guten«). So verfährt er mit den ihm zur Verfügung stehenden Mitteln bisweilen willkürlich und lässt sich zu Grenzüberschreitungen seines Kompetenzbereiches verleiten. Wer auf solche Weise handelt, sollte nach Sophokles seiner Heimatstadt verwiesen werden (Soph. Ant. 370–371: griech.: »ἄπολις ὅτῳ τὸ μὴ καλὸν ξύνεστι τόλμας χάριν« / »Verlustig der Stadt, wem das Ungute sich gesellt wegen seines Wagemuts«).

Dass die Grenzen der Heilkunst an eine von den Göttern getroffene Ordnung gebunden sind, wird in der dritten pythischen Ode des Pindar besonders deutlich zum Ausdruck gebracht:

Pindar: Dritte pythische Ode 45–62 (dt. Übersetzung nach Bremer (1992), S. 133)

Arzt darf sich nicht durch finanzielle Reize zu Grenzüberschreitungen verleiten lassen
Und so trug er es denn und gab es dem Kentauren von Magnesia
zur Unterweisung, leidvolle Krankheiten des Menschen zu heilen.

Alle nun, die da kamen, behaftet mit Gebrechen, die von selbst
entstehen, oder von grauem Erz an den Gliedern verwundet
oder von ferngeschleudertem Stein,
oder von Sommerhitze zerstört die Gestalt oder vom Winter,
erlöste er und machte den einen von diesen, den anderen von andersartigen
Schmerzen frei –
die einen behandelte er mit sänftigenden Besprechungen,
andere ließ er Linderndes trinken,
oder legte ringsum die Glieder
Heilkräuter überall, andere richtete er durch Schnitte auf;

aber durch Gewinnsucht ist auch Kunst gebunden.
So brachte auch jenen mit stolzem Lohn
Gold, in Händen zum Vorschein gekommen, dazu,
einen Mann dem Tod zu entreißen, der schon gefangen war;
mit seinen Händen schleuderte da Kronion durch beide hindurch
und nahm ihnen den Atem aus der Brust
augenblicklich, flammender Blitzstrahl bohrte das Todeslos ein.
Es gilt, von Göttern
zu suchen, was zu sterblichem Sinne paßt,
erkennend, was vor dem Fuß liegt: von welchem Geschick wir sind.

Streb nicht, meine Seele, nach Leben ohne Tod,
die Handlungsmöglichkeiten schöpf aus!

Am Beispiel des Asklepios wird erläutert, wie ein Arzt nicht verfahren darf. Dieser rettet einen Mann, der »schon gefangen war«, den er also dem Tod hätte überlassen sollen (Pindar: Pyth. 3,57–58: »ἄνδρ᾽ ἐκ θανάτου κομίσαι ἤδη ἀλωκότα« / »einen Mann dem Tod zu entreißen, der schon gefangen war«). Mit seinem Versuch, den Mann zu retten, setzt sich Asklepios über den Willen der Götter hinweg, die das Leben des Menschen durch den Tod begrenzt haben. Arzt und Patient werden daraufhin von Zeus getötet. Des Asklepios Vergehen bestand darin, seine medizinischen Fähigkeiten über die von den Göttern bestimmten Grenzen hinaus anzuwenden. Für den Menschen als sterbliches Wesen ist es nicht zulässig, die Notwendigkeit des Todes zu hinterfragen (Pindar: Pyth. 3,61: »μή, φίλα ψυχά, βίον ἀθάνατον σπεῦδε« / »Strebe nicht, meine Seele, nach Leben ohne Tod«). Mit dem Versuch, seinem Tod zu entkommen und selbst unsterblich zu werden, tastet der Mensch ein grundlegendes Privileg der Götter an. Damit verkennt er seinen eigenen Status als sterbliches Wesen (Pindar: Pyth. 3,58–60: »χρὴ τὰ ἐοικότα πὰρ δαιμόνων μαστευέμεν θναταῖς φρασὶν γνόντα τὸ πὰρ ποδός, οἵας εἰμὲν αἴσας« / »Es gilt, von Göttern zu suchen, was zu sterblichem Sinne paßt, erkennend, was vor dem Fuß liegt: von welchem Geschick wir sind«).

Wie sollen ärztliche Handlungen bewertet werden, die absehbar zum Tod des Patienten führen (Carrick 2001, Lebek 2002)? Im hippokratischen Eid wird diese Frage kritisch gesehen:

Hippokrates: Eid, 3 (= Heibert (1927): CMG 1,1, S. 4; dt. Übersetzung nach Fuchs (1895), S. 2)

»Verbot« der Abtreibung
Diätetische Maßnahmen werde ich treffen zu Nutz und Frommen der Kranken nach meinem Vermögen und Verständnisse, drohen ihnen aber Fährnis und Schaden, so werde ich sie davor zu bewahren suchen. Auch werde ich keinem, und sei es auf Bitten, ein tötliches Mittel verabreichen, noch einen solchen Rat erteilen, desgleichen werde ich keiner Frau eine abtreibende Bougie geben. Lauter und fromm will ich mein Leben gestalten und meine Kunst ausüben. Auch will ich bei Gott keinen Steinschnitt machen, sondern ich werde diese Verrichtung denjenigen überlassen, in deren Beruf sie fällt.

Der Arzt darf nicht in solcher Weise handeln. Seine Aufgabe ist es, Menschen zu heilen und menschliches Leben möglichst lebenswert zu erhalten. Auf Grund seines Fachwissens ist er dazu prinzipiell in der Lage und trägt somit für das Wohl anderer Verantwortung. Das Leben anderer Menschen zu beenden, ist für den Arzt nach Hippokrates in keinem Fall zulässig (Hipp. Eid, 3 »οὐ δώσω δὲ οὐδὲ φάρμακον οὐδενὶ αἰτηθεὶς θανάσιμον οὐδὲ ὑφηγήσομαι ξυμβουλίην τοιήνδε« / »Auch werde ich keinem, und sei es auf Bitten, ein tödliches Mittel verabreichen, noch werde ich einen solchen Rat erteilen«). Dass der Arzt sein Wissen nicht missbrauchen darf, um andere Menschen gegen deren Willen zu töten, ist eine kaum umstrittene Behauptung. Im Hippokratischen Eid bezieht sich dieses Verbot auch auf Situationen, in denen der Patient den Arzt ausdrücklich darum bittet, sein Leben zu beenden. Es geht nicht nur um die Unzulässigkeit der Tötung von Menschen im Allgemeinen, sondern auch um die Unzulässigkeit ärztlicher Sterbehilfe. Als aktive Sterbehilfe werden Handlungen eines Arztes bezeichnet, die ein tätiges Herbeiführen des Todes eines Patienten, welches nicht zugleich ein Behandlungsverzicht ist darstellen. An der entsprechenden Stelle (Hipp. Eid, 3) wird nur eine Form von aktiver Sterbehilfe explizit in Betracht gezogen: Der Arzt kann »ein tötliches Mittel verabreichen«, also ein Gift oder ein Medikament (φάρμακον) in tödlicher Dosis. Es ist anzunehmen, dass sich das im Eid zum Ausdruck gebrachte Verbot der Sterbehilfe auch auf deren andere Formen bezieht (beispielsweise das Öffnen der Venen); relevant ist die Frage, ob der Arzt die Konsequenzen seiner Handlung absehen und einschätzen kann. Ist er dazu in der Lage, so ist seine Handlung als Sterbehilfe zu bezeichnen. Ist er dazu nicht in der Lage, spricht dies nicht für seine Professionalität und ist ein Zeugnis von Unverantwortlichkeit oder Nachlässigkeit. Die Absicht, zu Töten, kann ihm dann nicht unterstellt werden.

Ein Arzt kann passive Sterbehilfe leisten, indem er bewusst auf die Behandlung eines Patienten verzichtet und auf diese Weise dessen Tod zulässt. Anhand des Textes lässt sich nur schwer beurteilen, inwiefern auch passive Sterbehilfe in dem hier geäußerten Verbot der Sterbehilfe mit einbegriffen ist. Es liegt nahe, anzunehmen, dass zur Zeit Hippokrates noch keine klare Unterscheidung zwischen aktiver und passiver Sterbehilfe getroffen wurde. Ein Großteil der Handlungen, die heute als passive Sterbehilfe gelten (beispielsweise das Beenden lebenserhaltender Maßnahmen, indem ein Apparat ausgeschaltet wird), ist erst durch die technischen Fortschritte der modernen Medizin ermöglicht worden. Die einfachste Form passiver Sterbehilfe, nämlich das Unterlassen von Behandlung wider besseres medizinisches Fachwissen, wäre auch früher möglich gewesen. Die Formulierungen des Eides thematisieren diese Form der Sterbehilfe nicht ausdrücklich. Mit den allgemeinen Anforderungen, die in den hippokratischen Schriften an die Ausübung des Arztberufes gestellt werden, dürfte eine zustimmende Haltung gegenüber passiver Sterbehilfe nicht verträglich sein. Das Verbot für den Arzt, selbst medizinische Handlungen zu vollziehen, die das Leben des Patienten gefährden oder beenden, wird im Hippokratischen Eid noch weiter gefasst. Der Arzt verpflichtet sich zusätzlich, keine solche Handlungsweise anzuraten (»οὐ δώσω δὲ οὐδὲ φάρμακον […] οὐδε ὑφηγήσομαι ξυμβουλίην τοιήνδε« / »Auch werde ich keinem […] ein tötliches Mittel verabreichen, noch werde ich einen solchen Rat erteilen«). Für den angesprochenen Rat kommen mehrere Adressaten in Frage. Er könnte an

Verwandte des Patienten oder ihm nahe stehende Personen gerichtet sein, die auf Anraten eines Arztes dem Patienten Sterbehilfe leisten würden, wobei sie es ohne dessen Zustimmung nicht täten. Ansonsten wäre der Rat des Arztes irrelevant. Entsprechende Anweisungen könnten sich auch auf Personen beziehen, die nicht aus dem Umkreis des Patienten stammen, sondern zum Arzt in professioneller Beziehung stehen. Ob es zur Zeit des Hippokrates schon »Pflegepersonal« gegeben hat, ist fraglich. Diese Möglichkeit muss also unter Vorbehalt betrachtet werden. Schließlich könnte ein Rat zur Verwendung tödlicher Mittel auch an den Patienten selbst gerichtet sein. Hippokrates äußert sich nicht in eindeutiger Form, welchen Inhalts der Rat sein könnte. So ist möglicherweise auch die Variante gemeint, in der der Arzt dem Patienten anrät, sein Leben durch Einnahme eines tödlichen Mittels selbst zu beenden. In diesem Fall stellt die Formulierung des Hippokratischen Eides ein Verbot der ärztlichen »Beihilfe« zur Selbsttötung dar. Von aktiver Beihilfe kann nur in eingeschränktem Sinne gesprochen werden, da der Arzt lediglich einen Ratschlag äußert und sich nicht aktiv am Akt der Selbsttötung beteiligt.

Van Hooff (1990) untersuchte das Phänomen des Suizids in der Antike; hierbei betrachtete er vor allem die typischen Ursachen und Beweggründe für Suizid sowie die verschiedenen Wege und Mittel, durch welche Menschen den eigenen Tod herbeiführten. Seine Untersuchung stützte sich auf eine umfassende Zusammenstellung von Textstellen aus der griechischen und lateinischen Literatur, die sich mit dem Thema Selbsttötung (self-killing) befassen. Die Rolle antiker Ärzte bleibt in diesem Zusammenhang weitgehend unbehandelt. Das Verhältnis antiker Ärzte zur Selbsttötung beschränkt sich nach van Hooff im Wesentlichen darauf, dass es die Aufgabe des Arztes war, die Todesursache eines verstorbenen Menschen festzustellen. Bei der Ausübung dieser Tätigkeit waren Ärzte bisweilen mit Fällen von Suizid konfrontiert. Die Anwesenheit von Ärzten oder gar die (aktive oder passive) Beteiligung am Akt der Selbsttötung ist nur für Ärzte im römischen Imperium des 1. Jh. n.Chr. belegt. Van Hooff spricht dieses Thema bei der Untersuchung der verschiedenen Suizidmethoden an. Die Anwesenheit eines Arztes in entsprechenden Situationen war zwar nicht unüblich, am Akt der Selbsttötung (self-killing) aber war er in den meisten Fällen nicht aktiv beteiligt.

Der lateinische und der griechische Wortschatz weist eine große Fülle an Begriffen auf, die den Suizid auf verschiedene Weise umschreiben. Van Hooff bezieht sich auf eine eigens angefertigte Auflistung der Vokabeln zu diesem Thema, die insgesamt 167 griechische und 173 lateinische Begriffe umfasst. Anhand einiger lateinischer Begriffe läßt sich folgern, dass Ärzte bisweilen aktiv in solches Vorgehen involviert gewesen sind. Sie stammen vor allem aus dem Werk des Tacitus, da sich dieser um eine möglichst plastische Darstellung der zahlreichen Fälle von Selbst-Liquidation (self-liquidation) innerhalb der römischen Aristokratie im 1. Jh. n.Chr. bemühte. So finden sich Formulierungen wie »venas praebere« (»exsolvendas«), die Venen werden also dargeboten, um von einem Arzt geöffnet werden zu können. Den Umgang antiker Ärzte mit dem Phänomen Suizid bezeichnet van Hooff als »pragmatisch«: Sofern es von ihnen verlangt wurde, waren sie bereit, ihr medizinisches Fachwissen in entsprechenden Situationen anzuwenden. Da sie beispielsweise die meiste Erfahrung im Öffnen von Venen hatten, fiel ihnen diese Aufgabe zu. Eine solche Haltung kann nicht generell für antike Ärzte angenommen werden, sondern liegt nur für Ärzte im römischen Imperium im 1. Jh. n.Chr. nahe. Hierbei müssen die politischen Umstände dieser Zeit in Betracht gezogen werden, innerhalb derer die Selbsttötung als Mittel und Folge des politischen Machtkampfes große Bedeutung hatte. Die Selbsttötung als Handlung wurde zwar von den »Opfern« selbst durchgeführt, war aber in vielen Fällen nicht freiwillig, sondern von höherer Machtposition angeordnet.Von seiten Neros wurden Ärzte zu denjenigen geschickt, die einer Aufforderung zur Selbsttötung nicht aus eigenen Stücken nachgekommen waren. Die Ärzte hatten den Auftrag, die Opfer »zu behandeln« (»curare«), also der angeordneten Selbsttötung unter dem Vorwand medizinischer Behandlung nachzuhelfen. Es ist anzunehmen, dass Ärzte solche Aufträge in manchen Fällen gegen ihren eigenen Willen ausführten, um sich nicht selbst in Lebensgefahr zu bringen.

In Platons »Staat« wird auf Parallelen bezüglich der Aufgaben von Ärzten und Richtern hingewiesen. Beide haben eine Machtposition inne, deren Missbrauch besonders schädlich wäre. Vor allem charakterliche Eigenschaften (Plat. Pol. 409d: »ὑγιὲς ἦθος« / »mit natürlich guter Gesinnung«) sind nach Platon ausschlaggebend, ob jemand ein guter Richter werden oder sein kann. Er muss »mit der Seele über die Seele« richtige Entscheidungen bezüglich Recht und Unrecht treffen können (Plat. Pol. 409a: »δικαστὴς […] ψυχῇ ψυχῆς ἄρχει« / »Der Richter […] gebietet mit der Seele über die Seele«). Dies ist mit der Aufgabe des Arztes vergleichbar, der ebenfalls mit der Seele allerdings nicht über die Seele urteilt, sondern über den Körper (Plat. Pol. 408e: »ψυχῇ σῶμα [θεραπεύουσιν]« / »mit der Seele [kurieren sie] den Leib«). Entgegen dieser Formulierung kann Platon nicht meinen, dass der Arzt sich in seinen Urteilen nur auf körperliche Aspekte bezieht. Denn er fordert, dass Arzt und Richter in ihren Entscheidungen, ob und wie sie jemanden behandeln, sowohl dessen körperliche Verfassung als auch seine charakterlichen Eigenschaften in Betracht ziehen.

Platon: Politeia 409e-410a (dt. Übersetzung nach Schleiermacher (1971), S. 253)

Explizite Äußerungen zur Unterlassung von Behandlung und gezielter Tötung
»schlechter« Menschen

Also nächst solcher Rechtskunde wirst du wohl auch eine Heilkunde, wie wir sie beschrieben haben, in der Stadt einführen, damit beide diejenigen unter den Bürgern, die gutgeartet sind an Leib und Seele, pflegen mögen, die es aber nicht sind, wenn sie nur dem Leibe nach solche sind, sterben lassen, die aber der Seele nach bösartig und unheilbar sind, selbst umbringen.

Das beste wenigstens für die selbst, denen es begegnet, und auch für die Stadt muß dies offenbar sein.

Für den Arzt heißt dies konkret, dass er nur solche Personen zu behandeln hat, die keine unheilbaren körperlichen oder charakterlichen Defizite aufweisen (Plat. Pol. 410a: »τοὺς μὲν εὐφυεῖς τὰ σώματα καὶ τὰς ψυχὰς θεραπεύσουσι« / »(damit beide) diejenigen unter den Bürgern, die gutgeartet sind an Leib und Seele, pflegen mögen«). Aus dem Begriff »gutgeartet« (εὐφυεῖς) ist ersichtlich, unter welchen Bedingungen jemand von einem Arzt behandelt werden soll. Es ist eine der wichtigsten Aufgaben des Arztes, vorübergehend auftretende körperliche Defizite zu behandeln und, wenn möglich, zu beseitigen. Hat jemand etwa schwere Verletzungen erlitten, die aber bei ausreichender Behandlung ohne Folgeschäden überstanden werden können, so ist dies keine Beeinträchtigung seiner körperlichen »Gutgeartetheit« in Platons Sinne. Gleiches gilt für die psychische Verfassung, welche trotz vorübergehender Schwankungen insgesamt gut sein kann. Die Defizite, die für Platon Gründe sind, dass jemand von einem Arzt nicht behandelt werden sollte, müssen dauerhaft und unheilbar sein, wie etwa Behinderungen. Ist eine der beiden Bedingungen nicht erfüllt, soll der Arzt nach Platon folgendermaßen verfahren: Personen, die unheilbare körperliche Defizite aufweisen, soll er sterben lassen (Plat. Pol. 410a: »τοὺς δὲ μή, ὅσοι μὲν κατὰ σῶμα τοιοῦτοι [μὴ εὐφυεῖς], ἀποθνῄσκειν ἐασοῦσιν« / »die es aber nicht sind, wenn sie nur dem Leibe nach solche [nicht gutgeartete] sind, sterben lassen«). Ein solches Vorgehen entspricht passiver Sterbehilfe, wobei anzumerken ist, dass es sich in den meisten Fällen um unfreiwillige (passive) Sterbehilfe handelt, da eine Zustimmung des Patienten nicht eingeholt werden muss. Inwiefern es sich hierbei überhaupt noch um Sterbehilfe handelt, ist fraglich. Dass es sich gegebenenfalls um unfreiwillige passive Sterbehilfe handelt, ist aus der Formulierung Platons ersichtlich. Damit es sich überhaupt um Sterbehilfe im eigentlichen Sinne handeln kann, muss eine humanitäre Motivation des Arztes vorliegen. Platon setzt dieses humanitäre Motiv voraus, da der Arzt seiner Ansicht nach davon ausgehen kann, dass ein leidvolles Leben für den betreffenden Kranken selbst keine Bereicherung ist (vgl. weiter Plat. Pol. 407d-e und

408b). Somit handelt der Arzt im Sinne des Kranken, wenn er ihn ohne dessen Zustimmung sterben lässt.

Im Falle charakterlicher Defizite fordert Platon von Arzt (und Richter) nicht nur, solche Menschen nicht zu behandeln, sondern sie zu töten (Plat. Pol. 410a: »τοὺς δὲ κατὰ τὴν ψυχὴν κακοφυεῖς καὶ ἀνιάτους αὐτοὶ ἀποκτενοῦσιν«, / »die aber der Seele nach bösartig und unheilbar sind, selbst umbringen«). Diese Forderung ist unabhängig von körperlicher Verfassung und kann sich deshalb nicht so sehr an den Arzt richten, als vielmehr an den Richter. Der Arzt kommt mit Personen, die keine körperlichen Defizite haben, nicht berufsmäßig in Kontakt und kann somit keine Entscheidungen über ihr Leben treffen, d.h. sie gegebenenfalls umbringen. Nur wenn er feststellt, dass ein Patient mit heilbaren körperlichen Defiziten zudem »der Seele nach bösartig« ist, kann er dieser Forderung entsprechend handeln.

Platon: Pol. 407c-408b (dt. Übersetzung nach Schleiermacher (1927), S. 247)

Asklepios und seine Söhne als vorbildliche Ärzte
Wollen wir also nicht behaupten, dieses habe auch Asklepios eingesehen und habe deshalb für die von Natur und infolge ihrer Lebensweise dem Leibe nach gesunden, die nur irgendeine bestimmte Krankheit an sich haben, für solche Menschen und solche Zustände habe er die Heilkunst aufgestellt und solchen, wenn er durch innere Mittel und äußere Behandlung ihre Krankheiten vertrieb, ihre gewöhnliche Lebensordnung anbefohlen, um nicht ihre Verhältnisse im Staate zu verletzen; Die innerlich durch und durch krankhaften Körper aber habe er nicht versucht durch Lebensordnungen jetzt ein wenig zu erschöpfen und dann wieder ebenso zu begießen, um dem Menschen selbst ein langes und schlechtes Leben zu bereiten und noch Nachkömmlinge, die, wie man vermuten muß, nicht besser sein werden, von ihnen zu erzielen. Sondern den, der nicht in seinem angemessenen Kreise zu leben vermag, den glaubte er auch nicht besorgen zu müssen, weil er weder sich selbst noch dem Staate nützt.

Recht als einen Staatsmann, sagte er, stellst du ja den Asklepios dar.

Offenbar, sprach ich, und auch seine Söhne können ja beweisen, daß er ein solcher war. Oder siehst du nicht, daß sie sich vor Troja im Kriege sehr wacker gezeigt und daß sie sich auch der Arzneikunst so, wie ich sage, bedient haben? Oder besinnst du dich nicht, daß sie auch dem Menelaos aus der Wunde, die ihm Pandaros beibrachte, sogen das quellende Blut und ihm lindernde Salb auflegten, darüber aber, was er hernach essen oder trinken sollte, ihm ebensowenig wie dem Eurypylos etwas verordneten, als ob nämlich die Mittel schon hinreichen müßten, um Männer zu heilen, die vor der Wunde gesund waren und mäßig in ihrer Lebensweise, sollten sie auch eben in dem Augenblick einen Mischtrank zu sich genommen haben; wer aber von Natur krankhaft ist und unmäßig, dem, glaubten sie, helfe es weder selbst noch anderen, daß er lebe, noch müßten sie ihre Kunst auf solche wenden und sie bedienen, und wenn sie auch reicher wären als Midas.

Recht herrlich, sagte er, beschreibst du ja die Söhne des Asklepios.

Als Vorbild für die geforderten Verhaltensweisen eines Arztes führt Platon Asklepios an; er stellt heraus, dass Asklepios nur diejenigen behandelt habe, deren Krankheit sich nur auf bestimmte Körperteile beschränkte und bei denen gute Aussichten auf eine Heilung bestanden (Plat. Pol. 407d: »ὑγιεινῶς ἔχοντας τὰ σώματα, νόσημα δέ τι ἀποκεκριμένον ἴσχοντας ἐν αὐτοῖς« / »[die] dem Leibe nach gesunden, die nur irgend eine bestimmte [örtlich begrenzte] Krankheit an sich haben«). Im Gegensatz dazu steht der Umgang mit Kranken, bei denen keine Aussichten auf eine Heilung bestehen. Asklepios hat es nach Platon nicht für sinnvoll gehalten, unheilbar kranke Menschen medizinisch zu behandeln, da ihr Zustand auch durch einen Arzt nicht dauerhaft und wesentlich verbessert werden kann (Plat. Pol. 407d: »τὰ δ' εἴσω διὰ παντὸς νενοσηκότα σώματα οὐκ ἐπιχέοντα μακρὸν καὶ κακὸν βίον ἀνθρώπῳ ποιεῖν« / »die innerlich durch und durch krankhaften Körper aber habe er nicht versucht durch Lebensordnungen jetzt ein wenig zu erschöpfen und dann wieder ebenso zu begießen, um dem Menschen selbst ein langes und schlechtes Leben zu bereiten«). Platon hält es nicht für erstrebenswert, den Tod solcher Kranker durch eine ärztliche Behandlung hinauszuzögern und ihnen ein möglichst langes leidvolles Leben zu ermöglichen. Es ist für den Arzt also keine Verpflichtung, leidvolles Leben als solches zu erhalten. Diese Haltung wird verständlich, wenn man davon ausgeht, dass die Fortsetzung eines leidvollen Lebens dem Tod nicht vorzuziehen ist. Das Leben an sich hat hier keinen absoluten Wert, den es ansonsten etwa auch im Falle schwerer Behinderungen hätte, die sich auf den gesamten Körper erstrecken können und nicht heilbar sind. Vielmehr wird ein Leben erst wertvoll und für den Arzt erhaltenswert, wenn gewisse Bedingungen erfüllt sind. Die wichtigste Bedingung für ein lebenswertes Leben ist nach Platon die Fähigkeit, sich als Mitglied einer Gesellschaft (oder einer bestimmten Gesellschaftsschicht) zu begreifen und seine Lebensweise danach auszurichten (Plat. Pol. 407e: »ἐν τῇ καθεστηκυίᾳ περιόδῳ ζῆν« / »in seinem angewiesenen Kreise zu leben«). Wer diese Bedingung nicht aus eigener Kraft erfüllen kann, wird seiner Pflicht als Bürger nicht gerecht und hat somit keinen Anspruch auf die Erhaltung seines Lebens. Platon formuliert einen expliziten Grund dafür, dass Asklepios auf die Behandlung unheilbar kranker Menschen verzichtete. Asklepios hielt das Leben eines Menschen, der die ihm »zugewiesene« Rolle in der Gesellschaft (im Staat) nicht übernehmen kann, für nicht wertvoll, da dieser durch sein Leben sich selbst nicht nützt und sich auch in Beziehung zu anderen nicht bereichernd einbringen kann (Plat. Pol. 407e: »μὴ οἴεσθαι δεῖν θεραπεύειν, ὡς οὔτε αὐτῷ οὔτε πόλει λυσιτελῆ« / »den glaubte er auch nicht besorgen zu müssen, weil er weder sich noch dem Staate nützt«). Der Arzt fällt also nicht nur ein Urteil darüber, ob ein Mensch mit seinem Leben anderen Menschen beziehungsweise dem Staat nützen kann, sondern ob er sich selbst damit nützt, ob es für ihn selbst von Vorteil ist, dass er überhaupt lebt. Diese Entscheidung für jemand anderen zu treffen, erscheint problematisch, sofern nicht eine kausale Abhängigkeit des Nutzens am eigenen Leben und vom Nutzen dieses Lebens für andere besteht. Platon musste eine Beziehung zwischen diesen beiden Aspekten der Nützlichkeit voraussetzen, in der ein Nutzen am eigenen Leben nur unter der Bedingung des Nutzens für andere möglich ist. Nur so ist es dem Arzt möglich, ein Urteil über beide Aspekte der Nützlichkeit zu fällen. Extern beobachtbar ist lediglich, ob jemand in Beziehung zu anderen positive Beiträge leisten kann. Inwiefern er aus seinem eigenen Leben Nutzen zieht, kann nur von dem betreffenden Menschen selbst beurteilt werden. Wenn aber aus der Unfähigkeit, anderen zu nützen, folgt, dass man auch sich selbst nicht nützen kann, so reicht die Feststellung der ersten Unfähigkeit aus, um auch die zweite zusprechen zu können.

Auch die Söhne des Asklepios werden von Platon als vorbildliche Ärzte beschrieben. Wiederum legt er den oben diskutierten νοσώδη δὲ φύσει Gedanken dar, dass es nicht die Pflicht eines Arztes sei, körperlich unheilbar Kranke zu heilen (Plat. Pol. 408b: »νοσώδη δὲ φύσει τε καὶ ἀκόλαστον οὔτε αὐτοῖς οὔτε ἄλλοις ᾤοντο λυσιτελεῖν ζῆν, οὐδ' ἐπὶ τούτοις τὴν τέχνην δεῖν εἶναι, οὐδὲ θεραπευτέον αὐτούς« / »wer aber von Natur krankhaft ist und unmäßig, dem, glaubten sie, helfe es weder selbst noch anderen, daß er lebe, noch müßten sie ihre Kunst auf solche anwenden und sie bedienen«). Hier werden parallel zu denen, die »von Natur krankhaft« sind auch diejenigen genannt, die »unmäßig« sind (ἀκόλαστον). Im Gegensatz zu den körperlich Kranken, die ihren schlechten Zustand nicht selbst verschuldet haben und auch nicht aus eigener Kraft verbessern können, sind die »Unmäßigen« für ihre unzureichende Lebensweise selbst verantwortlich. Folgt aus dieser Lebensweise eine Beeinträchtigung ihrer körperlichen Gesundheit, so tragen sie selbst die Schuld daran und haben keinen Anspruch auf eine ärztliche Behandlung.

8. Ärztliche Identität – ärztliches Ethos

Haben sich Ärzte mit ihren Patienten zu »Krankmacher[n]« (Bartens 2005) zusammengetan? Hassen Ärzte ihre Patienten (Bartens 2007)? Fühlen sich Ärzte in der Lage, sich auf ihre Patienten einzulassen, ihre Not zu erspüren und ihnen in ihrer Not beizustehen? Würden Ärzte – bei vorausgesetzter gesetzlicher Möglichkeit – einen Notfallpatienten abweisen, um diesem einen »Wohlfühlpatienten« vorzuziehen? Beginnen wir erneut mit einer Kurzkasuistik:

Kai ist stolz, dass er sein Medizinstudium erfolgreich beendet hat. Er beginnt als Assistenzart in der Inneren Medizin eines Klinikums der Maximalversorgung. Die Arbeit ist sehr anstrengend. Aber: Aller Anfang ist schwer, und Kai bekommt viel Zuspruch. Doch auch nach knapp einem Jahr Assistenzarzttätigkeit hat sich Kai noch immer nicht an manches gewöhnen können. Große Sorgen bereiten ihm ethische Fragen am Endes des Lebens. Er weiß einfach nicht, wie er sich in der konkreten Situation verhalten soll. Dann ist sein Alltag als Arzt von viel Verwaltungsarbeit geprägt. Sogar als Assistent muss er mittlerweile die Kosten der Behandlung mit im Kopf haben. Was Kai zur Zeit am meisten zu schaffen macht, ist die öffentliche Debatte über den Ärztestand. Es wird davon gesprochen, dass Ärzte Patienten nur noch unter Karriere-, Forschungs- und ökonomischen Aspekten behandeln. So hat sich Kai das eigentlich nicht vorgestellt, als er sich vor Jahren für diesen Beruf ent-schieden hat.

Im Mai 2007 wird der Ruf nach einem Ärzte-TÜV laut: Ärzte sollen stärker und vor allem für Patienten transparenter in ihrer Qualität kontrolliert wer-den. Doch wird dabei auch kontrolliert werden, wie gut sich ein Arzt in seinen Patienten einfühlen kann? Wird empirisch erhoben werden können, wie ein Arzt mit ethischen Konflikten umgehen kann? Können sich Patien-ten dann darauf verlassen, dass ein vom Ärzte-TÜV empfohlener Arzt ein guter Arzt ist? Was heißt dann ein guter Arzt sein (Dörner 2000)? Wir erleben zur Zeit eine Debatte über das Arztsein. Es werden viele Vorwürfe erhoben: Viele Ärzte könnten nicht mit der Scham ihrer Patienten umgehen, sie brächten ihnen nicht genügend Achtung entgegen und missachteten ihre Würde. Medizinische Sozialisation trüge vielmehr zur Abstumpfung bei. Nur wenige Ärzte verfügten demnach über »seismographische« Qualitäten, die für das Patient-Arzt-Verhältnis wichtig sind. In der Tat spielen auch in der medizinischen Ethik Diskussionen über die gerechte Verteilung von Ressourcen eine große Rolle. Immer wieder stellen sich Fragen, inwieweit es gerecht ist, dass die Solidargemeinschaft für manche Behandlung aufkommt. Der praktizierende Arzt ist Tag für Tag mit Kostenfragen seiner Behandlungen konfrontiert. Darüber klagt auch schon der junge Assistenzarzt Kai. Er fühlt sich nicht zuletzt auch im Bereich klinisch ethischer Fragen überfordert. Dies verwundert insofern nicht, als solche Dilemmata schwierig sind. Zudem wird im Medizinstudium noch immer zu wenig Wert auf eine gezielte Verbesserung ethischer Kompetenzen gelegt. Insofern hat es schon einen wahren Kern, wenn der moralische Zeigefinger erhoben wird: Die Bedürfnisse des Menschen stünden heute nicht mehr im Mittelpunkt der Medizin. Dass das Patient-Arzt-Verhältnis oft gestört ist, wird keiner ernsthaft bezweifeln wollen. Hierzu tragen gestörte Kommunikationsverhältnisse bzw. Patient-Arzt-Beziehungen bei. Insofern ist es wichtig, dass Ärzte gerade im Bereich der Kommunikation stärker geschult werden. Ein guter Arzt muss ein Gespür für die Nöte seines Patienten haben. Dieses Ideal des guten Arztes schwebt den meisten Ärzten vor. Es erfährt aber in der Praxis eine schockierende Ernüchterung, wenn man mit all den von außen an einen herangetragenen Ansprüchen und Erwartungen konfrontiert wird. Gerade hier müssen sich Ärzte behaupten, wie dies auch Kai versucht. Man wird Ärzten nicht gerecht, wenn man diese als »Technokraten« und »Versager« bezeichnet. Schwer vorzustellen ist, dass Krankheiten »kreiert« werden, um diese dann therapieren zu können. Mag es auch sein, dass für manchen Arzt Wunsch erfüllende Medizin sowie Wohlfühlmedizin – vor allem unter ökonomischen Aspekten – eine gewisse Attraktivität besitzen. Aber: Darf dies auf Kosten kranker Menschen gehen? Es stellt sich nur die Frage, wie lange diese Attraktivität anhält, und grundsätzlich gefragt, was denn solches mit Medizin überhaupt noch zu tun hat. Es kann nicht angehen, dass eine Hierarchie der zu behandelnden Patienten nach Honorierungspotenzial erstellt wird. Sich als Arzt als reiner Dienstleister zu vermarkten, heißt Verrat an der ärztlichen Identität.

In diesem Zusammenhang ist dann auch die Frage nach der sozialen Gerechtigkeit von großem Interesse. Wie sozial gerecht ist es denn, dass die Solidargemeinschaft für eine bestimmte Erkrankung aufkommt. Ich möchte die hiermit verbundenen Fragen an zwei weiteren Kasuistiken deutlich machen, die nicht zuletzt Fragen ärzlicher Identität berühren:

Als Sonja 18 Jahre wird, zieht sie von zu Hause aus. Sie will nun endlich ihr Leben selbst bestimmen. Sonja verwendet viel Zeit auf ihr äußeres Erscheinungsbild. Schon lange wünscht sie sich ein Piercing. Ihre Eltern hatten das bisher verboten. Bei einer Shoppingtour sieht Sonja ein Piercingstudio, in dem sie sich an ihrem Bauchnabel ein Piercing anbringen lässt. Endlich könne sie nun bauchfrei tragen und müsse sich dabei nicht mehr so nackt fühlen. Doch mit dem Piercing hat Sonja wenig Freude: Die Wundstelle infiziert sich, zudem entwickelt sie zwei Tage später eine heftige Kontaktallergie. Sonja begibt sich zu dem Allgemeinarzt Dr. Fröhlich, der sie behandelt. In den nächsten Wochen sucht Sonja immer wieder Dr. Fröhlich auf, da die

Wunde an ihrem Bauchnabel nicht heilen will. Dr. Fröhlich erklärt Sonja, dass wegen regelmäßiger Bewegung und Reibung auf Höhe des Bauchnabels die Wundheilung verzögert ist. Er klärt Sonja auch auf, dass sich mittlerweile am Bauchnabel eine wulstartige Narbe entwickelt hat. Sonja ist entsetzt. Wie soll sie nun bauchfrei tragen? Dr. Fröhlich empfiehlt ihr einen plastischen Chirurgen, der das wieder in Ordnung bringen kann. Da ist Sonja aber beruhigt, denn der Sommer steht unmittelbar bevor.

Jährlich lassen sich ca. zwei Millionen Deutsche piercen. Bei solchem Bodypiercing handelt es sich um einen Akt der Körperverletzung, der ein Einverständnis des zu Piercenden voraussetzt. Kinder und Jugendliche sind hier bis zur Vollendung ihres 18. Lebensjahres (Frage der Einwilligungsfähigkeit ist zu prüfen!) in besonderem Maß zu schützen. Sonja hat die gesetzlichen Voraussetzungen, um sich ein Piercing machen zu lassen. Dessen ungeachtet scheint mir fraglich, ob Sonja tatsächlich über die notwendige Reife verfügt, um die Tragweite eines solchen Eingriffs zu ermessen. Sonja ist aber geschäftsfähig und hat in diesen Akt der Körperverletzung eingewilligt. Inwiefern der Betreiber des Piercing-Studios mit der notwendigen Sorgfalt den Eingriff vornahm, ist in Anbetracht der Infektion eher kritisch zu bewerten. Es stellt sich die Frage, ob Sonja fachkundig auf die Risiken hingewiesen wurde, und inwiefern der Betreiber des Piercing-Studios hierzu eigentlich verpflichtet ist. Ärzte sollen ihren Patienten nicht schaden, vielmehr sollen sie ihnen Gutes tun. Wie sieht es aber mit Betreibern von Piercing-Studios aus? Sonja willigt also in das Piercing ein, bekommt ihren Bauchschmuck und entwickelt im Anschluss daran eine Wundinfektion sowie eine Kontaktallergie. Es wird sogar eine plastische Narbenkorrektur notwendig. Aus einem kleinen Eingriff, der die Schönheit noch vervollkommnen sollte, entstehen deutlich spürbare Folgekosten.

Durch das Piercing können eine ganze Reihe von Folgeerkrankungen auftreten: 20% entwickeln Allergien und Infektionen. Beim Ohrenpiercing treten in 35% durch den Einriss von Gewebe sowie das Splittern von Knorpel Entzündungen und heftige Knorpelschäden auf. Beim Nasenpiercing kann es zu irreparablen Defomierungen kommen, es können Nerven verletzt werden oder Muskeln zu Schaden kommen. Piercing am Bauchnabel führt häufig zu lang anhalten Wundinfektionen, da durch regelmäßige Bewegung und Reibung der Heilungsprozess behindert wird. Bei Intimpiercings besteht darüber hinaus wie bei jeder anderen offenen Wunde im Genitalbereich die Gefahr der Ansteckung durch sexuell übertragbare Erkrankungen. Wer soll die Folgekosten tragen? Die Bundesregierung empfiehlt den Krankenkassen in dem seit 1.4.2007 in Kraft getretenen »Gesetz zur Stärkung des Wettbewerbs in der gesetzlichen Krankenversicherung«, ihre Versicherten an Folgekosten für medizinisch nicht notwendige Maßnahmen angemessen zu beteiligen. Seitdem gilt auch, dass die Krankenkassen ihre Versicherten an möglichen Folgekosten für medizinisch nicht notwendige

Maßnahmen, wie zum Beispiel ästhetische Operationen, Tätowierungen oder Piercings, angemessen zu beteiligen haben. Während bisher ambulante und stationäre Rehabilitationsleistungen als Regelleistungen kaum zu einer Leistungsbeschränkung bei selbstverschuldeter Behandlungsbedürftigkeit führten, sieht das Gesetz nun bei selbstverschuldeter Behandlungsbedürftigkeit in besonderen Fällen, wie zum Beispiel bei Komplikationen durch Schönheitsoperationen, Piercing, Tätowierungen etc., in deutlich stärkerem Umfang Regressmöglichkeiten vor, die zur Leistungsbeschränkung führen können. Ist das gerecht? Ist das zumutbar?

Gesundheitsleistungen können nach dem Prinzip der Tauschgerechtigkeit erbracht werden: Jeder bekommt das, was er gegeben hat. Es besteht demnach keine Pflicht, jemandem, der eine bestimmte Gesundheitsleistung nicht finanzieren kann, diese zu erbringen bzw. diesem die Finanzierung (zum Beispiel durch einen Kredit) zu ermöglichen. Eine solche Position verstößt u.a. vehement gegen das Gebot der christlichen Nächstenliebe. Geht man vom Prinzip der sozialen Gerechtigkeit aus, so müssen Benachteiligungen dann ausgeglichen werden, wenn diese unverdient sind: Jeder bekommt das, was er braucht, auch wenn er dies nicht selbst finanzieren kann. Die Solidargemeinschaft ist hier aufgerufen, sich an den Kosten der Gesundheitsleistungen zu beteiligen, die der Einzelne nicht selbst finanzieren kann. Entsprechend funktioniert (noch) unser System der Gesetzlichen Krankenversicherung. Also: Die Solidargemeinschaft soll die Folgekosten für das Piercing übernehmen? Doch ist Sonja verantwortungsvoll mit ihrem Körper umgegangen? Hat nicht jeder als Mitglied der Solidargemeinschaft hierauf Acht zu geben? Beim Prinzip der Sozialen Gerechtigkeit sollten doch nur medizinisch notwendige Leistungen berücksichtig werden. Das hieße in unserem Fall, dass die Leistungen von Dr. Fröhlich (Therapie der Infektion und der Kontaktallergie) von der Solidargemeinschaft übernommen werden sollten, die Kosten für den plastischen Chirurgen nicht. Und auch hier könnte man durchaus geteilter Meinung sein. Denn der Narbenbildung muss man keinen Krankheitswert zusprechen. Ist es gerecht, dass Gesundheitsleistungen nach dem Prinzip der Sozialen Gerechtigkeit erbracht werden, und zwar für medizinisch notwendige Leistungen, wenn Krankheitswertigkeit vorliegt? Eine solche Handhabe bemisst sich an der ethischen Verantwortung für die eigene Gesundheit. Die Folgen des Piercings sind im Grunde selbst verschuldet. Hätte sich Sonja nicht piercen lassen, wäre es zu keiner Wundinfektion gekommen, hätte sie keine Kontaktallergie und keine Narben entwickelt – die alle drei durch das Piercing verursacht sind. Analog kann man bei Risikosportarten argumentieren, wie zum Beispiel Skifahren, Skaten oder Paragliding. Kosten, die aus solchem Risikoverhalten entstehen, können doch nur schwerlich der Solidargemeinschaft zugemutet werden. Was ist also der Preis für Sonjas Handeln mit

dem Ziel, »ihr Leben endlich selbst zu bestimmen«? Wem ist was zumutbar? Soll die Solidargemeinschaft Folgekosten für medizinisch nicht
notwendige Leistungen tragen? Gibt es Grenzen bei der Bemessung von
Folgekosten?

Eine dritte Kasuistik: Robert weiß seit drei Jahren von seiner HIV-Infektion und nimmt seitdem regelmäßig seine Medikamente ein, um den Ausbruch der AIDS-Erkrankung möglichst lang hinauszuschieben. Er hat sich
vermutlich bei ungeschütztem Sex mit einem jungen Kenianer angesteckt,
den er auf einer Party kennen gelernt und mit nach Hause genommen hatte.
Robert lebt in einer festen Beziehung mit seinem Freund Fabian. Fabian ist
HIV negativ und weiß von der HIV-Infektion seines Freundes. Robert und
Fabian haben miteinander nur Safer Sex. Robert hat darüber hinaus aber
häufig Sex mit anderen Männern, die er kennen lernt. Eine Zeit lang hat er
vor dem Sex mit einem anderen Mann seine HIV-Infektion offen gelegt und
Safer Sex vorgeschlagen. Häufig hatte dann aber der auserwählte Mann
keine Lust mehr auf Sex und das »Date« war beendet. Deshalb hat Robert
seine Strategie geändert und erzählt nicht mehr von seiner HIV-Infektion,
wenn er mit einem anderen Mann Sex haben möchte. Sein Freund Fabian
weiß nichts davon, dass Robert mit anderen Männern – zudem ungeschütz-
ten – Sex hat.

»No risk no fun« scheint das Motto einer neuen Art von Sexualität zu
sein, die von Naivität, Erlebnislust oder Todessehnsucht bestimmt ist. »Bareback« steht für ungehemmt ausgelebte Sexualität. Zugleich kann »Bareback« Teil des Lebens mit HIV/AIDS sein. Dies könnte dann archaischer
Ausdruck der eigenen Individualität sein. Man ginge in diesem Fall bewusst
das Risiko einer HIV-Infektion ein, wenn man von der Infektion des Sexu-
alpartners weiß, oder man ginge bewusst das Risiko einer Infektion des
anderen ein, wenn man selbst HIV positiv ist und keinen Schutz vorsieht.
Es handelt sich hierbei um ein fahrlässiges oder bewusstes (Fehl-)Verhalten
und damit um judikable Tatbestände, die zu einer Leistungsverweigerung
der Versicherungsgesellschaft führen oder sogar eine Strafverfolgung nach
sich ziehen können. Bareback kann als Form des bewussten Erlebens als ein
Akt der Individualität und Selbstfindung angesehen werden. Insofern kann
»Bareback« Ausdruck der Autonomie eines Individuums sein. Dem steht
die Verantwortung für sich selbst und dann auch für andere gegenüber.
Dem anderen ist fürsorglich zu begegnen, das heißt es ist dafür Sorge zu
tragen, diesen nicht mit HIV zu infizieren, zum Beispiel durch Safer Sex.
Gleichermaßen kann der andere auch dazu beitragen, indem er sich nur auf
Safer Sex einlässt. Dies wäre auch für andere fürsorglich im engeren Sinn,
dass diese nicht infiziert werden, und im weiteren Sinn, dass keine Folgekosten für die Solidargemeinschaft entstehen, die im Grunde vermeidbar
sind. In diesem Sinn ist auch die geleistete Präventionsarbeit, u. a. auch die

Aufklärung, als Akt der Fürsorge zu sehen. Aber ist es wirklich gerecht, auf Kosten von Autonomie des einzelnen der Solidargemeinschaft Investitionen für eine kostenintensive Therapie abzuverlangen? Ist hier nicht der Einzelne gefordert, für sich selbst, für den anderen und auch für die Solidargemeinschaft Verantwortung zu übernehmen? Inwiefern ist hier wirklich noch von Autonomie zu sprechen? Oder anders formuliert: Welchen Preis hat hier die Autonomie? Handelt es sich um wahre Autonomie oder ist diese nicht vielmehr vorgeschobenes Argument eines ausgelebten Egoismus? – Und wie steht es um einen HIV-Pflichttest? Die Privatsphäre des Einzelnen würde hierdurch offen gelegt, und es käme dadurch zu einer Diskriminierung und Stigmatisierung der Betroffenen; ähnlich wie dies schon durch den Ausschluss von Homosexuellen von der Blutspende geschieht. Einer solchen Idee ist also zu entgegnen, dass Verantwortung und Fürsorge dann als gefährlich anzusehen sind, wenn diese einen Herrschaftsanspruch in private Bereiche ausdehnen. Durch einen HIV-Pflichttest würden aus Gründen der Fürsorge Individualrechte eingeschränkt. Wie lässt sich nun aber »Bareback« eingrenzen? Inwiefern kann man jemanden gegen seinen Willen dazu veranlassen, in seinem eigenem, in dem des anderen und im Interesse der Solidargemeinschaft Safer-sex zu betreiben? Inwiefern ist solches ethisch gerechtfertigt, wird doch die Freiheit des Einzelnen hierdurch stark eingeschränkt. Ist es als »gerecht« anzusehen, das Recht eines Individuums respektive die Autonomie des Einzelnen zugunsten von Interessen anderer einzuschränken?

Blicken wir auf die Verhältnisse in der Antike: Im ersten Buch der Epidemien (Hipp. epid. 1,11) werden die Aufgaben und Möglichkeiten des Arztes klar umrissen:

Hipp. Epid. 1,11 (2,634,20–2,636,14 Littré; dt. Übersetzung nach Fuchs, Bd. II (1897), S. 381)

Nützen oder wenigstens nicht schaden
Man muss das vor der Krankheit Gelegene angeben, den gegenwärtigen Stand erkennen, die Prognose voraussagen. Das hat man zu üben. Bezüglich der Krankheiten hat man sich auf zweierlei einzuüben: zu nützen oder [wenigstens] nicht zu schaden. Die Kunst setzt sich aus dreierlei zusammen: der Krankheit, dem Patienten und dem Arzte; der Arzt ist Diener der Kunst; der Krankheit hat der Patient im Vereine mit dem Arzte Widerstand zu leisten.

Am Anfang der Behandlung muss der Arzt den bisherigen Verlauf der Krankheit rekonstruieren und den gegenwärtigen Gesundheitszustand des Patienten beurteilen (Hipp. epid. 1,11: griech.: »λέγειν τὰ προγενόμενα· γιγνώσκειν τὰ παρεόντα«, / »Man muss das vor der Krankheit Gelegene angeben, den gegenwärtigen Stand erkennen«). Der Patient selbst scheint nach dieser Formulierung bei Anamnese und Diagnose nicht berücksichtigt zu werden. Nach heutigem Verständnis kommt ihm als Quelle für Informationen und Anhaltspunkte bezüglich des Krankheitsverlaufs eine tragende Rolle zu. Ein Grund für das völlig eigenständige Vorgehen des Arztes könnte sein, dass die Äußerungen des Patienten über seinen eigenen Körper immer in höchstem Maße subjektiv sind. Ihre objektive Auswertung wäre nur auf der Basis entsprechender Interpretationskünste des Arztes möglich, die von ihm nicht erwartet werden können. Als dritter Schritt nach Anamnese und Diagnose folgt die Prognose, der Arzt muss also den weiteren Verlauf der Krankheit voraussagen (Hipp. epid. 1,11: »προλέγειν τὰ ἐσόμενα« / »die Prognose voraussagen«). Wie nah der Arzt sich dabei an seine eigene Einschätzung hält, ist ihm überlassen. Bei der Diskussion um den Umgang des Arztes mit Informationen über den Gesundheitszustand des Patienten wurde deutlich, dass es für die Behandlung durchaus dienlich sein kann, wenn der Arzt seine Informationen nicht »ungefiltert« an den Patienten weitergibt. So kann er unter Umständen dem Patienten eine optimistischere Prognose geben, wenn er damit die Gesundung des Patienten voranbringt. Auf diese Richtlinien zum Vorgehen bei der Behandlung folgt die Formulierung eines Grundsatzes für ärztliches Handeln, der neben den im Eid ausgedrückten Gedanken eine Sonderstellung genießt. Der Arzt muss alle seine Handlungen im Voraus dahingehend hinterfragen, ob sie dem Kranken von Nutzen sind. Diese Forderung lässt sich aus der übergeordneten Pflicht, dem Kranken zu helfen, ableiten. Kann die Frage nach dem Nutzen der Handlung nicht eindeutig positiv beantwortet werden, ist entscheidend, ob der Arzt dem Patienten durch sein Handeln möglicherweise schaden könnte. Grundsätzlich gilt, dass er versuchen muss, dem Patienten »zu nützen oder [wenigstens] nicht zu schaden« hat (Hipp. epid. 1,11: »ὠφελέειν ἢ μὴ βλάπτειν«). Es handelt sich hier um eine Form von Nutzen-Risiko-Erwägung, die der Arzt vor jeder Handlungsentscheidung anstellen muss. Problematisch kann der Anspruch, »zu nützen oder [wenigstens] nicht zu schaden« werden, wenn ein direkter Nutzen nicht möglich ist und sich nur Alternativen bieten, die dem Patienten möglicherweise helfen, vielleicht aber auch schaden könnten. Weiß der Arzt beispielsweise nicht, wie er ein bestimmtes Leiden wirksam behandeln kann, kann er sich entweder auf eine Behandlungsmethode einlassen, von der er nicht sicher weiß, ob sie dem Patienten schaden wird. Oder er unterlässt die Behandlung völlig, womit er dem Kranken zwar nicht durch aktives Handeln schaden kann, durch indirektes Unterlassen dennoch schadet. In solchen Fällen ist es dem Arzt nur schwer möglich, dem oben genannten Anspruch zu genügen. Die Medizin als »Kunst« hat nach den im Corpus Hippocraticum zum Ausdruck gebrachten Vorstellungen drei Bestandteile, durch die das Vorgehen des Arztes und seine Möglichkeiten festgelegt sind. Krankheit, Patient und Arzt sind die drei bestimmenden Faktoren innerhalb der Medizin (Hipp.

epid. 1,11: griech.: »ἡ τέχνη διὰ τριῶν, τὸ νούσημα, ὁ νοσέων, καὶ ὁ ἰητρός« / »die Kunst setzt sich aus dreierlei zusammen: der Krankheit, dem Patienten und dem Arzte«); ihre Beziehung zueinander gibt Aufschluss über die Grenzen dessen, was durch Heilkunst geleistet werden kann. Krankheit und Patient sind offensichtlich eng miteinander verbunden, da die Krankheit den Körper des Patienten selbst betrifft. Patient und Arzt stehen in einer Beziehung, die von Zusammenarbeit und völligem Vertrauen seitens des Patienten gekennzeichnet ist. Zwischen Arzt und Krankheit besteht keine direkte Beziehung. Der Arzt wird als »Diener der Kunst« bezeichnet, nicht etwa als aktiver Gegner der Krankheit. Seine Aufgabe besteht nicht darin, der Krankheit des Patienten direkt zu begegnen. Vielmehr leitet er den Patienten durch unter Zuhilfenahme seines Fachwissens und seiner Erfahrung an, wie dieser die Krankheit besiegen kann (Hipp. epid. 1,11: griech.: »ὁ ἰητρός, ὑπηρέτης τῆς τέχνης· ὑπεναντιοῦσθαι τῷ νουσήματι τὸν νοσεῦντα μετὰ τοῦ ἰητροῦ χρή« / »der Arzt ist Diener der Kunst; der Krankheit hat der Patient im Vereine mit dem Arzte Widerstand zu leisten«).

Eine Begrenzung des Aufgabengebiets erfährt die Medizin auch in der Rhetorik des Aristoteles. Er vergleicht die Medizin mit der Dialektik und stellt heraus, dass beide Künste nicht auf die Herstellung ihres jeweiligen Ziels (Überzeugung beziehungsweise Gesundheit) ausgerichtet sind, sondern auf dessen Beförderung.

Aristoteles: Rhet. 1,1 (dt. Übersetzung nach Rapp (2002), S. 22)

Arzt soll Gesundheit nicht herstellen, sondern voranbringen
Dass also die Rhetorik nicht zu einem einzigen begrenzten Gegenstandsbereich gehört, sondern so ist wie die Dialektik, und dass sie nützlich ist, ist somit klar, und dass nicht das Überzeugen ihre Aufgabe ist, sondern (dass ihre Aufgabe darin besteht,) an jeder Sache das vorhandene Überzeugende zu sehen, wie das auch bei allen anderen Künsten der Fall ist – es ist nämlich nicht Sache der Heilkunst, Gesundheit herzustellen, sondern sie, soweit es eben möglich ist, voranzubringen; denn es ist möglich, auch diejenigen, die die Gesundheit nicht wiedererlangen können, dennoch gut zu pflegen –;

Es ist nach Aristoteles nicht die Aufgabe der Heilkunst, Gesundheit herzustellen, wo keine Gesundheit vorhanden ist. Was der Arzt versucht, ist die vorhandene, wenn auch eingeschränkte, Gesundheit aufzubauen und zu stärken (Arist. Rhet. 1,1: »οὐδὲ γὰρ ἰατρικῆς τὸ ὑγιᾶ ποιῆσαι, ἀλλὰ μέχρι οὗ ἐνδέχεται, μέχρι τούτου πτοαγαγεῖν« / »es ist nämlich nicht Sache der Heilkunst, Gesundheit herzustellen, sondern sie, soweit es eben möglich ist, voranzubringen«). Der Zusatz »soweit es eben möglich ist« deutet an, dass die Heilkunst auch dann anzuwenden ist, wenn eine vollständige Heilung, eine Wiederherstellung der Gesundheit, nicht zu erwarten oder nicht möglich ist. Hiermit betont Aristoteles einen Aspekt, der sowohl im Corpus Hippocraticum als auch bei Platon untergeht. Wäre es die Aufgabe der Medizin, Gesundheit herzustellen, so könnte sie auf unheilbar Kranke nicht angewendet werden. Dies verneint Aristoteles mit dem Hinweis, dass auch unheilbar Kranke medizinisch versorgt werden können (Arist. Rhet. 1,1: »ἔστιν γὰρ καὶ τοὺς ἀδυνάτους μεταλαβεῖν ὑγιείας ὅμως θεραπεῦσαι καλῶς« / »denn es ist möglich, auch diejenigen, die die Gesundheit nicht wiedererlangen können, dennoch gut zu pflegen«).

Das angemessene Auftreten und Verhalten des Arztes wird in den hippokratischen Schriften mehrfach thematisiert (Flashar 1997 und Rütten 1997). Als Grundlage für die besondere gesellschaftliche Stellung des Arztes ist es Voraussetzung für dessen erfolgreiche Tätigkeit. So finden sich im Corpus Hippocraticum einige konkrete Handlungsanweisungen, die ein von allgemeiner Konsensfähigkeit und gesellschaftlicher Akzeptanz gekennzeichnetes Arztbild nachzeichnen. Ein Arzt, der sich nach diesen Anweisungen richtet, kann das Vertrauen anderer Menschen erwerben. Das Ziel dieser Richtlinien für ärztliches Auftreten und Verhalten ist die möglichst weitgehende Vertrauenswürdigkeit des Arztes, welche Voraussetzung für eine fruchtbare Beziehung zwischen Arzt und Patient ist. Was die äußerliche Erscheinung des Arztes betrifft, also beispielsweise seine Kleidung, soll er sich zwar an Gepflegtheit von der Masse abheben, darf aber nicht den Eindruck erwecken, dass er auf Luxus Wert legt.

Hipp. Praecept. 10 (= Heiberg (1927): CMG 1,1, S. 33–34; dt. Übersetzung nach Fuchs, Bd. I (1895), S. 63–64)

Vermeidung von äußerlichem Luxus
Zu vermeiden aber hat man auch den Luxus von Kopfbedeckungen, um Praxis zu bekommen, desgleichen kostbare Parfums; denn durch viel ungewohntes Benehmen wird man sich eine schlechte Meinung erwerben, durch ein wenig ungewohntes hingegen Ansehen; denn im Teile ist nur geringes Uebel (?), im Ganzen hingegen vieles. Der Erwerbung der Dankbarkeit der Leute aber will ich nicht in Abzug bringen, ist sie doch der Vortrefflichkeit des Arztes würdig.

Durch extravagantes Auftreten könnte er auf Ablehnung in der Öffentlichkeit stoßen und so seinen guten Ruf schädigen (Hipp. praecept. 10: »διὰ γὰρ ἱκανὴν ἀξυνεσίην διαβολὴν κέκτησαι, διὰ δὲ τὴν ὀλίγην εὐσχημοσύνην« / »denn durch viel ungewohntes Benehmen wird man sich eine schlechte Meinung erwerben, durch ein wenig ungewohntes hingegen Ansehen«). Ein gewisses Maß an Besonderheit wird dem Arzt zugestanden, solange diese nicht seine gesellschaftliche Stellung gefährdet. Die »gute Kleidung« des Arztes wird als Teil dessen erwähnt, was neben gewissen Verhaltensformen während der Behandlung von Bedeutung ist; vor allem der erste Eindruck darf nicht dem Zufall überlassen werden:

Hipp. De decenti 12 (= Heiberg (1927): CMG 1,1, S. 28; dt. Übersetzung nach Fuchs, Bd. I (1895), S. 51)

Verhalten während der Behandlung
Beim Eintreten aber erinnere man sich an die Art des Niedersitzens, an die würdevolle Haltung, an die gute Kleidung, an den Ernst, an die knappe Sprache, an die Kaltblütigkeit beim Handeln, an die sorgfältige Wartung des Patienten, an die Fürsorge, an die Antwort auf die erhobenen Widersprüche, an die Gemütsruhe gegenüber den eintretenden Schwierigkeiten, an die Zurückweisung von Störungen, an die Bereitwilligkeit zu Hilfeleistungen. Hierbei vergesse man nicht die erste Einrichtung, sonst sei man unerschütterlich fest in Bezug auf das Uebrige, was nach der Vorschrift zur Hilfeleistung bereit zu stehen hat.

Begegnen sich Arzt und Patient, muss der Arzt schon beim Eintreten in den Raum alle Signale berücksichtigen, die er durch sein Auftreten an den Patienten sendet (Hipp. De decenti 12: »ἐν δὲ τῇ εἰσόδῳ μεμνῆσθαι καὶ καθέδρης καὶ καταστολῆς, περιστολῆς, ἀνακυριώσιος« / »Beim Eintreten aber erinnere man sich an die Art des Niedersitzens, an die würde volle Haltung, an die gute Kleidung, an den Ernst«). Der Grund dafür, dass auf das äußere Erscheinungsbild des Arztes besonderer Wert gelegt werden muss, liegt in seiner offensichtlichen Vorbildfunktion, was körperliche Angelegenheiten betrifft. Es wird vorausgesetzt, dass der Arzt weiß, wie man mit dem menschlichen Körper umgehen muss, um ihn gesund zu halten. Dies betrifft auch seinen eigenen Körper, der beispielhaft die Fähigkeiten des Arztes repräsentiert:

Hipp. De med. 1 (= Heiberg (1927): CMG 1,1, S. 20; dt. Übersetzung nach Fuchs 1895, S. 40–41)

Körperliche Gesundheit, geordneter Lebensstil des Arztes
Es ist für einen Arzt eine Empfehlung, wenn er, soweit es seine Natur zulässt, eine frische Farbe hat und wohlbeleibt ist; meint doch das grosse Publikum, dass die, welche ihren Körper selbst nicht gut gepflegt haben, auch für das Wohlbefinden anderer nicht gut sorgen können. Ferner muss er reinlich aussehen, gute Kleidung haben und sich mit wohlriechenden Salben parfümieren; denn alles dies pflegt einen guten Eindruck auf die Patienten zu machen. In Bezug auf seine Geistesverfassung muss er auf Folgendes achten. Er muss nicht allein zur rechten Zeit zu schweigen verstehen, sondern auch ein wohlgeordnetes Leben führen; denn das trägt viel zu seinem guten Rufe bei. Seine Gesinnung sei die eines Ehrenmannes, und als solcher zeige er sich gegenüber allen ehrwürdigen Menschen freundlich und von billiger Gesinnungsart. Denn Ueberstürzung und Voreiligkeit liebt man auch dann nicht, wenn sie von Nutzen wären. Hat er freie Hand, so muss er genau zusehen; denn dieselben Handlungen sind bei denselben Personen nur dann beliebt, wenn sie selten geschehen. Was seine Haltung angeht, so zeige er ein verständiges Gesicht und schaue nicht verdriesslich drein, weil das anmassend und misanthropisch aussehen würde. Wer anderseits gern lacht und allzu heiter ist, fällt einem zur Last, wovor man sich am meisten zu hüten hat. Billig sei er in seinem ganzen Verkehre; denn die

Billigkeit muss einem in vielen Fällen zur Seite stehen. Der Arzt aber hat nicht wenige Beziehungen zu seinen Patienten, geben sich diese doch den Aerzten ganz in die Hand und kommen jene doch zu jeder Stunde mit Frauen, jungen Damen und Gegenständen von höchstem Werte in Berührung. In allen diesen Fällen muss mans ich zusammenzunehmen wissen. So muss ein Arzt an Geist und Körper beschaffen sein.

Ist zu erkennen, dass ein Arzt seinen eigenen Körper nicht bestmöglich pflegt und gesund halten kann, wird daraus auf mangelnde Professionalität im Umgang mit den Körpern anderer Menschen geschlossen (Hipp. De med. 1: »ἀξιοῦνται γὰρ ὑπὸ τῶν πολλῶν οἱ μὴ εὖ διακείμενοι τὸ σῶμα [οὕτως] οὐδ’ ἄν ἑτέρων ἐπιμεληθῆναι καλῶς« / »meint doch das grosse Publikum, dass die, welche ihren Körper selbst nicht gut pflegen, auch für das Wohlbefinden anderer nicht gut sorgen können«). Um dies zu vermeiden, wird dem Arzt angeraten, sich um ein möglichst positives äußerliches Erscheinungsbild zu bemühen (Hipp. De med. 1: »ἰητροῦ μὲν εἶναι ποστασίην· ὁρῆν εὔχρως τε καὶ εὔσαρκος ἔσται πρὸςτὴν ὑπάρχουσαν αὐτῷ φύσιν« / »Es ist für den Arzt eine Empfehlung, wenn er, soweit es seine Natur zulässt, eine frische Farbe hat und wohlbeleibt ist«). Die »gute Kleidung« des Arztes wird als Teil dessen erwähnt, was neben gewissen Verhaltensformen während der Behandlung von Bedeutung ist. Vor allem der erste Eindruck darf nicht dem Zufall überlassen werden. Begegnen sich Arzt und Patient, muss der Arzt schon beim Eintreten in den Raum alle Signale berücksichtigen, die er durch sein Auftreten an den Patienten sendet (Hipp. De med. 1: »ἐν δὲ τῃ εἰσόδῳ μεμνῆσθαι καὶ καθέδρης καὶ καταστολῆς, περιστολῆς, ἀνακυριώσιος« / »Beim Eintreten aber erinnere man sich an die Art des Niedersitzens, an die würdevolle Haltung, an die gute Kleidung, an den Ernst«).

Hipp. De decenti 7 (= Heiberg (1927): CMG 1,1, S. 27; dt. Übers. nach Fuchs, Bd. I (1895), S. 50–51)

Gepflegtes Auftreten
So verhält es sich also mit dem Vorgenannten allen. Der Arzt muss aber ein gewisse Umgänglichkeit zur Verfügung haben, denn mürrisches Wesen erregt bei Gesunden wie bei Kranken Anstoss. Vorzüglich aber hat er auf sich selbst Acht zu geben, dass er nicht viel von seinem Körper sehen lässt und mit den Laien nicht viel, sondern nur was notwendig ist, spricht; denn man sieht dies als die unbedingte Voraussetzung zur Beförderung der Heilung an. Er thue auch keine Verrichtung, die gekünstelt oder auffällig aussieht. Man bedenke das sämmtlich, damit alles zur Dienstleistung gehörig vorbereitet sei, sonst stellt sich im Bedarfsfalle unliebsame Verlegenheit ein.

Im direkten Umgang mit dem Kranken hat der Arzt zudem darauf zu achten, seinen eigenen Körper durch Kleidung bedeckt zu halten (Hipp. De decenti 7: »τηρεῖν δὲ χρὴ ἑωυτὸν ὅτι μάλιστα μὴ πολλὰ φαίνοντα τῶν τοῦ σώματος μερέων« / »Vorzüglich aber hat er auf sich selbst Acht zu geben, dass er nicht viel von seinem Körper sehen lässt«). Nachlässigkeit in dieser Hinsicht könnte unseriös wirken oder den Kranken verunsichern, was dem Erfolg der Behandlung entgegenwirken würde.

Die äußerlich tadellose Erscheinung des Arztes muss nach den im Corpus Hippocraticum zum Ausdruck gebrachten Ansichten von entsprechenden Verhaltensformen und charakterlichen Eigenschaften begleitet sein. Das Ziel der recht pragmatischen Anweisungen ist den Vorschriften zu Gepflegtheit und Kleidung gleich. Zunächst soll ihre Befolgung ein Vertrauensverhältnis zwischen Arzt und Patient ermöglichen. Darüber hinaus dienen sie als Voraussetzung für den guten Ruf des Arztes und seine hervorgehobene, allseits anerkannte Stellung innerhalb der Gesellschaft. Insgesamt betrachtet repräsentieren sie einen Persönlichkeitsentwurf, der allen Formen extremen Verhaltens möglichst fern ist:

Hipp. De decenti 3 (= Heiberg (1927): CMG 1,1, S. 25–26; dt. Übersetzung nach Fuchs, Bd. I (1895), S. 48)

Bescheidenes Auftreten des Arztes
Die dieser entgegengesetzten Weisheit muss man nach folgenden Gesichtspunkten beurteilen: ihre Vertreter zeigen weder ein angelerntes Wesen, noch Vorwitz. Man erkennt sie an ihrer anständigen und schlichten Kleidung, welche nicht zu Luxuszwecken, sondern vielmehr zu dem Zwecke gemacht ist, den allgemeinen Beifall zu erringen, dem gedankenvollen Wesen, der innerlichen Sammlung und dem öffentlichen Auftreten zu entsprechen. Wie die Einzelnen in ihrem äusseren Wesen sind, so sind sie in Wirklichkeit: frei von Zerstreuung und Vorwitz, ernst im Verkehre mit den Leuten, gern bereit zum Antwortgeben, entschieden gegenüber den ihnen Widersprechenden, scharfsichtig und umgänglich für den Fall der Übereinstimmung, gemässigt gegenüber allen, schweigsam gegenüber Aufregungen, zum Stillschweigen geneigt und entschlossen, geschickt im Wahrnehmen und Benutzen des rechten Augenblicks, wohl befähigt zur Genügsamkeit im Essen, geduldig im Erwarten des richtigen Zeitpunkts, geübt, alles das Vorerwähnte in möglichst vollendeter Rede zu zeigen, beredt, anmutig in ihrem Benehmen, fest vertrauend auf ihren durch diese Eigenschaften erworbenen guten Ruf, den Blick auf die Wahrheit richtend, wie angedeutet wurde.

Als Eigenschaften eines guten Arztes werden beispielsweise Beredtsamkeit und Anmut genannt (Hipp. De decenti 3: »εὐεπίη χρώμενοι, χάριτι διατιθέμενοι, δόξῃ τῇ ἐκ τουτέων διισχυριζόμενοι« / »beredt, anmutig in ihrem Benehmen, fest vertrauend auf ihren durch diese Eigenschaften erworbenen guten Ruf«), ebenso Entschiedenheit gegenüber Widersprüchen und Gemütsruhe bei Komplikationen (Hipp. De decenti 12: »μεμνῆσθαι [...] ἀντιλέξιος πρὸς τὰ ἀπαντώμενα, πρὸς τοὺς ὄχλους τοὺς ἐπιγινομένους«, deutsch: »erinnere man sich [...] an die Antwort auf die erhobenen Widersprüche, an die Gemütsruhe gegenüber den eintretenden Schwierigkeiten«).

Besondere Behandlung erfährt die Schweigsamkeit als Eigenschaft des Arztes; sie ist mit der Fähigkeit zum Stillschweigen in Situationen, in denen es erforderlich ist, verbunden:

Hipp. Eid, 7 (= Heiberg (1927): CMG 1,1, S. 5; dt. Übers. nach Fuchs, Bd. I (1895), S. 2)

Ärztliche Schweigepflicht
Was ich aber während der Behandlung sehe oder höre oder auch ausserhalb der Behandlung im gewöhnlichen Leben erfahre, das will ich, soweit es ausserhalb nicht weitererzählt werden soll, verschweigen, indem ich derartiges für ein Geheimnis ansehe.

Dass der Arzt Informationen bei sich behalten kann und in bestimmten Fällen schweigt, ist in mehrfacher Hinsicht nötig. Im Umgang mit dem Patient wird ihm geraten, möglichst wenig Informationen über dessen Gesundheitszustand an diesen weiterzugeben, über dieses Thema also weitgehend zu schweigen. Ferner darf der Arzt nichts Vertrauliches, was er im Zusammenhang mit einer Behandlung gesehen oder gehört hat, an außen stehende Personen weitergeben. Die im Eid angesprochene ärztliche Schweigepflicht betrifft vor allem, aber nicht nur solche Informationen, die der Arzt während der Behandlung erhalten hat. Dass er mit vertraulichen Informationen im Allgemeinen entsprechend umgehen muss, liegt eher an seinem guten und seriösen Ruf, den es zu erhalten gilt.

Für seine Tätigkeit erhält der Arzt grundsätzlich ein Honorar. Die Äußerungen im Corpus Hippocraticum lassen erkennen, dass die Höhe des Honorars vom Arzt selbst festgelegt wurde; es gab also keine verbindlichen Richtlinien für die Entlohnung von Ärzten.

Hipp. Praecept. 6 (= Heiberg (1927): CMG 1,1, S. 32; dt. Übersetzung nach Fuchs, Bd. I (1895), S. 60)

Rücksicht auf finanziellen Hintergrund des Patienten
Was das Honorar anlangt, so (soll man) nicht ohne das Streben, welches Belehrung schafft, (an diese Fragen herangehen). Ich rate, dass man in der Härte nicht zu weit gehe, sondern auf das Vermögen und Einkommen (des Patienten) Rücksicht nehme. Bisweilen (thut man gut,) umsonst (zu behandeln), indem man lieber dankbare Erinnerung als augenblicklichen Ruhm auf sich nimmt. Bietet sich aber die Gelegenheit, einem Fremden und Bedürftigen Hilfe zu leisten, so soll man diesen (sic!) in hervorragendem Masse zu Diensten stehen; denn wo Liebe zum Menschen vorhanden ist, da ist auch Liebe zur Kunst vorhanden. Manche Patienten nämlich, welche fühlen, dass ihr Leiden nicht ohne Anlass zur Besorgnis ist, und sich doch auf die Tüchtigkeit des Arztes voll Vertrauen verlassen, erlangen ihre Gesundheit wieder. Gut ist's, wenn man die Kranken anleitet, um der Gesundheit willen, wenn man für die Gesunden besorgt ist, um des Nichterkrankens willen, und auch wenn man für die Gesunden besorgt ist, um des Anstandes willen.

Dem Arzt wird geraten, bezüglich der Höhe des geforderten Honorars die finanzielle Situation des Patienten zu berücksichtigen (Hipp. Praecept. 6: »παρακελεύομαι δὲ μὴ λίην ἀπανθρωπίην ἐσάγειν ἀλλ᾽ ἀποβλέπειν ἔς τε περιουσίην καὶ οὐσίην«, deutsch: »Ich rate, dass man in der Härte nicht zu weit gehe, sondern auf das Vermögen und Einkommen (des Patienten) Rücksicht nehme«). Der Arzt muss ein Gespür dafür haben, in welchem Rahmen eine angemessene Honorarforderung jeweils liegt. In besonderen Fällen, beispielsweise bei der Behandlung von äußerst bedürftigen Kranken, ist es ratsam, gar kein Honorar zu verlangen. Die Entlohnung für die ärztliche Tätigkeit muss nicht unbedingt in Form von materieller Vergütung geschehen; sie kann beispielsweise in der Dankbarkeit eines Patienten, der sich eine teure Behandlung nur schwer hätte leisten können, bestehen (Hipp. Praecept. 6: »ὁτὲ δὲ προῖκα ἀναφέρων μνήμην προτέρην εὐχαριστίης ἢ παρεοῦσαν εὐδοκίην« / »Bisweilen (thut man gut,) umsonst (zu behandeln), indem man lieber dankbare Erinnerung als augenblicklichen Ruhm auf sich nimmt«). Die Bereitschaft zur Hilfeleistung muss von dem zu erwartenden Honorar unabhängig und auch ohne Aussicht auf eine materielle Entlohnung vorhanden sein. So ist die Behandlung auch solcher Personen explizit geboten, bei denen der Arzt keinerlei Informationen über deren finanzielle Situation hat, beispielsweise bei Fremden (Hipp. Praecept. 6: »ἢν δὲ καιρὸς εἴη χορηγίης ξένῳ τε ἐόντι καὶ ἀπορέοντι, μάλιστα ἐπαρκέειν τοῖσι τοιουτέοισιν« / »Bietet sich aber die Gelegenheit, einem Fremden und Bedürftigen zu helfen, so soll man diesen (sic!) in hervorragendem Masse zu Diensten stehen«).

Auch Aristoteles weist auf die besondere Beziehung zwischen der Tätigkeit des Arztes und seinem Honorar hin:

Aristot. Pol. 1,9 (dt. Übersetzung nach Schütrumpf 1991, S. 27)

Medizin darf nicht als bloßes Mittel zum Gelderwerb gesehen werden
Denn da ausschweifender Genuß in der Übersteigerung besteht, sucht man die Mittel, die die Übersteigerung ausschweifenden Genießens ermöglichen. Und wenn sie sich diese nicht durch die gewinnsüchtige Erwerbskunst beschaffen können, versuchen sie es auf anderem Wege, indem sie dafür jede Fähigkeit nutzen – nicht naturgemäß; denn Aufgabe der Tapferkeit ist es nicht, Geld, sondern Mut zu machen, und ebenso haben Feldherrnkunst und Medizin nicht diese Aufgabe, sondern die eine soll den Sieg erringen, die andere die Gesundheit wiederherstellen. Aber jene Leute machen alle diese Künste zu Mitteln, Gewinn zu erzielen, als sei das das Ziel und auf das Ziel müsse alles ausgerichtet sein.

Aristoteles kritisiert, dass das eigentliche Ziel der Medizin, nämlich die Wiederherstellung der Gesundheit, bei vielen Ärzten in den Hintergrund gerate. Stattdessen sei ihr Handeln primär auf den Gelderwerb ausgerichtet, womit sie die Medizin auf die Stufe einer beliebigen anderen »gewinnsüchtige[n] Erwerbskunst« stellten (Arist. Pol 1,9: »οἱ δὲ πάσας ποιοῦσι χρηματιστικάς, ὡς τοῦτο τέλος ὄν« / »Aber jene Leute machen alle diese Künste zu Mitteln, Gewinn zu erzielen, als sei das das Ziel«). Dieses fehlgeleitete Streben bezeichnet Aristoteles als »nicht naturgemäß« (Arist. Pol 1,9: »οὐ κατὰ φύσιν«). Das Honorar des Arztes möchte er eher als Aufwandsentschädigung verstanden wissen, die nicht als Motivation für ärztliches Handeln dienen darf. Ein problematischer Aspekt, der in Bezug auf das Honorar des Arztes Bedeutung hat, ist die mögliche Beeinflussung ärztlichen Handelns durch finanzielle Reize. Werden die erbrachte »Leistung« des Arztes und seine Entlohnung nicht strikt voneinander getrennt, so kann ein Arzt zu Handlungen verleitet werden, die aus einer externen Perspektive betrachtet nicht angemessen sind. Ein Beispiel für einen solchen Fall findet sich in der dritten pythischen Ode des Pindar:

Pindar, Dritte pythische Ode 45–62 (dt. Übersetzung nach Bremer 1992, S. 133)

Arzt darf sich nicht durch finanzielle Reize zu »Grenzüberschreitungen« verleiten lassen
Und so trug er es denn und gab es dem Kentauren von Magnesia
zur Unterweisung, leidvolle Krankheiten des Menschen zu heilen.
Alle nun, die da kamen, behaftet mit Gebrechen, die von selbst
entstehen, oder von grauem Erz an den Gliedern verwundet
oder von ferngeschleudertem Stein,
oder von Sommerhitze zerstört die Gestalt oder vom Winter,
erlöste er und machte den einen von diesen, den anderen von andersartigen
Schmerzen frei –
die einen behandelte er mit sänftigenden Besprechungen,
andere ließ er Linderndes trinken,
oder legte ringsum die Glieder
Heilkräuter überall, andere richtete er durch Schnitte auf;
aber durch Gewinnsucht ist auch Kunst gebunden.
So brachte auch jenen mit stolzem Lohn
Gold, in Händen zum Vorschein gekommen, dazu,
einen Mann dem Tod zu entreißen, der schon gefangen war;
mit seinen Händen schleuderte da Kronion durch beide hindurch
und nahm ihnen den Atem aus der Brust
augenblicklich, flammender Blitzstrahl bohrte das Todeslos ein.
Es gilt, von Göttern
zu suchen, was zu sterblichem Sinne paßt,
erkennend, was vor dem Fuß liegt: von welchem Geschick wir sind.
Streb nicht, meine Seele, nach Leben ohne Tod,
die Handlungsmöglichkeiten schöpf aus!

Die Aussicht auf einen Lohn in Gold hat Asklepios dazu gebracht, sich über die von den Göttern getroffene Ordnung hinwegzusetzen. Er rettet einen Mann vor dem Tod, der »eigentlich schon gefangen war« (Pindar: Pyth.

3,45–62: »ἔτραπεν καὶ κεῖνον ἀγάνορι μισθῷ χρυσὸς ἐν χερσὶν φανεὶς ἄνδρ᾽ ἐκ θανάτου κομίσαι ἤδη ἀλωκότα« / »So brachte auch jenen mit stolzem Lohn Gold, in Händen zum Vorschein gekommen, dazu, einen Mann dem Tod zu entreißen, der schon gefangen war«). Dieses Eingreifen in eine Ordnung, die nicht vom Menschen erschaffen und nicht von ihm verändert werden darf, stellt eine aus Sicht der Götter unzulässige Grenzüberschreitung dar. Als Folge und zur Strafe werden Arzt und Patient von Zeus getötet.

9. Schluss: Für eine kontextgebundene Ethik in der Medizin

Moderne medizinethische Konflikte sind zahlreich. Dass diese über alte Wurzeln verfügen, ist deutlich zu erkennen. Das heißt freilich nicht, dass es sich bei modernen medizinethischen Konflikten und den Diskussionen darüber um alten Wein in neuen Schläuchen handelt, wohl aber, dass deutliche Spuren der Geschichte, bis in die Antike, zurückzuverfolgen sind. Überhaupt lassen sich klare geistes- wie kulturgeschichtliche Spuren solcher moderner Diskussionen aufzeigen. Mich selbst überrascht dieses Ergebnis nicht, da ich von der Kontextgebundenheit medizinischer Ethik wie von der Aktualität der Antike überzeugt bin, wie sich diese in der Renaissance zeigte, wie diese aber auch für heute anzunehmen ist. Insofern sollten Feststellungen, dass durch die so genannte naturwissenschaftliche Medizin medizinethische Konflikte zunahmen, differenziert werden.

Es ist sicherlich richtig, dass spätestens seit 1900 wichtige technische Entwicklungen und damit Fortschritte in der Medizin möglich wurden. Dieser Fortschritt verhalf zu neuen Möglichkeiten in der Medizin, die nicht zuletzt am Begriff der Apparatemedizin festzumachen sind. Der Mensch wurde besser darstellbar und die Diagnostik zunehmend feiner. Der Mensch konnte immer mehr zergliedert werden, bis auf die molekulare Ebene. Man kann diese Geschichte als eine Erfolgsgeschichte der Medizin ansehen. Man kann solchem technokratischen Optimismus aber auch medizinkritisch entgegenhalten, dass eine derartige Zergliederung des Menschen dessen Ganzheit aus den Augen verliert. Und in der Tat kann man daraus dann ableiten, dass eine Apparatemedizin ethische Dilemmata verschärft: Eine ausgereifte Intensivmedizin führt zu ethisch konfliktträchtigen Therapieentscheidungen am Lebensende. Dies trifft in besonderem Maß auf eine avancierte neonatale Intensivtherapie zu (Ziegler 2007). Die technischen Möglichkeiten im Rahmen der intensivmedizinischen Betreuung haben für die Neonatologie zur Konsequenz, dass das Gestationsalter zunehmend früher angegeben werden kann, ab dem eine Überlebensfähigkeit des Neonaten aussichtsreich scheint. Dennoch bleiben beispielsweise Risiken der zerebralen Schäden infolge von Hirnblutungen sowie zerebraler Minderdurchblutung, der Lungenschäden infolge von Lungenunreife sowie der Erblindung infolge einer Retinopathie, um nur einige Risikobereiche zu nennen. Die Betreuung von Neonaten an der Grenze zur Überlebensfähigkeit birgt erhebliche medizinische Schwierigkeiten und damit gravierende medizinethische Konflikte. In der Tat sollte es auch in der Neonatologie darum gehen, zum Wohl des Patienten zu handeln und in diesem Sinn Gutes für diesen zu tun. Insofern ist menschliches Leben zu wahren. Bei Frühgeborenen sind mit Fragen der Lebenserhaltung aber unweigerlich – und vielleicht noch deutlicher als bei Fragen am Lebensende in der Erwachsenenmedizin – Fragen der Lebensqualität verbunden. Inwiefern ist eine Therapie, die der Lebenserhaltung dient, sinnvoll? Kann mit solcher Therapie eine gute Lebensqualität erreicht werden? Was ist dann aber unter guter Lebensqualität zu verstehen?

Während des Nationalsozialismus wurde eben jene Frage nach dem Wert eine Lebens bei Kindern mit der so genannten Kinder-»Euthanasie« beantwortet. Dabei wird das Kind Kretzschmar als Beginn der Kinder-»Euthanasie« angenommen (Benzenhöfer 1998 und 2003, Schmidt 2000). Es handelte sich um ein schwer behindertes Kind, das Professor Werner Catel in der Leipziger Universitätskinderklinik vorgestellt wurde. Auf die Einschätzung Catels hin, dass das Kind niemals normal sein werde, hatte sich der Vater an Hitler gewandt und um Erlaubnis gebeten, dem Kind den »Gnadentod« zu gewähren. Karl Brandt, der Begleitarzt Adolf Hitlers, hatte dann Catel die Zustimmung Hitlers mitgeteilt, woraufhin Catel das Kind »einschläferte«. Die weiteren Planungen der Kinder-»Euthanasie« lagen in den Händen von Philipp Bouhler, dem Leiter der »Kanzlei des Führers«, Viktor Brack, der als Wirtschaftswissenschaftler dem Hauptamt 2 (zuständig für Eingaben und Gesuche an Hitler) vorstand und Dr. agrar. Hans Hefelmann respektive Richard von Hegener, Stellvertreter und Sachbearbeiter von Hefelmann, dem leitenden Sachbearbeiter im Amt 2b, das Gnadengesuche bearbeitete. Auf Anordnung von Hitler und Brandt sollte in ähnlichen Fällen analog verfahren werden. Von Brandt beauftragt richtete Hefelmann ein beratendes Gremium für die Kinder-»Euthanasie« ein, das aller Wahrscheinlichkeit nach bereits der Pädiater Dr. Ernst Wentzler (Berlin), der Kinder- und Jugendpsychiater Dr. Hans Heinze (Görden) und der Augenarzt und zu dieser Zeit als Pressereferent im rassenpolitischen Amt beschäftigte Dr. Hellmuth Unger angehörten. Ob Werner Catel auch Mitglied dieser Planungsgruppe gewesen ist, lässt sich nicht erhärten. Die ersten Planungen sahen auch vor, nicht die »Kanzlei des Führers« als Träger der Kinder-»Euthanasie« zu benennen, vielmehr die Tarnorganisation »Reichsausschuss zur wissenschaftlichen Erfassung von erb- und anlagebedingten schweren Leiden« zu benennen. Es lassen sich zwei Organisationsformen unterscheiden: Zum einen spielte die »Kanzlei des Führers« unter dem Decknamen »Reichsausschuß zur wissenschaftlichen Erfassung von erb- und anlagebedingten schweren Leiden« bei der konkreten Planung eine zentrale Rolle; die organisatorische Leitung der Kinder-»Euthanasie« über-

nahm der Leiter des Amtes IIb der »Kanzlei des Führers«, Dr. Hans Hefelmann. Zum anderen gab es auch fern des »Reichsausschusses« eine Kinder-
»Euthanasie«. Insofern ist es wichtig festzuhalten, dass die Kinder-»Euthanasie« keineswegs stets mit dem »Reichsausschussverfahren« identisch sein
musste. Seit 1939 wurden im Deutschen Reich somatisch oder psychisch
kranke (zum Teil auch gesunde) Kinder in so genannte »Kinderfachabtei-
lungen« eingewiesen, um diese dort töten zu lassen; erklärtes ideologisches
Ziel war es, denjenigen Schaden abzuwenden, den der »Volkskörper« durch
die »kranken Gliedern« nehmen würde. Teilweise wurden diese Kinder in
wissenschaftliche Humanexperimente einbezogen, teilweise wurde nach
ihrer Tötung an ihren Organen weitere Forschung betrieben. Im Rahmen
des Verfahrens des Reichsausschusses wurden auf der Grundlage eines
Runderlasses des Reichsministers des Innern (18.8.1939) Hebammen und
leitende Ärzte in Entbindungsanstalten und geburtshilflichen Abteilungen
angewiesen, Neugeborene und Kinder bis zum 3. Lebensjahr (diese Alters-
grenze wurde später auf 16 Jahre erhöht) an das zuständige Gesundheitsamt
zu melden, wenn diese an bestimmten Krankheiten (Idiotie sowie Mongo-
lismus; Mikrocephalie; Hydrocephalus schweren bzw. fortschreitenden
Grades; Missbildungen jeder Art; Lähmungen einschließlich Littlescher
Erkrankung) litten. Offiziell hieß es, wissenschaftliche Fragen zur angebo-
renen Missbildung und geistigen Unterentwicklung sollten so geklärt werden. Hierzu wurde von den Gesundheitsämtern ein einseitiger Meldebogen
ausgegeben, der ausgefüllt wieder zurückging. Der Amtsarzt sollte sich
offiziell auf der Grundlage dieses Meldebogens von der Richtigkeit der
gemachten Angaben überzeugen und diesen an den »Reichsausschuss zur
wissenschaftlichen Erfassung erb- und anlagebedingter schwerer Leiden«
weiterleiten. Nach einer ersten Sichtung in der »Kanzlei des Führers« durch
Hefelmann und seinen Stellvertreter Richard von Hegener bestimmten die
eingesetzten Gutachter (Prof. Werner Catel (Gerst 2000, Petersen und Zankel
2003), Dr. Hans Heinze (Benzenhfer 2003), Dr. Ernst Wentzler (Beddies
2003)) über das Schicksal der Kinder. Sollten diese in eine »Kinderfachabteilung« aufgenommen werden, wies der »Reichsausschuss« auf Grundlage
der gutachterlichen Stellungnahmen unter Nennung des Kindes und der vorgesehenen »Kinderfachabteilung« das zuständige Gesundheitsamt an, dafür
Sorge zu tragen, dass das Kind in eine »Kinderfachabteilung« aufgenommen
wurde. Zugleich erhielt der Leiter der jeweiligen »Kinderfachabteilung« die
»Ermächtigung« zur Tötung des Kindes. Man geht heute näherungsweise
davon aus, dass zwischen 3000 und 5200 Kinder auf Anordnung des
Reichsausschusses ermordet wurden. Diese »Euthanasie« geschah ohne
gesetzliche Legitimation: Die »Vernichtung lebensunwerten Lebens« blieb
bis 1945 strafbar, ohne dass dies zu dieser Zeit juristische Konsequenzen
gehabt hätte (Aly 1985).

Der historische Rückblick zeigt, wie gefährlich eine Diskussion über den Lebenswert bzw. über Lebensqualität sein und wohin eine solche führen kann: zu einer Medizin ohne Menschlichkeit. Gerade in der Neonatologie stellen sich solche Fragen in der Trias Lebensdauer, Lebensqualität und durch Therapie verursachtes »Leiden« (Ziegler 2007) aber immer wieder und dies nicht zuletzt aufgrund zunehmend avancierter technischer Möglichkeiten. In der Kinderheilkunde kommt es durch die besondere Kommunikationssituation zwischen drei Beteiligten (Kind, Eltern und Ärzte bzw. Pflegeteam) zu weiteren Spannungen. Entscheidungen werden dadurch nicht unbedingt leichter getroffen. In den Grundsätzen der Bundesärztekammer zur ärztlichen Sterbebegleitung (2004) wird auch auf schwerkranke Neugeborene eingegangen. Demnach kann mit Zustimmung der Eltern bei Neonaten mit schweren Schädigungen, bei denen keine Aussicht auf Besserung besteht, eine lebenserhaltende Therapie unterlassen bzw. nicht weitergeführt werden. Wichtig ist es (auch im Sinne der so genannten Einbecker Empfehlungen) festzuhalten: Auch in der Neonatologie gilt, dass Fragen der Therapiebegrenzung Einzelentscheidungen sind, die ethisch abgewogen werden müssen und der Zustimmung der Eltern unterliegen.

Schließlich leidet durch solche Technisierung nicht zuletzt die Kommunikation innerhalb einer Gruppe. Insofern sollte einer innovativen und entwicklungsträchtigen Fortschrittsmedizin ein konstruktives und reflektierendes Korrektiv entgegengehalten werden. Aber auch diese Erkenntnis ist nicht wirklich neu: Die Geschichte der Medizin lehrt von schiefen Arzt-Patient- oder Patient-Arzt- oder generell Mensch-Mensch-Beziehungen, denen fehlerhafte kommunikative Strukturen vorausgehen. Es lässt sich eine Kulturgeschichte aus literarischen Repräsentationen schreiben, in denen am Beispiel der Medizin Mensch-Mensch-Interaktionen untersucht werden. Denn gerade in der Literatur lassen sich wegen des ihr eigenen hohen Potenzials an Darstellbarkeit als besonders kreativer Teil einer Kulturgeschichte Kommunikations- und Beziehungsanalysen (in der Medizin) durchführen (von Jagow und Steger 2005, von Jagow und Steger 2007).

Solche Analysen kann man freilich auch für die Alte Welt durchführen. Denn in literarischen Darstellungen der Antike ist viel Medizin enthalten. Man denke an Krankheitsbeschreibungen (Wundversorgung durch Machaon), an Darstellungen auf Gefäßen (Achill entfernt Patrokolos einen Pfeil aus seinem Oberarm und verbindet ihm diesen dann), an die attischen Tragiker (Sophokles »Philoktet«) oder an das ausgeprägte Fachschrifttum, das bis zu den Hippokratischen Schriften (Celsus, Galen, Dioskurides u.a.) zurückreicht. Aber auch in den Homerischen Epen, im Drama generell und nicht zuletzt in der Komödie, in der Historiographie, in philosophischen sowie (auto-)biographischen Texten u.a. können Kommunikationsverhältnisse in der Heilkunde bzw. Beziehungsmuster bestimmt werden, welche für die

Medizin Bedeutung haben. Es stellt sich dabei die Frage, inwiefern in der Analyse konkreter literarischer Repräsentationen tatsächlich ein für die Alte Welt häufig angenommener starker Paternalismus auszumachen ist. Gerade die Befreiung des antiken Menschen aus der Hand der Götter, wie sie sich in der Klassik vollzieht, legt nahe, dass in literarischen Repräsentationen ein differenzierteres Bild dieser Arzt-Patient-Relation auszumachen ist. Ob dabei gleich ein partizipatives Miteinander vorlag, wie dies heute für die Patient-Arzt-Beziehung gefordert wird, ist weniger anzunehmen.

Literatur kann damit wieder auf das Humanum aufmerksam machen, das technokratiebestimmt so leicht aus den Augen verloren geht. Denn es darf nicht angehen, dass eine Medizin, die von den Früchten des technischen Fortschritts und der technischen Möglichkeiten des 20. und 21. Jh. profitiert, den Menschen aus den Augen verliert, um den sie sich kümmern sollte. Hier kann man aber zugleich ansetzen und sich fragen, ob mit dem »Genetic turn« in den Biowissenschaften nicht sogar eine neue Individualisierung Einzug genommen hat. Denn ein molekularer Blick muss – auch unter ethischer Perspektive – nicht zwangsläufig medizinkritisch interpretiert werden. Vielmehr kann ebenso herausgestellt werden, dass man durch diese hohe Technisierung von der kollektiven Stichprobenerhebung und den großen statistischen Stichprobenuntersuchungen zugunsten einer auf den Einzelnen fokussierten Genetik wegkommt. Die individuelle genetische Ausstattung interessiert, um dann individuell eine (ggf. präventive) Therapie anzubieten. So werden beispielsweise mithilfe genetischer Diagnostik Prädilektionsmarker für Krankheiten gesucht, um zukünftig vorsorgen zu können, und zwar nicht nur im Interesse einer Public Health, vielmehr für den einzelnen. Will man der »molekularen Wende« in der Medizin diesen positiven Aspekt der Fokussierung auf den einzelnen Menschen abgewinnen, verwundert es wiederum, warum man derzeit über Leitlinien diskutiert, die nun sogar für die Klinische Ethik gelten sollen. Meines Erachtens sind dies zwei ganz und gar gegenläufige Entwicklungen.

Um dieses Streben nach Leitlinien und damit nach Halt in der Klinischen Ethik möglichst plastisch vor Augen zu führen, sei hier noch einmal an das Beispiel des jungen, motivierten Assistenzarztes Kai (siehe S. 96) erinnert, der sich bei ethischen Fragen seines Berufsalltags klare Richtlinien wünscht, die ihm seine Zweifel und Unsicherheiten im Umgang mit geforderten Entscheidungen nehmen könnten. Doch was für eine klinische Ethik liegt solchem Streben nach Richtlinie(n) zugrunde? An dieser Stelle möchte ich einige kritische Anmerkungen zu der Stellungnahme der Zentralen Kommission zur Wahrung ethischer Grundsätze in der Medizin und ihren Grenzgebieten (Zentrale Ethikkommission) bei der Bundesärztekammer zur Ethikberatung in der klinischen Medizin, veröffentlicht in Deutsches Ärzteblatt 103 (2006), A1703–A1707, machen: In seinem Vorwort zur Stellungnahme »Ethikberatung in der klinischen Medizin« geht der Vorsitzende der Zentralen Ethikkommission bei der Bundesärztekammer auf die Aufgaben der Zentralen Ethikkommission ein. In Deutschland wachse die Zahl der Krankenhäuser, in denen Ethikberatungen institutionalisiert werden, so dass »orientierende Informationen [...] für die Einrichtung und Arbeit derartiger Institutionen« für notwendig erachtet werden. Unter anderem wird als wesentliches Ziel dieser Stellungnahme definiert, »Fehlentwicklungen zu vermeiden«.

Mit dem Anspruch, »Fehlentwicklungen vorbeugen« zu wollen, formuliert die Kommission einen hohen Anspruch. Zugleich berührt sie mit solcher Formulierung Normierungsfragen, wenn die Kommission Entwicklungen nach falsch und richtig beurteilen möchte – dies legt der Terminus »Fehlentwicklungen« nahe. Nach meinem Verständnis ist es zentrale Aufgabe eines Ethikkomitees respektive einer Ethikberatung, Hilfestellungen zu einer guten Entscheidung zu geben. Hat man dagegen den Terminus der »Fehlentwicklung« vor Augen, setzt dies ein gewisses Verständnis von Ethik voraus, das über die Funktion der Klärung und Sensibilisierung hinaus ein strukturierendes sowie Verantwortung verschiebendes Leitlinienangebot bereit hält. Doch eben dieses Verständnis scheint die Zentrale Ethikkommission zu haben, versucht man den folgenden Hinweis zu verstehen, dass sich bei den bestehenden Klinischen Ethikkomitees »Struktur, Arbeitsweise und Professionalisierungsgrad unterscheiden« und dies auf »weitgehend fehlende Standards« zurückgeführt wird.

Die Zentrale Ethikkommission bei der Bundesärztekammer fordert in ihrer Stellungnahme, dass sich ein Ethikkomitee an verbindlichen Standards zu orientieren habe, um dann auch »konkrete Hinweise für den angemessenen Umgang mit sich wiederholt stellenden Problemen« zu medizinethischen Problemen treffen zu können. Es wird darauf hingewiesen, dass die Arbeit eines Klinischen Ethikkomitees »über eine ethische Einzelfallberatung« hinausgehe, vielmehr gehe es um die »Weiterentwicklung von Kommunikation, Identität und Kultur in einem Krankenhaus«. Es besteht aber eine grundsätzliche Schwierigkeit, gar Unmöglichkeit, anhand von Einzelfällen etwas Allgemeines zu generalisieren und in Leitlinien zu gießen, die in analogen Fällen Geltung beanspruchen können.

Ich sehe einen Konflikt in der Forderung, für die Arbeit der Ethikkommission Standards einzufordern, leitlinienorientierte Voten abzugeben; dann aber »ein ethisches Votum als Orientierungshilfe für das Behandlungsteam« verstanden wissen zu wollen. In der Tat sehe auch ich ein solches Votum als ein Hilfsmittel an, als behandelnder Arzt zu einer eigenverantwortlichen Entscheidung zu kommen. De facto sollte man aber die Praxis in der Klinik vor Augen haben und sich bewusst sein, welchen Stellenwert das Votum eines professionalisierten Ethikkomitees hat, für das hier zudem noch

Qualität sichernde Maßnahmen empfohlen werden. Können Leitlinien dazu beitragen, dass man bei klinisch-ethischen Konflikten zu einer guten Entscheidung kommt, die der Individualität des Patienten wie der behandelnden Ärzte gerecht wird? Ich denke, dass dies nicht möglich ist. Es verwundert nicht, dass unter diesen Voraussetzungen »einige Ärzte […] in ihrer ärztlichen Identität und therapeutischen Entscheidungsfreiheit durch die klinische Ethikberatung beeinträchtigt« fühlen. Wer würde das nicht, wenn aus einem begleitenden Prozess, den in meinem Augen die klinische Beratung eigentlich darstellen sollte, plötzlich einer wird, der stark institutionalisiert und durch Leitlinien geprägt ist.

Die Zentrale Ethikkommission geht in ihrer Stellungnahme noch einen Schritt weiter, den ich sogar für gefährlich halte: »Sofern Leitlinien vom Ethikkomitee beschlossen werden, obliegt es der Geschäftsführung des Krankenhauses zu entscheiden, in welchem Ausmaß die für die Berufsgruppen im Krankenhaus verbindlich sind«. Hier werden ethische Reflexionsprozesse in Leitlinien gegossen, die dann auch noch über die Verwaltung regelrecht zu internen Verhaltensrichtlinien, gar mit disziplinarrechtlichen Konsequenzen, erhoben werden. Daran anschließend zu behaupten, dass der behandelnde Arzt »durch die ethische Fallberatung weder von seiner Verantwortung entbunden [sei], noch […] zu Entscheidungen gedrängt werden [dürfe], die er aus seiner persönlichen bzw. beruflichen Verantwortung heraus nicht tragen kann«, scheint mir alles andere als den Tatsachen gerecht zu werden. Vielleicht mag dies akademisch korrekt sein, die Praxis wird unter solchen Bedingungen aber anderes lehren. Ich möchte denjenigen Assistenzarzt sehen, der in einem streng hierarchisch geprägten Klinikalltag gegen die »Empfehlungen« eines Klinischen Ethikkomitees bzw. einer Klinischen Ethikberatung handelt, die, mag sich solche auch auf den Einzelfall konzentrieren, dann auch stark an solchen Leitlinien orientiert sein wird. Man darf, glaube ich, sogar noch weitergehen: Denn Leitlinien sind nicht nur der Bezugsrahmen für interne Maßnahmen, sondern werden gerne und oft auch zur Richtschnur der Justiz. Eine solche Ethik würde dann der Jurisprudenz direkt zuarbeiten.

Ich kann nicht nachvollziehen, inwiefern solche Leitlinien, die von einem Klinischen Ethikkomitee erarbeitet werden sollen und die grundsätzliche ethische Dilemmata berühren, plötzlich zur goldenen Richtschnur des Handelns erhoben werden sollen. Ich kann auf dem Hintergrund dieser Stellungnahme auch nicht den formulierten Anspruch an eine gute Ethikberatung verstehen, der darin gesehen wird, dass »eine Verbesserung des Erkennens und der Analyse ethischer Probleme sowie des ethischen Entscheidungsprozesses im Mittelpunkt« stehe. In der Tat wäre dies ein mit Nachdruck zu verfolgendes Ziel einer klinischen Ethikberatung. Mit den gesetzten Voraussetzungen sehe ich hier aber keine realistische Umsetzung mehr. Ich erkenne vielmehr zwei sich ausschließende Ansprüche. Ich frage mich ernsthaft, was solches mit Ethik zu tun hat. Wer will einem anderen vorschreiben, wie er sich in ethischen Konflikten zu verhalten hat. Dies ist eine sehr persönliche Entscheidung, deren Prozess man als klinischer Ethikberater begleiten kann, indem man strukturiert, analysiert und informiert. Es kann aber doch nicht Aufgabe sein, an der Mitwirkung von ethischen Leitlinien mitzuwirken, die dann über die Verwaltung zur Dienstvorschrift erhoben werden. Welche Ethik liegt solcher Empfehlung zugrunde? Vielleicht ist dies in der Tat eine Ethik, die über falsch und richtig entscheiden zu können glaubt. Bestrebungen, Leitlinien für medizinische Konflikte zu entwickeln, entlasten den Menschen zwar hinsichtlich seines Bedürfnisses nach Halt und Orientierung. Diese werden meines Erachtens aber der Individualität des Behandelnden und des Behandelten nicht gerecht. Insofern sehe ich es nicht als ein erstrebenswertes Ziel an, in Letztbegründungsfragen Einigkeit zu erzielen, vielmehr gehe ich von einer stets kontextgebundenen Ethik in der Medizin aus, die der Individualität Rechnung zu tragen hat. Ich glaube auch nicht, dass ein so genannter ethischer Minimalkonsens, der globale Gültigkeit haben kann, ausfindig zu machen ist. Hierauf gehe ich gleich noch näher ein. Vielmehr halte ich es für ein erstrebenswertes Ziel, über konkretes Handeln in der Medizin innerhalb einer Reflexionsgruppe die medizinethischen Dilemmata herauszuarbeiten und für die je spezielle Situation im entsprechenden Setting unter professioneller Moderation zu diskutieren. Es soll also ein so genannter Klärungsprozess zwischen den einzelnen Beteiligten stattfinden. Dies kann dann in der Tat zur Qualitätssicherung im Sinne von Qualitätsmanagement (Zertifizierung) beitragen, derentwegen ohnehin an deutschen Kliniken das Thema der Klinischen Ethik diskutiert wird. In diesem Zusammenhang stellt sich gleich die Frage nach der Wirksamkeit, die im Rahmen empirischer Ansätze auch diskutiert wird. Vielleicht kann man diese mit einer (rhetorischen) Gegenfrage beantworten, die Stella Reiter-Theil (2004) gestellt hat: »Does empirical research make bioethics more relevant?« Hierzu sollten auch professionelle klinisch-ethische Angebote (Klinisches Ethikkomitee bzw. Klinische Ethikberatung) etabliert werden, wie sie noch immer nicht an jedem Standort Standard sind (Steinkamp und Gordijn 2005, Vollmann 2006). Ethikberatung kann fallbezogene Ethikberatung im Team auf Station sein, sie kann aber auch retrospektiv durchgeführt werden. In der Ethikberatung kann es darum gehen, Hilfestellungen zu einer guten Entscheidung zu geben. Damit erfüllt die Ethikberatung die Funktionen der Klärung sowie Sensibilisierung.

Doch kehren wir noch einmal zurück zur Frage des ethischen Minimalkonsenses: Das Deutsche Ärzteblatt titelte 2006 unter der Sparte »Politik« einen Beitrag zur Medizinethik mit den Worten »Dialog der Kulturen«. Samir Rabatta (2006) berichtete in diesem Artikel über ein Expertengespräch der Bundesärztekammer in Berlin, in welchem »über die Grenzen der Medizin in verschiedenen Kulturkreisen« diskutiert wurde. Drei Kulturkreise waren zugegen: ein Vertreter des Judentums, Dr. Beni Gesundheit, Stammzellforscher, einer des muslimischen Glaubens, Dr. Nadeem Elyas, Gynäkologe und ehemaliger Vorsitzender der Muslime in Deutschland, und zwei des Christentums, oder besser gesagt: zwei Vertreter des deutschen Kulturraums: Prof. Dr. Jörg-Dietrich Hoppe, Präsident der Bundesärztekammer, und Prof. Dr. Wolfram Höfling, Staatsrechtler. Erstaunlich war die Aussage in dem Artikel, dass die Positionen der Experten ziemlich übereinstimmen würden. Es ist schon insofern bemerkenswert, als sogleich das viel zitierte Argument angeführt wird, in Deutschland sei Medizinethik, zumal wenn es sich um Sterbehilfe, Stammzellforschung oder Schwangerschaftsabbruch gehe, ein besonders sensibles Thema. Hoppe verwies wieder einmal auf die deutsche Geschichte, vor allem zur Zeit des Nationalsozialismus, und leitet hieraus eine besondere Verantwortung für die deutsche Ethik in der Medizin ab. Man denke nur an die Geschichte der »Euthanasie« und die aktuelle Sterbehilfe-Debatte oder an die ideengeschichtlichen Grundlagen der Eugenik und die aufgeladenen Diskussionen über die Begleitung behinderter Menschen heute. Insofern verwundert es, dass diese drei Positionen so nah sein sollen – bedenkt man allein die konstatierte historische Verantwortung, die sich in Deutschland aus der Medizin im Nationalsozialismus ergibt.

Hoppe plädiert für einen weiteren Blick, der einer Globalisierung mehr gerecht würde. Dadurch könne auch verhindert werden, dass exzellente deutsche Wissenschaftler ins Ausland abwandern: »Wegen strenger gesetzlicher Regelungen in Deutschland zieht es Forscher vermehrt in asiatische Länder oder nach Israel, wo die Bestimmungen liberaler sind.«

Hält man an dieser Stelle kurz ein, so lässt sich festhalten: 1. Medizinethische Diskussion heute ist historisch bedingt, also kontextualisiert (Stichwort: Medizin im Nationalsozialismus). 2. Von Seiten politischer Vertreter wird ein weiterer, Kulturen übergreifender sowie der Globalisierung gerecht werdender Blick gefordert: Die Medizin brauche daher universelle Werte und Normen, fordert Hoppe: »Es ist eine interkulturelle Übereinkunft nötig, was als ethisches Minimum angesehen wird.«

Das emphatische Postulat des Präsidenten der Bundesärztekammer ist klar und mutig. Zugleich ist kritisch entgegen zu halten, was Hoppe damit denn meint: Was soll ein »ethisches Minimum« sein? Woran will man ein solches messen? Was können konstante und Norm bestimmende Werte sein, die ein solches »ethisches Minimum« definieren? Darf man als erste Näherung an eine mögliche Antwort hypothetisch formulieren, dass es vielleicht der Bezug auf den Glauben sein kann? Das würde auch das erwähnte Expertengespräch nahe legen. Aber was macht man dann mit denen, die nicht glauben? Gibt es für diese eine Ersatzreligion? Könnte vielleicht die Medizin selbst eine solche Ersatzreligion sein? Ortrun Riha (2002) spricht in der Tat von Medizin als Religionsersatz. Sie schreibt von »hohe[n] Erwartungen[, die] an umfassende und uneigennützige Heilsbringer« herangetragen (Riha: »projiziert«) werden. Riha fährt fort: »In der säkularen Gesellschaft sind es nur noch die Ärzte, an [die] sich die Menschen in Grenzsituationen des Lebens wenden können […]. Die Medizin wird als der weltliche Hort menschlicher Solidarität und Auffangbecken gesellschaftlicher Defizite zum Religionsersatz«. Insofern sind Ärzte also doch Götter, und zwar Götter in weiß, wie das häufig despektierlich, gar diskriminierend, bestimmt wird. Zugleich erinnert Riha an die Terrorherrschaft im Nationalsozialismus, Zeit dessen an soziale Probleme auch rein biologisch (Eugenik, Euthanasie, Sterilisation) herangegangen wurde. Und insofern wird die Kritik an diesem Religionsersatz sehr deutlich. Zudem ist erstaunlich und kritisch zu bemerken, dass die molekularbiologische respektive molekularmedizinische Forschung heute gerade diesem wissenschaftsoptimistischen und reduktionistischen Biologismus zunehmend verfällt. Eine solche Tendenz lässt sich – dies sei hier nur am Rande bemerkt – vermehrt in den USA feststellen. Vielleicht kann man auch mutmaßen, dass das Postulat für einen ethischen Miminalkonsens einem anthropologischen Bedürfnis entspricht: dem Bedürfnis nach Halt, Grundfesten, Orientierung – und in der Medizin natürlich nach Leitlinien.

Halten wir also Ausschau nach Normen und Werten, die einen ethischen Minimalkonsens begründen könnten. Fokussieren wir dabei unseren Blick auf Europa, und zwar in der Annahme, dass es unter dieser Einschränkung eher möglich ist, verbindende Normen und Werte ausfindig zu machen, die einen ethischen Minimalkonsens rechtfertigen, als würde man sogleich eine internationale Perspektive einnehmen.

Blicken wir auf Deutschland: *De iure* ist klar: Die Würde des Menschen ist unantastbar (Art. 1 GG). Doch analysiert man die medizinethische Diskussion in Deutschland, wird *de facto* zwischen »Würdeschutz« und »Lebensschutz« unterschieden. Das heißt konkret: Grundsätzlich darf kein Mensch getötet werden. Aber es ist vorstellbar, dass ein Mensch getötet wird, wenn das Leben eines anderen Menschen dadurch gerettet werden kann. Pragmatisch kann dadurch zwar der finale Rettungsschuss der Polizei bei einer Geiselnahme gerechtfertigt werden, nicht aber die Verwendung von humanen Stammzellen, sei es dass sie extra erzeugt wurden, sei es dass sie bei einer künstlichen Befruchtung überzählig sind. Solchem Verbot steht zugleich die verlockende Hoffnung entgegen, dass Stammzellen ein potentes therapeutisches Werkzeug für gegenwärtig unheilbare Krankheiten darstellen. Der deutsche Bezugspunkt im referierten Expertengespräch ist primär der Gesetzestext, und zwar konkret: Embryonenschutzgesetz und

Stammzellgesetz. Während also in Deutschland das Arbeiten mit humanen Stammzellen klar und restriktiv geregelt ist, kann beispielsweise in China, Südkorea und Schweden relativ frei mit menschlichen Stammzellen geforscht werden. Ketzerisch lässt sich daran anschließend die Frage stellen: Dürften in Deutschland dann die Forschungsergebnisse, werden diese denn jemals therapeutischen Nutzen zeigen, nicht angewandt werden? Oder darf in Deutschland nur die Grundlagenforschung nicht betrieben werden, vom klinischen Nutzen dürften die Deutschen dann schon profitieren?

Kehren wir wieder zurück zum Expertengespräch: Der Experte jüdischen Glaubens zitiert sogleich aus Mischna und Talmud (Bibel), wenn es um den Schwangerschaftsabbruch geht (hier: aus Mischna Ohalot): »Wenn eine Frau schwer gebärt (und dadurch in Lebensgefahr schwebt), zerschneidet man das Kind im Mutterleib und holt es stückweise heraus, weil das Leben der Mutter dem Leben des Kindes vorgeht«. Die Argumentation richtet sich also nach dem Grundsatz Lebensschutz vor Würdeschutz. Volles Lebensrecht bekommt der Embryo erst, wenn dieser geboren wird. Mit dieser Grundeinstellung des Judentums wird auch verständlich, warum Forschung an humanen embryonalen Stammzellen in Israel, und vor allem für Juden, möglich ist: Ungeborenem Leben kommt nicht gleiches Recht zu wie geborenem. In Deutschland unterscheidet man hier nur im Fall der konkreten Gefährdung eines anderen Lebens, zum Beispiel bei der Gefährdung der austragenden Mutter durch ihren Embryo. Und schließlich die muslimische Position: Diese erweist sich im Expertengespräch als strikter. So ließen sich aus dem Koran klare Regeln für die Wissenschaft ableiten (vgl. weiterführend Eich 2005). Die medizinische Wissenschaft dürfe dementsprechend nicht »Mittel der Vernichtung« werden, sie dürfte auch »keine Mittel dafür erschaffen« sowie es untersagt sei, »das Wesen der Schöpfung zu verändern«: »Die Risiken der Forschung müssten kalkulierbar bleiben und in einem vernünftigen Verhältnis zum Nutzen stehen. Diese Vorgaben kämen insbesondere bei Fragen von Biomedizin, Euthanasie und Familienplanung zur Anwendung«. Die muslimische Position hat mit der jüdischen gemein, dass sich beide Experten auf Glaubenstexte beziehen. Dagegen konzentrieren sich die deutschen Experten in ihrer Argumentation auf Gesetzestexte; eine christliche Position schwingt allenfalls mit. Wie steht es denn um die christliche Identifikation, fragt man sich da. Schon in dieser kurzen Momentaufnahme lässt sich am Beispiel der humanen Stammzellen eine deutliche Differenz konstatieren, die aus einer grundsätzlichen Einstellung zum Leben resultiert. »BÄK-Präsident Hoppe sieht gute Voraussetzungen, dass man sich international auf einen gemeinsamen medizinethischen Nenner einigen könnte [...]. An erster Stelle stehen überall die Förderung, Erhaltung und Wiederherstellung der menschlichen Gesundheit«. Wie diese Wertung zu verstehen ist, kann ich nicht ganz nachvollziehen. So ehrenwert

Hoppes Blick nach vorne ist, scheint mir dieser eher ein emphatisch vorgebrachter Wunsch zu sein als eine rationale Prognose.

Schon an dieser Stelle darf man kritisch anmerken, dass eine europäische Ethik in der Medizin auszumachen, schwierig ist. Doch man kann einen Schritt weiter in Richtung Klinik gehen und dabei auf konkrete medizinethische Dilemmata blicken: In Deutschland wird unter gewissen Bedingungen der Schwangerschaftsabbruch nicht weiter verfolgt (§ 218 StGB). Ein Abbruch bleibt bis zur 12. Schwangerschaftswoche straffrei, wenn die Betroffene eine Beratung über die Möglichkeit nachweist, die Schwangerschaft fortzuführen. Darüber hinaus ist ein Abbruch auch nach der 12. Schwangerschaftswoche in Deutschland möglich, wenn die Schwangerschaft mit schwerwiegenden seelischen oder körperlichen Risiken für die Frau verbunden ist. Solches kommt häufig durch eine Pränataldiagnostik zum Vorschein, die erst im zweiten, eher noch im dritten, Trimenon möglich ist. Die Argumentation dreht sich hierbei um die Annahme, dass Lebensschutz vor Würdeschutz zu setzen ist. An dieser Stelle möchte ich eine konkrete klinische Situation vergegenwärtigen, die ich dem Kurzlehrbuch »Medizinethik« von Wiesemann, Biller-Andorno und Frewer (2005: 29) entnommen habe:

Eine 25-jährige schwangere Frau bittet um genetische Pränataldiagnostik. In ihrer Familie ist der Vater vor Jahren an der Huntingtonschen Erkrankung verstorben. Dieses autosomal dominant vererbte Leiden tritt im Alter von 30–50 Jahren auf. Es geht mit schweren Bewegungsstörungen sowie mit einer Demenz einher und führt nach Jahren zum Tod. Die Tochter hat sich nicht testen lassen, weil ihr die Vorstellung unerträglich schien, mit dem Wissen zu leben, auch ihr stehe das gleiche Schicksal bevor. Jetzt aber möchte sie zumindest die Gewißheit haben, dass ihr Kind nicht von der Erkrankung betroffen ist. Sollte es Genträger sein, wolle sie einen Schwangerschaftsabbruch durchführen lassen. Das Risiko, das Gen vom Großvater geerbt zu haben, beträgt 25%.

Es ist offensichtlich, dass aus dieser konkreten Kasuistik sehr viel Diskussionsstoff zu gewinnen ist. Die Frage nach der reproduktiven Selbstbestimmung der Mutter steht neben den Fragen nach dem Beginn des Lebens, nach dem moralischen Status des Embryos und dem Recht auf Leben. Im Februar 2005 brachte die CDU/CSU-Fraktion einen Antrag ein, mit dem sie solche Spätabtreibungen verhindern wollte. Im Fall einer auffälligen Pränataldiagnostik forderte die Fraktion eine Pflichtberatung und die Prüfung der medizinischen Indikation durch ein interdisziplinäres Gutachtergremium. Fokussiert man auf den so genannten Lebensschutz und stellt man sich die Frage, was denn Gründe sein könnten, mit welchen der Lebensschutz zu rechtfertigen wäre: Blickt man beispielsweise in die Schweiz, so wird dort wie in Deutschland die physische wie seelische Gesundheit der schwangeren Frau als Grund für eine über die 12. Schwangerschaftswoche hinausgehende erlaubte Abtreibung angeführt. Dagegen führen die in Deutschland ebenfalls möglichen Gründe für eine späte Abtreibung, wie (1) Vergewaltigung, (2) bestimmte fetale Beeinträchtigungen, die im Rahmen der Pränataldiagnostik zum Vorschein kommen, sowie (3) schwerwiegende ökonomische oder soziale Beeinträchtigungen, in der Schweiz nicht zur Erlaubnis der späten Abtreibung. In Polen sind beispielsweise nur die sozialen wie ökonomischen Faktoren als Legitimationsgrund ausgeschlossen. In Irland ist eine späte Abtreibung nur gestattet, wenn für die schwangere Frau Lebensgefahr besteht – sonst nicht. Nun kann man leicht konstatieren: Andere Länder – andere Sitten. Doch wie steht es um Europa und den Gedanken, dass irgendwie doch etwas Verbindendes besteht respektive bestehen sollte?

Blickt man weiter und sieht man sich die Diskussion um die Sterbehilfe in Europa näher an, sind die Regelungen ähnlich unterschiedlich. Thela Wernstedt (2004) hat in ihrer Arbeit zur Sterbehilfe in Europa zeigen können, dass der »gesamtgesellschaftliche Kontext« und »de[r] Stand der medizinischen Wissenschaft« zentral für die Beurteilung der Frage nach der Sterbehilfe in Europa ist; zugleich hält die Autorin aber ernüchternd fest: »Ein eindeutiges Ergebnis läßt sich in dieser interdisziplinär und vielschichtig angelegten Arbeit zur Sterbehilfe in Europa nicht formulieren«. Wernstedt kann aber durchaus auf einige allgemeinere ethische Züge aufmerksam machen: Der Wille des Patienten bekomme größere Bedeutung zugestanden respektive der mutmaßliche Wille in Abstimmung mit den Angehörigen, Pflegenden sowie den behandelnden Ärzten. Erneut möchte ich dies an einer klinischen Situation verdeutlichen und wähle diese wiederum aus dem Kurzlehrbuch von Wiesemann, Biller-Andorno und Frewer (2005: 73) aus:

Ein 72-jähriger Patient mit bekanntem, therapiertem Pankreaskarzinom, Rezidiv, Leber- und Hirnmetastasen erleidet zu Hause einen Krampfanfall. Bis zu diesem Zeitpunkt ging es dem Patienten bis auf eine leichte Gelbsucht noch verhältnismäßig gut. Dem Notarzt gelingt es, den Krampfanfall zu beenden. Der Patient wird bewußtlos nachts gegen 24 Uhr ins Krankenhaus eingeliefert, begleitet von der Ehefrau und der Tochter. Dort stellt sich heraus, dass die Blutwerte eine Beatmungspflicht anzeigen.

Was tun? Wie soll man entscheiden? Wie soll man handeln? Welche ethisch zu konstatierenden Konfliktmomente konfligieren? Zweifelsohne sind dies schwierige Fragen, die einer vertieften Diskussion bedürften. Wernstedt resümiert zur Sterbehilfe in Europa:

Die behandelnden Ärzte sind nicht nur Vollstrecker eines geäußerten oder mutmaßlichen Patientenwillens in Bezug auf Behandlungsabbruch oder Therapieverzicht, in einigen Fällen auch der Tötung auf Verlangen, sondern sie gestalten wesentlich den Sterbensprozeß eines Menschen mit.

Es kommen also Zweifel auf, ob etwas Verbindendes wirklich zu erkennen ist. Ich bin skeptisch, ob es möglich ist, einen so genannten kleinsten medizinethischen Nenner ausfindig zu machen, der eine globale Perspektive möglich macht – und ich beziehe dies auch auf die europäischen Verhältnisse. Mir scheinen die konkreten Sachverhalte zu komplex und die Unterschiede der Kontexte zu groß zu sein, um zu einer anderen Einschätzung kommen zu können. Ähnlich skeptisch äußert sich ten Have (2001: 3) in der von ihm mit herausgegebenen europäischen Bioethik:

However, even if it is possible to identify a common set of values, a continuous effort will be required in order to critically assess the actual meaning of the values as articulated and codified in the past, and to evaluate and rephrase the underlying traditions.

Ich glaube aber – und das gibt meiner grundsätzlichen skeptischen Einschätzung wieder einen euphorischen Klang, dass man zahlreiche europäische Wurzeln bestimmen kann, die es zulassen, Europa als Argument für eine kontextgebundene Ethik in der Medizin anzuführen. In diesem Zusammenhang macht es Sinn, noch einmal ten Have (2001: 8) zu Wort kommen zu lassen:

When we try to identify what is typical of European approaches to bioethics, we will notice that European literature in the area of bioethics tends to put more emphasis on (1) the historical background of ethical issues, (2) the social cultural context, and (3) substantive normative viewpoints.

Ethik in der Medizin, zumal in Europa, ist kontextualisiert zu denken, zu diskutieren und auch zu schreiben. Bei medizinethischer Diskussion ist also den sozialen, kulturellen wie historischen Kontexten gerecht zu werden. Klaus Bergdolt (2004) denkt, worauf ich schon in meiner Einleitung hingewiesen habe, in seiner Monographie »Das Gewissen der Medizin« ähnlich. Doch muss er feststellen, dass ethische Traditionen häufig gering geschätzt bis negiert werden. Bergdolt spricht in diesem Zusammenhang von einer »geschichtslosen Ethik«, das heißt: Es fehlt an historischem Rahmenwissen, um eine historisch kontextualisierte Ethikdiskussion führen zu können. Entsprechend dieser Feststellung sind wir also gefordert, historisches, soziales sowie kulturelles Rahmenwissen zu vermitteln. Schließlich muss erst das Wissen zugänglich sein, um es dann auch zur Anwendung bringen zu können. Das klingt platt, scheint aber umso dringender in Zeiten zu konstatieren notwendig, in denen die Bedeutung der Geisteswissenschaften generell in Frage gestellt wird. Dies greift freilich auch auf die so genannten weichen Bereiche der Medizin über, den so genannten »Medical Humanities«. Während in angelsächsischen Ländern, zumal in den USA, gerade eine Stärkung der »Medical Humanities« propagiert wird, wird in Deutschland über Stellenstreichpläne in diesem Bereich verhandelt. Dies verwundert umso mehr, als die Vermittlung der »geistigen, historischen und ethischen

Grundlagen ärztlichen Verhaltens« in einer Novelle der Ärztlichen Approbationsordnung (AO) zu den zentralen Ausbildungszielen des Medizin-
studiums erklärt wurde. Durch die 8. Novelle der Approbationsordnung für
Ärztinnen und Ärzte (2002) wurden historische, theoretische und ethische
Aspekte der Medizin als Lehrinhalte des medizinischen Curriculums festgeschrieben. Dafür ist der Querschnittsbereich 2 »Geschichte, Theorie, Ethik
der Medizin«, kurz »GTE«, geschaffen worden; diese triadische Fächer-
kombination in einem Bereich vereint stellt eine internationale Besonderheit dar. In der Regel sind die Lehrenden an den entsprechenden Instituten
damit beauftragt, diesen Querschnittsbereich in die Praxis umzusetzen. Dies
stellt eine große und neue Herausforderung dar, der sehr verschieden begegnet wird. Ich selbst finde eine integrative Annahme dieser Herausforderung
in Form von Seminaren adäquat, die medizinhistorische und medizinethische Aspekte, ggf. auch medizintheoretische, vereinen. Wir selbst berichten
über eine von uns hierfür integrativ konzipierte Lehrveranstaltung »Aufklärung im ärztlichen Alltag« (Schildmann, Steger und Vollmann 2007). Für
den Querschnittsbereich »Geschichte, Theorie, Ethik der Medizin« sind
zwischenzeitlich auch Einführungen bzw. Kurzlehrbücher vorgelegt worden, die verschiedene Zugänge wählen (Wiesemann, Biller-Andorno und
Frewer 2005, Schulz, Steigleder, Fangerau und Paul 2006, Hick 2007).
    Dezidiert wende ich mich also gegen eine voraussetzungslose Ethik in
der Medizin, bei der man davon ausgeht, dass Ethik für alle und überall
gleich statthat beziehungsweise stattzuhaben hat. Solche Mutmaßungen
trifft man häufig in der amerikanischen Diskussion an, besonders wenn es
sich um klinische Ethik dreht. Auch mir scheint also eine fundierte Auseinandersetzung mit der ärztlichen Ethik unter Ausschluss von Geschichte,
Theologie, Philosophie, Medizin, Literatur und Ökonomie schwer vorstellbar. Ohne Kontexte eine Suche nach Konstantem anzustellen, hat sich
schon in der Anthropologie als müßig und letztlich ergebnislos erwiesen.
Vielmehr bin ich der Überzeugung, dass Medizin im Allgemeinen und
Ethik in der Medizin im Besonderen stets nur kontextgebunden funktionie-
ren kann. Wichtige Bezugsstellen sind sicherlich die Geschichte, die Literatur sowie die Künste, für die man in europäischer Perspektive auf zahlreiche gemeinsame Konturen, Stränge und Wurzeln stößt. In eben diesem Sinn
definiert Bergdolt (2004: 15–16) die Aufgabe von Geschichte: »Die Geschichte hat in der bioethischen Debatte freilich die wichtige Aufgabe, die
Öffentlichkeit, also Patienten, Ärzte, Forscher und Ethiker zu sensibilisie-
ren«. Bergdolt stellt dann einen für die weiteren Überlegungen wichtigen
europäischen Bezugspunkt her: »Über Fragen der Menschenwürde, der
Forschungsfreiheit, der ärztlichen Autonomie, des wissenschaftlichen Ehr-
geizes, der Ökonomisierung der Heilkunde, von Menschen- und Tierversu-
chen usw. wurde tatsächlich schon in der Antike […] reflektiert. Dies aus-

zublenden erscheint angesichts der Bedeutung dieser Problemfelder gerade-
zu künstlich«.

Insofern ergibt es also Sinn, sich diesen Kontext der Antike zu vergegenwärtigen, der ein gewichtiges Argument in der Diskussion bekommt:
Griechen und Römer prägten einen Begriff von Europa, der durch eine
Abgrenzung von den »barbaroi«, das heißt vom Fremden, geprägt war. Der
antike Europabegriff war zwar primär ein geopolitischer, war aber weniger
territorial bestimmt, etwa als der Raum, der seine geographische Begrenzung an Dardanellen und Bosporus erhält. Vielmehr stand antikes Europa
für die Absage an einen »despotischen Orient«. Es war eine Abgrenzung
gegenüber dem Osten und führte zu einer Polarisierung zwischen Europa
mit seinem Zentrum in Athen auf der einen und Asien auf der anderen
Seite. In der Antike stand Europa für einen Freiheitsgedanken und den
Willlen zur Abwehr von Fremd- und Despotenherrschaft. Dies führte zu
den Konflikten der Griechen mit den Persern. Schließlich wurde Europa mit
den Siegen von Salamis und Plataiai zum Synonym für Hellas, dem Gebiet
der freien Hellenen. Heute vereint Europa vielleicht eine kollektive Identität
und wird bestimmt von einer gemeinsamen europäischen Vergangenheit:
einer europäischen Kulturgeschichte. Europa hat zwar eine facettenreiche,
aber auch eine gemeinsame kulturelle Matrix: So haben Grundsätze staatlichen Zusammenlebens und Rechtsvorstellungen ihre Wurzeln in der Antike,
wie nicht zuletzt die Demokratie. Europa ist geprägt von christlichen Wurzeln (Was genau unter den so genannten christlichen Wurzeln zu verstehen
ist, bleibt schwierig zu bestimmen. Es könnten damit gemeint sein, dass der
Bezug auf diese Gemeinschaft stiftend ist, dass die Nächstenliebe, die Familie, die Menschenwürde sowie Menschenrechte prägend sind.), von der
Französischen Revolution, vom Humanismus, von der Aufklärung sowie
vom wissenschaftlichem wie technologischem Fortschritt. Immerhin beginnen auch Philosophie und Wissenschaft im antiken Griechenland. Europa
ist also eine Kultur- und Wertegemeinschaft, die von Freiheit, Individua-
lismus, Toleranz, Gleichberechtigung, sozialer Gerechtigkeit, Menschenwürde sowie Solidarität geprägt ist. Man kann sagen: Europa ist überall
dort, wo sich eine Gesellschaft auf die kulturellen Muster der Antike als
Legitimation ihres gesellschaftlichen Selbstverständnisses beruft. Die Antike kann also allgemein als Argument für Europa angeführt werden, im
Speziellen ist dies auch für Antike Medizin möglich: Der Beginn medizinischen Denkens wird zeitlich in die Griechische Geschichte und topogra-
phisch nach Kleinasien und die vorgelagerte griechische Insel Kos gelegt.
In der Tat spricht vieles dafür, hier den systematischen Beginn einer so
genannten natürlichen Medizin anzusetzen. Das heißt: einer Medizin, bei
der man nach einer natürlichen, rational nachvollziehbaren, Ätiologie von
Gesundheit und Krankheit sucht. Allerdings ist es nicht ganz richtig, dass

zuvor, zumal im Alten Orient, ausschließlich Dämonie, Magie und Religion Gesundheit und Krankheit erklärten, aber in der Tat ist keine so klare und mit Nachdruck verfolgte Systematisierung wie in der griechisch-römischen Antike zu erkennen. So wurden vorsokratische Überlegungen an der konkreten Naturbeobachtung von den Betrachtungen am Mikrokosmos wie zum Beispiel dem Wasser auf den Makrokosmos Mensch übertragen. Mindestens die europäische Medizin hat also ihren Ursprung im antiken Griechenland, entwickelt sich von dort fort, findet Einlass in das Römische Weltreich und wird mit dem beginnenden Mittelalter in den islamisch geprägten arabischen Kulturkreis transferiert. Doch geht es bald zurück an die ersten europäischen Universitäten und von dort in die großen neuzeitlichen Zentren Europas. Als antiker Gewährsmann wird in diesem Zusammenhang stets Hippokrates von Kos angeführt, und sein Name ist vor allem aus der Assoziation mit dem Hippokratischen Eid bekannt. Auf diesen Zusammenhang bin ich bereits ausführlich eingegangen.

Blicken wir abschließend in die jüngste Zeitgeschichte: Am 4.4.1997 wurde vom Europarat das so genannte Menschenrechtsübereinkommen zur Biomedizin empfohlen (Übereinkommen des Europarates zum Schutz der Menschenrechte und der Menschenwürde im Hinblick auf die Anwendung von Biologie und Medizin). Die Nationalstaaten Deutschland, Frankreich, Niederlande und Italien haben es bis heute nicht ratifiziert. Dabei ist es erklärtes Ziel, wie es in der Präambel heißt, »eine engere Verbindung zwischen seinen Mitgliedern herbeizuführen [...] die notwendigen Maßnahmen zu ergreifen, um den Schutz der Menschenwürde sowie der Grundrechte und Grundfreiheiten des Menschen zu gewährleisten«. Konkretisiert wird diese allgemeine Bestimmung in Artikel 1:

Die Vertragsparteien dieses Übereinkommens schützen die Würde und die Identität aller menschlichen Lebewesen und gewährleisten jedermann ohne Diskriminierung die Wahrung seiner Integrität sowie seiner sonstigen Grundrechte und Grundfreiheiten im Hinblick auf die Anwendung von Biologie und Medizin [...] Das Interesse und das Wohl des menschlichen Lebewesens haben Vorrang gegenüber dem bloßen Interesse der Gesellschaft oder der Wissenschaft.

Aus der bereits erwähnten europäischen Bioethik sei noch einmal ten Have (2001: 5–6) zitiert: »The objective of the Convention is to establish a number of general principles which will protect human rights in the changing context of medical practice.« Als solche Grundprinzipien werden definiert (1) die Würde respektive Identität des Menschen, (2) der gleiche Zugang zu einer Gesundheitsversorgung von gleicher Qualität, (3) freie Willensbildung, (4) autonome Entscheidung, (5) gemeinsame Entscheidungsfindung und (6) Gleichstellung. So ehrenwert dieser Versuch der Abstrahierung auch sein mag, bleiben doch die kritischen Bemerkungen, dass keine kon-

kreten Hinweise auf Entscheidungshilfen gegeben werden; ferner geht es
mehr um die Gesetzgebung im Gesundheitsbereich als um Bioethik an sich.
Sieht man sich beispielsweise bei der Frage nach der Forschung an Embry-
onen in vitro die Bestimmungen näher an, so wird in der Bioethikkonventi-
on (Art. 18) zwar der Schutz des Embryos festgehalten und auch ein Verbot
erlassen, menschliche Embryronen für Forschungszwecke zu erzeugen. Im
Zusatzprotokoll zum Übereinkommen zum Schutz der Menschenrechte und
der Menschenwürde im Hinblick auf die Anwendung von Biologie und
Medizin über das Verbot des Klonens von menschlichen Lebewesen von
2005 (Art. 1) wird darüber hinaus festgehalten, dass »jede Intervention, die
darauf gerichtet ist, ein menschliches Lebewesen zu erzeugen, das mit einem
anderen lebenden oder toten menschlichen Lebewesen genetisch identisch
ist«, verboten ist. Dieses Zusatzprotokoll wurde bisher nur von Slowenien
und der Slowakei ratifiziert. Doch die näheren Bestimmungen, so die nicht
unwesentliche Frage, wann man überhaupt von einem Embryo spricht, ist
nationalstaatlich geklärt. In Deutschland wurde hierzu das Embryonen-
schutzgesetzt erlassen bzw. das Stammzellgesetz. Insofern bleibt kritisch zu
fragen: »A more fundamental question is whether it really is desirable that
so many different ethical approaches are brought together in very general
statements, suggesting some kind of European consensus on health care
issues.« (ten Have 2001: 7). Ist die Frage nach einer europäische Ethik in
der Medizin sinnvoll? Wäre es nicht weiterführender nach einer internationalen Perspektive Ausschau zu halten? Kann man vielleicht durch eine
negative Abgrenzung gegenüber den amerikanischen Verhältnissen zu einer
europäischen Ethik in der Medizin kommen? So lässt sich die Todesstrafe
in den USA mit europäischen Moralvorstellungen nicht in Einklang bringen. Nimmt man die Ökonomie als Bezugspunkt heraus, wird auch ein
deutlicher Unterschied zwischen amerikanischer und europäischer Ethik
klar. So sind Gesundheit und Krankheit in Europa Staatssache, während
diese in den USA Privatangelegenheit ist. In Europa gilt das Solidarprinzip,
das allen eine medizinische Versorgung offen stehen muss, während in den
USA nach Leistungsprinzip Gesundheit nur für die finanziell Potenteren zu
erreichen ist. Entsprechend ist man in Europa um ein günstiges Gesundheitssystem bemüht, während in den USA das teuerste Gesundheitssystem
besteht. Schließlich sind in Europa Gesundheit und Krankheit prinzipien-
gebunden, kontextgebunden, während diese in den USA prinzipienlos,
voraussetzungslos sind.

10. Literatur

Textausgaben und Übersetzungen

Bei den antiken Autoren wurden die gebräuchlichen Ausgaben der Bibliotheca Teubneriana und Oxoniensis verwendet. Sie werden nicht gesondert aufgeführt. Autoren und ihre Werke werden abgekürzt nach den Empfehlungen bei Hubert Cancik und Helmuth Schneider (Hg.): Der Neue Pauly. Enzyklopädie der Antike. Bd. 1. Stuttgart, Weimar 1996, S. XXXIX–XLVII. Werke aus dem Corpus Hippocraticum oder dem Corpus Galenicum werden nach Fichtner 1996 und 1997 zitiert.

Aristoteles: Werke in deutscher Übersetzung. Hg. von Hellmut Flashar. Berlin u.a. 1956–2002.

Aristoteles: Politik. Buch 1. Hg. von Hellmut Flashar, Übers. von Eckart Schütrumpf. Bd. 9,1. Darmstadt 1991.

Aristoteles: Rhetorik. Hg. von Hellmut Flashar, übers. von Christof Rapp. Bd. 4,1. Darmstadt 2002.

Aristoteles: Politik. Übers. von Olof Gigon. Zürich, Stuttgart 1971.

Celsus: De medicina. Hg. von Walter G. Spencer. Cambridge (Mass.); London 1935ff.

Diels, Hermann und Walter Kranz: Die Fragmente der Vorsokratiker. 3 Bde. Dublin; Zürich 1951–1952.

Diller, Hans (1994): Hippokrates. Ausgewählte Werke. Hg. und übers. Hans Diller. Stuttgart.

Fuchs, Robert (1895/1897/1900): Hippokrates: Sämtliche Werke, übers. von Robert Fuchs. München (Bd. 1/2/3).

Galen: Claudii Galeni opera omnia. 20 Bde. Ed. Carl G. Kühn. Leipzig 1821–1833. Nachdruck Hildesheim 1965.

Heibert, Johan L. (1927): Hippokrates: Iusiurandum, De medico. Hg. von Johan L. Heiberg. In: Corpus Medicorum Graecorum 1,1. Leipzig, Berlin.

Hippocrates: Œuvres complètes d'Hippocrate, traduction nouvelle avec le texte grec Émile Littré. 20 Bde. Paris 1839–1861. Nachdrucke Amsterdam 1961–1963 und 1973–1991.

Kollesch, Jutta und Diethard Nickel (1994): Antike Heilkunst. Ausgewählte Texte aus den medizinischen Schriften der Griechen und Römer. Stuttgart.

Müri, Walter (1979): Der Arzt im Altertum. Griechische und lateinische Quellenstücke von Hippokrates bis Galen mit der Übertragung ins Deutsche. München, 4. Aufl.

Oribasii Collectionum medicinarum reliquiae (= CMG VI 1,1–2,2). Hg. von Raeder, Hans. Leipzig; Berlin 1928 (ND 1964).

Pindar: Siegeslieder. griech. u. deutsch. Hg. und übers. von Dieter Bremer. Darmstadt 1992.

Platon: Werke. griech. u. deutsch. Hg. von Gunther Eigler, übers. von Friedrich Schleiermacher. 8 Bde. Darmstadt 1970–1983.

Schöpsdau, Klaus (1977): Platon: Werke. Griech. u. deutsch. Gesetze, Buch 1–6. Übers. von Klaus Schöpsdau. Bd. 8,1. Darmstadt.

Schöpsdau, Klaus und Hieronymus Müller (1977): Platon: Werke. Griech. u. deutsch. Gesetze, Buch 7–12, Minos. Bd. 8,2. Übers. von Klaus Schöpsdau u. Hieronymus Müller. Darmstadt.

Schubert, Charlotte und Walter Leschhorn (2006): Hippokrates. Ausgewählte Werk. Herausgegeben und übersetzt von Wolfgang Leschhorn. Düsseldorf, Zürich.

Scribonii Largi Compositiones. Hg. von Sconocchia, Sergio. Leipzig 1983.

Sophokles: Tragödien. Aias, Antigone, Trachinierinnen, König Ödipus, Elektra, Philoktet, Ödipus auf Kolonos. Hg. von Wolfgang Schadewaldt. Zürich u.a. 1968.

Sekundärliteratur

Aly, Götz (1985): Medizin gegen Unbrauchbare. In: Götz Aly u.a. (Hg.) Aussonderung und Tod. Die klinische Hinrichtung der Unbrauchbaren. Berlin 1985, S. 9–74.

Anselm, Reiner (1999): Jenseits von Laienmedizin und hippokratischen Paternalismus. Theologisch-ethische Überlegungen zum Problem der Selbstbestimmung in der Medizin. In: Zeitschrift für medizinische Ethik 45, S. 91–108.

Arz de Falco, Andrea (2003): Zum Verhältnis von hippokratischem Eid und moderner Medizinethik. In: Brigitte Ausfeld-Hafter, (Hg.) (2003): Der hippokratische Eid und die heutige Medizin. Bern u.a.

Assmann, Jan (1997): Das kulturelle Gedächtnis. Schrift, Erinnerung und politische Identität in frühen Hochkulturen. München, 2. Aufl.

Ausfeld-Hafter, Brigitte (Hg.) (2003): Der hippokratische Eid und die heutige Medizin. Bern u.a.

Baader, Gerhard (1967): Spezialisierung in der Spätantike. In: Medizinhistorisches Journal 2, S. 231–238.

Baker, Robert (2002): Bioethics and History. In: Journal of Medicine and Philosophy 27, S. 447–474.

Bartens, Werner (2005): Die Krankmacher. Wie Ärzte und Patienten immer neue Krankheiten erfinden. München.

Bartens, Werner (2007): Das Ärztehasserbuch. Ein Insider packt aus. München.

Beauchamp, Tom L. and Ruth R. Faden (1995): Informed Consent. I. History of Informed Consent. In: Warren T. Reich u.a. (Hg.): Enyclopedia of Bioethics. Vol. 3. New York, S. 1232–1238.

Beddies, Thomas (2003): Der Kinderarzt und »Euthanasie«-Gutachter Ernst Wentzlar. In: Monatsschrift Kinderheilkunde 151, S. 1020–1026.

Benzenhöfer, Udo (2003): Genese und Struktur der »NS-Kinder- und Jugendlicheneuthanasie«. In: Monatsschrift Kinderheilkunde 151, S. 1012–1019.

Benzenhöfer, Udo (2003): Hans Heinze – Kinder- und Jugendpsychiatrie und »Euthanasie«. In: Arbeitskreis zur Erforschung der nationalsozialistischen »Euthanasie« und Zwangssterilisation (Hg.): Beiträge zur NS-»Euthanasie«-Forschung. Ulm, S. 9–53.

Benzenhöfer; Udo (1998): Der Fall »Kind Knauer«. In: Deutsches Ärzteblatt 95, S. B954–955.

Bergdolt, Klaus (2004): Das Gewissen der Medizin. Ärztliche Moral von der Antike bis heute. München.

Boschung, Urs (2003): Der hippokratische Eid – Überlieferung, Wirkungsgeschichte und medizinische Interpretation. In: Brigitte Ausfeld-Hafter (Hg.): Die hippokratische Eid und die heutige Medizin. Bern u.a., S. 9–26.

Carrick, Paul (2001): Medical ethics in the ancient world. Washington.

Das Mittelalter (2005): Perspektiven mediävistischer Forschung. Band 10 (2005) Heft 1: Heilkunde im Mittelalter.

Deichgräber, Karl (1948): Die griechische Empirikerschule. Sammlung der Fragmente und Darstellung der Lehre.. Berlin, Zürich, 2. Aufl.

Deichgräber, Karl (1950): Professio medici. Zum Vorwort des Scribonius Largus. Wiesbaden.

Deichgräber, Karl (1955): Hippokratischer Eid. Stuttgart.

Deutsches Ärzteblatt 104, Heft 17 [27.4.2007], S. A1132–1134.

Dilg, Peter (1969): Das Botanologicon des Euricius Cordus. Ein Beitrag zur botanischen Literatur des Humanismus. Nat.-wiss. Diss. Marburg.

Dörner, Klaus (2000): Der gute Arzt. Lehrbuch der ärztlichen Grundhaltung. Stuttgart, 2. Aufl.

Edelstein, Emma J. und Ludwig Edelstein (1945): Asclepius. A collection and interpretation of the testimonies. 2 Bde. Baltimore [ND 1998].

Edelstein, Ludwig (1967): Ancient Medicine. Selected Papers of Ludwig Edelstein. Hg. von Owsei Temkin u. C. Lilian Temkin. Baltimore, London.

Eich, Thomas (2005): Islam und Bioethik. Eine kritische Analyse der modernen Diskussion im islamischen Recht. Wiesbaden.

Elkeles, Barbara (1989): Die schweigsame Welt von Arzt und Patient. Einwilligung und Aufklärung in der Arzt-Patienten-Beziehung des 19. und frühen 20. Jahrhunderts. In: MedGG 8, S. 63–91.

Elkeles, Barbara (1996): Der moralische Diskurs über das medizinische Menschenexperiment im 19. Jahrhundert (= Medizin-Ethik. Jahrbuch des Arbeitskreises Medizinischer Ethik-Kommissionen in der Bundesrepublik Deutschland, 7). Stuttgart, Jena 1996.

Emanuel, Ezekiel J. and Linda L. Emanuel (1992): Four Models of the Physician-Patient Relationship. In: JAMA 267, S. 2221–2226

Engelhardt, Dietrich von (1988): Zur Systematik und Geschichte der medizinischen Ethik. In: FOCUS MHL 5 Heft 4, S. 245–254.

Faulstich, Heinz (1998): Hungersterben in der Psychiatrie 1914–1949. Freiburg i.Br.

Fenner, Axel (2003): Schwangerschaftsabbruch – Embryo-Fetozid – drohender Auto-Genozid? In: Deutsche Medizinische Wochenschrift 128, S. 1788–1791.

Fichtner, Gerhard (1996): Corpus Hipporaticum. Verzeichnis der hippokratischen und pseudohippokratischen Schriften. Tübingen.

Fichtner, Gerhard (1997): Corpus Galenicum. Verzeichnis der galenischen und pseudogalenischen Schriften. Tübingen.

Flashar, Hellmut (1997): Ethik und Medizin – Moderne Probleme und alte Wurzeln. In: Hellmut Flashar, Jacues Jouanna (Hg.): Médecine et Morale dans l'Antiquité (= Entretiens sur l'Antiquité Classique 43). Vandoeuvres, Genf 1997, S. 1–29.

Fraser, Peter M. (1969): The Career of Erasistratus of Ceos. In: Rendiconti dell'Istituto Lombardo 103, S. 518–537.

Frewer, Andreas und Clemens Eickhoff (Hg.) (2000): »Euthanasie« und die aktuelle Sterbehilfe-Debate. Die historischen Hintergründe medizinischer Ethik. Frankfurt/Main, New York.

Frewer, Andreas und Günther Siedbürger (Hg.) (2004): Medizin und Zwangsarbeit im Nationalsozialismus. Einsatz und Behandlung von »Ausländern« im Gesundheitswesen. Frankfurt/Main, New York.

Garcia-Ballester, Luis (1993): »On the origin of the ›six non natural things‹«. In: Jutta Kollesch und Diethard Nickel (Hg.): Galen und das hellenistische Erbe. Verhandlungen des IV. Internationalen Galen-Symposiums. Stuttgart, S. 105–115.

Gerst, Thomas (2000): Catel und die Kinder. Versuche am Menschen – ein Fallbeispiel 1947/48. In: Zeitschrift für Sozialgeschichte 15, S. 100–109.

Gommel, Michael (2007): Schwangerschaftsabbruch. In: Christian Hick (Hg.): Klinische Ethik. Heidelberg, S. 153–159.

Gourevitch, Danielle (1996): Wege der Erkenntnis. Medizin in der römischen Welt. In: Mirko D. Grmek (Hg.): Die Geschichte medizinischen Denkens. Antike und Mittelalter. München, S. 114–150.

Grmek, Mirko D. (2000): Arétée de Cappadoce. Des causes et des signes des maladies aiguës et chroniques. Texte trad. par Th. Laënnec. Éd. par Mirko D. Grmek. Préf. de Danielle Gourevitch. Coll. Hautes études anciennes. Ecole Pratiques des Hautes Etudes Genève.

Grmek, Mirko D. (Hg.) (1996): Die Geschichte medizinischen Denkens. Antike und Mittelalter. München.

Grmek, Mirko D. und Danielle Gourevitch (1988): L'école médicale de Quintus et de Numisianus. In: Memoires du Centre Jean Parlerne 8, S. 43–60.

Haehling von Lanzenauer, Brigitte (1996): Imperator soter. Der römische Kaiser als Heilbringer vor dem Ringen zwischen Asklepioskult und Christusglaube. Düsseldorf.

Hafner, Karl-Heinz und Rolf Winau (1974): »Die Freigabe der Vernichtung lebensunwerten Lebens«. Eine Untersuchung zu der Schrift von Karl Binding und Alfred Hoche. In: Medizinhistorisches Journal 9, S. 227–254.

Harig, Georg (1971): Zum Problem »Krankenhaus« in der Antike. In: Klio 53, S. 179–195.

Hart, Gerald D. (2000): Asclepius the God of Medicine. Dorset.

Have, Henk ten (2001): Introduction. In: Henk ten Have, Bert Gordijn (Hg.): Bioethics in a European perspective. Dordrecht, Boston, London, S. 1–11.

Hick, Christian (Hg.) (2007): Klinische Ethik. Unter Mitarbeit von Michael Gommel, Andrea Ziegler und Peter W. Gaidzik. Heidelberg.

Hooff, Anton J.L. van (1990): From Autothanasia to Suicide. Self-killing in Classical Antiquity. London, New York.

Hoheisel, Karl (1995): Religiöse und profane Formen nichtmedizinischen Heilens. In: Karl Hoheisel und Hans-Joachim Klimkeit (Hg.): Heil und Heilung in den Religionen. Wiesbaden, S. 167–184.

Jackson, Ralph (1988): Doctors and Diseases in the Roman Empire. London.

Jagow, Bettina von und Florian Steger (2005) (Hg.): Literatur und Medizin. Ein Lexikon. Göttingen.

Jagow, Bettina von und Florian Steger (2007): Was treibt die Literatur zur Medizin? Ein kulturwissenschaftlicher Dialog. Göttingen.

Jankrift, Kay Peter (2003): Krankheit und Heilkunde im Mittelalter. Darmstadt.

Jankrift, Kay Peter (2005): Mit Gott und schwarzer Magie. Medizin im Mittelalter. Darmstadt.

Jouanna, Jacques (1992): Hippocrate. Paris.

Jütte, Robert (2004): Der Arzt als Geschäftsmann. Klaus Bergdolt prüft das Gewissen der Medizin. In: FAZ Nr. 229 [1.10.2004], S. 37.

Klee, Ernst (1999): »Euthanasie« im NS-Staat. Die »Vernichtung lebenunswerten Lebens«. Frankfurt/Main.

Klinkhammer, Gisela (2007): Palliativmedizin: Junge Disziplin mit großem Potenzial. In: Deutsches Ärzteblatt 104, Heft 16 [20.04.2007], Seite A-1066–1070.

Koelbing, Huldrych M. (1977): Arzt und Patient in der antiken Welt. Zürich.

Kollesch, Jutta (1972): Arztwahl und ärztliche Ethik in der römischen Kaiserzeit. In: Altertum 18, S. 27–30.

Kollesch, Jutta (1976): Vorstellungen vom Menschen in der hippokratischen Medizin. In: Reimar Müller (Hg.): Der Mensch als Maß aller Dinge. Studien zum griechischen Menschenbild in der Blüte und Krise der Polis. Berlin, S. 269–282.

Kollesch, Jutta (1979): Ärztliche Ausbildung in der Antike. In: Klio 61, S. 507–513.

Kollesch, Jutta und Georg Harig (1978): Der hippokratische Eid. Zur Entstehung der antiken medizinischen Deontologie. In: Philologus 122, S. 157–176.

Korpela, Jukka (1987): Das Medizinalpersonal im antiken Rom. Eine sozialgeschichtliche Untersuchung (= Annales academiae scientiarum fennicae. Dissertationes humanarum litterarum, 45). Helsinki.

Krug, Antje (1993): Heilkunst und Heilkult. Medizin in der Antike. München, 2. Aufl.

Krüger-Brand, Heike E. (2007): E-Health in Europa: Euro-Piloten für Gesundheitsdienste. In: Deutsches Ärzteblatt 104, S. A-1132–1134.

Kudlien, Fridolf (1985): Jüdische Ärzte im Römischen Reich. In: Medizinhistorisches Journal 20, S. 36–57.

Kudlien, Fridolf (1986): Die Stellung des Arztes in der römischen Gesellschaft. Freigeborene, Römer, Eingebürgerte, Peregrine, Sklaven, Freigelassene als Ärzte (= Forschungen zur antiken Sklaverei, 18). Stuttgart.

Lauer, Hans H. (2005): Cordus, Euricius. In: Werner E. Gerabek, Bernhard D. Haagen Gundolf Keil, Wolfgang Wegner (Hg.): Enzyklopädie Medizingeschichte. Berlin, New York, S. 271–272.

Lebek, Wolfgang Dieter (2002): Wie lange soll man leben? Antike Einsichten und Erfahrungen. In: Axel Karenberg und Christian Leitz (Hg.): Heilkunde und Hochkultur II: Magie und Medizin und Der alte Mensch in den antiken Zivilisationen des Mittelmeerraums. Münster, S. 257–276.

Leven, Karl-Heinz (1994): Hippokrates im 20. Jahrhunderts: Ärztliches Selbstbild, Idealbild und Zerrbild, in: Karl-Heinz Leven und Cay-Rüdiger Prüll (Hg.), Selbstbilder des Arztes im 20. Jahrhundert. Medizinhistorische und medizinethische Aspekte (= Freiburger Forschungen zur Medizingeschichte N.F., 16). Freiburg i.Br., S. 39–96.

Leven, Karl-Heinz (2005): Antike Medizin. Ein Lexikon. München.

Leven, Karl-Heinz (Hg.) (2005): Antike Medizin. Ein Lexikon. München.

Leven, Karl-Heinz (1997): Die Erfindung des Hippokrates – Eid, Roman und Corpus Hippocraticum. In: Ulrich Tröhler und Stella Reiter-Theil (Hg.): Ethik und Medizin 1947–1997. Was leistet die Kodifizierung von Ethik? Göttingen, S. 19–39.

Ley, Astrid (2004): Zwangssterilisation und Ärzteschaft. Hintergründe und Ziele ärztlichen Handelns 1934–1945 (= Kultur der Medizin. Geschichte – Theorie – Ethik, 11). Frankfurt/Main.

Lichtenthaeler, Charles (1984): Der Eid des Hippokrates. Ursprung und Bedeutung. Köln.

Longrigg, James (1999): Presocratic Philosophy and Hippocratic Dietetic Therapy. In: Ivan Garofalo, Alessandro Lami, Daniela Manetti, Amneris Roselli (Hg.): Aspetti della terapia nell' Corpus Hippocraticum. Atti del IXème Colloque International Hippocratique. Pisa 25. bis 29. September 1996. Firenze, S. 43–50.

Maehle, Andreas-Holger (2001): Zwischen medizinischem Paternalismus und Paitentenautonomie: Albert Molls »Ärztliche Ethik« (1902) im historischen Kontext. In: Andreas Frewer und Josef N. Neumann (Hg.): Medizingeschichte und Medizinethik. Kontroversen und Begründungsansätze 1900–1950 (= Kultur der Medizin. Geschichte – Theorie – Ethik, 1). Frankfurt/Main, S. 44–56.

Meißner, Burkhard (1999): Die technologische Fachliteratur der Antike. Struktur, Überlieferung und Wirkung technischen Wissens in der Antike; (ca. 400 v.Chr.-ca. 500 n.Chr.). Berlin.

Miles, Steven H. (2004): The Hippocratic oath and the ethics of medicine. Oxford.

Moll, Albert (1902): Ärztliche Ethik. Die Pflichte des Arztes in allen Beziehungen seiner Thätigkeit. Stuttgart.

Mudry, Ph. (1994a): Le ›De medicina‹ de Celse. Rapport bibiliographique. In: ANRW 37,1. Berlin, New York, S. 787–799.

Mudry, Ph. (1994b): L'orientation doctrinale du ›De medicina‹ de Cels. In: ANRW 37,1. Berlin, New York, S. 800–818.

Müller, Armgard (1997): Das Bucolicon des Euricius Cordus und die Tradition der Gattung. Text, Übersetzung, Interpretationen (= Bochumer Altertumswissenschaftliches Colloquium, 27). Trier.

Müller-Seidel, Walter (1999): Alfred Erich Hoche. Lebensgeschichte im Spannungsfeld von Psychiatrie, Strafrecht und Literatur (= Bayerische Akademie der Wissenschaften. Philosophisch-historische Klasse. Sitzungsberichte Jahrgang 1999, H. 5) München.

Müri, Walter (2001): Der Arzt im Altertum. Griechische und lateinische Quellenstücke von Hippokrates bis Galen mit der Übertragung ins Deutsche. Düsseldorf und Zürich: Artemis.

Nickel, Diethard (1972): Ärztliche Ethik und Schwangerschaftsunterbrechung bei den Hippokratikern. In: NTM. Internationale Zeitschrift für Geschichte und Ethik der Naturwissenschaften, Technik und Medizin 9, S. 73–80.

Nutton, Vivian (1993): Beyond the Hippocratic Oath. In. Andrew Wear, Jutta Geyer-Kordesch and Roger French (Hg.): Doctors and Ethics. In: Clio Medica 24, S. 10–37.

Nutton, Vivian (1997): The Rise of Medical Humanism: Ferrara, 1464–1555. In: Renaissance Studies 1, S. 2–19.

Nutton, Vivian (2004): Ancient Medicine. London and New York.

Nutton, Vivian (2004): Ancient Medicine. London.

Oberhelman, St. M. (1997): Aretaeus of Cappadocia: the Pneumatic physician of the first century A.D. In: ANRW II 37,2. Berlin, New York, S. 941–996.

Paschou, Ioanna (1997): Euricus Cordus, Bucolicon. Kritische und kommentierte Ausgabe (= Hamburger Beiträge zur Neulateinischen Philologie, 1). Hamburg.

Petersen, Hans-Christian und Sönke Zankel (2003): Werner Catel – ein Protagonist der NS-»Kindereuthanasie« und seine Nachkriegskarriere. In: Medizinhistorisches Journal 38, S. 139–173.

Pigeaud, Jackie (1982): Sur le méthodisme. In: Guy Sabbah (Hg.): Médecins et Médecine dans l'Antiquité. Actes des journées d'étude sur la médecine antique d'époque romaine. Mémoires III du Centre Jean Palerne. Saint-Étienne, S. 181–183.

Pohl, Dieter (2003): Verfolgung und Massenmord in der NS-Zeit 1933–1945. Darmstadt.

Pöltner, Günther (2002): Grundkurs Medizin-Ethik. Stuttgart.

Rabatta, Samir (2006): Dialog der Kulturen. Die Globalisierung mach auch nicht vor der Medizin nicht Halt. Experten aus drei Kulturkreisen diskutieren, was in der Medizin erlaubt sein darf und was nicht. In: Deutsches Ärzteblatt 103, S. A1187–A1188.

Rauprich, Oliver und Florian Steger (Hg.) (2005): Prinzipienethik in der Biomedizin. Moralphilosophie und medizinische Praxis (= Kultur der Medizin. Geschichte – Theorie – Ethik, 14). Frankfurt/Main, New York.

Reiter-Theil, Stella (2004): Does empirical research make bioethics more relevant? »The embed-dled researcher« as a methodological approach. In: Medicine, Health Care and Philosophy 7, S. 17–29.

Riddle, John M. (1985): Dioscorides on Pharmacy and Medicine. Austin (Texas).

Riddle, John M. (1994): High Medicine and Low Medicine. In: ANRW 37,1. Berlin, New York, S. 102–120.

Riha, Ortrun (1998): Ethik in der Medizin. Eine Einführung. Aachen.

Riha, Ortrun (2002): »Abschied von Hippokrates«? Konstanz und Wandel im ärztlichen Selbstver-ständnis. In: Ärzteblatt Sachsen 7, S. 343–348.

Riha, Ortrun (2005): Rezension von: Klaus Bergdolt: Das Gewissen der Medizin. Ärztliche Moral von der Antike bis heute, München: C.H. Beck 2004, in: sehepunkte 5, Nr. 3 [15.3.2005], URL: http://www.sehepunkte.historicum.net/2005/03/7139.html

Risse, Guenter B. (1999): Mending Bodies, Saving Souls. A history of hospitals. New York, Oxford.

Rütten, Thomas (1997): Medizinethische Themen in den deontologischen Schriften des Corpus Hippocraticum. In: Hellmut Flashar, Jacues Jouanna (Hg.): Médecine et Morale dans l'Anti-quité (= Entretiens sur l'Antiquité Classique 43). Vandoeuvres, Genf, S. 65–120.

Schildmann, Jan, Florian Steger und Jochen Vollmann (2007): »Aufklärung im ärztlichen Alltag«. Ein Lehrmodul zur integrierten Bearbeitung medizinethischer und -historischer Aspekte im neuen Querschnittsbereich GTE. In: Ethik in der Medizin 19.

Schlamp, Dieter (1986): Kategorien ärztlicher Ethik in der Antike. Diss. med. Kiel.

Schmidt, Ulf (2000): Kriegsausbruch und »Euthanasie«. In: Andreas Frewer und Clemens Eickhoff (Hg.): »Euthanasie« und die aktuelle Sterbehilfe-Debatte. Frankfurt/Main, New York, S. 120–141.

Schmiedebach, Heinz-Peter (1999): Patientenrecht, ärztliche Dominanz und die »Bedeutungslo-sigkeit des Einzelwesens« – das Individuum und die Medizin um 1900. In: Jan C. Joerden (Hg.): Der Mensch und seine Behandlung in der Medizin. Bloß ein Mittel zum Zweck? Berlin u.a. 1999, S. 51–66.

Schöner, Erich (1964): Das Viererschema in der antiken Humoralpathologie. Wiesbaden.

Schöne-Seifert, Bettina (2007): Grundlagen der Medizinethik. Stuttgart.

Schouten, Jan (1967): The Rod and Serpent of Asklepios: Symbol of Medicine. Amsterdam.

Schramme, Thomas (2002): Bioethik. Frankfurt/Main, New York.

Schubert, Charlotte (1984): Der Begriff der Isonomie bei Alkmaion. In: Klio 66, S. 40–50.

Schubert, Charlotte (2005): Der hippokratische Eid. Medizin und Ethik von der Antike bis heute. Darmstadt.

Schubert, Charlotte und Ulrich Huttner (Hg.) (1999): Frauenmedizin in der Antike. Griechisch–lateinisch–deutsch (= Sammlung Tusculum). Düsseldorf, Zürich.

Schulz, Stefan, Klaus Steigleder, Heiner Fangerau und Norbert W. Paul (Hg.) (2006): Geschichte, Theorie und Ethik der Medizin. Eine Einführung. Frankfurt/Main.

Schulze, Christian (1999): A.C.C. – Arzt oder Laie? Autor, Konzept und Adressaten der De medicina libri octo. Trier.

Schulze, Christian (2003): Die pharmazeutische Fachliteratur in der Antike. Eine Einführung. Göttingen.

Sconocchia, Sergio (1994): L'opera di Scribonio Largo e la lettertura medica latina del 1 sec. d. C. In: ANRW 37,1. Berlin, New York, S. 843–922.

Seidler, Eduard (1979): Ethik. In: Eduard Seidler (Hg.), Wörterbuch medizinischer Grundbegriffe. Freiburg, S. 79–80.

Selinger, Reinhard (1999): Experimente mit dem Skalpell am menschlichen Körper in der grie-chisch-römischen Antike. In: Saeculum 50, S. 29–47.

Siraisi, Nancy (1987): Avicenna in Renaissance Italy: the Canon and medical teaching in Italian unviersities after 1500. Princeton.

Siraisi, Nancy (1990): Medieval & Early Renaissance Medicine. An introduction to knowledge and practice. Chicago.

Smith, Wesley D. (1982): Erasistratus' Dietetic Medicine. In: Bulletin of the History of Medicine 56, S. 398–409.

Staden, Heinrich von (1989): Herophilos. The art of medicine in early Alexandria. Edition, translation and essays. Cambridge.

Steger, Florian (2004): Antike Diätetik – Lebensweise und Medizin. In: N.T.M. Internationale Zeitschrift für Geschichte und Ethik der Naturwissenschaften, Technik und Medizin 12, S. 146–160.

Steger, Florian (2004): Asklepiosmedizin. Medizinischer Alltag in der römischen Kaiserzeit (= MedGG-Beihefte, 22). Stuttgart.

Steger, Florian (Hg.) (2007): Was ist krank? Diskriminierung und Stigmatisierung in Medizin und Psychotherapie (= Psyche und Gesellschaft). Gießen.

Steger, Florian und Kay Peter Jankrift (Hg.) (2004): Gesundheit – Krankheit. Kulturtransfer medizinischen Wissens von der Spätantike bis in die Frühe Neuzeit. Köln, Weimar, Wien.

Steinkamp, Norbert und Bert Gordijn (2005): Ethik in Klinik und Pflegeeinrichtung. Neuwied, Köln, 2. Aufl.

Strohmaier, Gotthard (1996): Die Rezeption und die Vermittlung: die Medizin in der byzantinischen und arabischen Welt. In: Mirko D. Grmek (Hg.): Die Geschichte medizinischen Denkens. Antike und Mittelalter. München, S. 151–181.

Strohmaier, Gotthard (1997): Der syrische und arabische Galen. In: ANRW 37,2. Berlin, New York, S. 1987–2017.

Strohmaier, Gotthard (1999): Avicenna. München

Süß, Winfried (2000): Krankenmord. Forschungsstand und Forschungsfragen zur Geschichte der nationalsozialistischen »Euthanasie«. In: Therese Bauer, Winfried Süß (Hg.): NS-Diktatur, DDR, Bundesrepublik. Drei Zeitgeschichten des vereinigten Deutschland: Werkstattberichte. Neuried, S. 47–86.

Toellner, Richard und Urban Wiesing (Hg.) (1997): Geschichte und Ethik in der Medizin. Von den Schwierigkeiten einer Kooperation. Stuttgart.

Touwaide, Alain (1997): Le thérapeutique médicamenteuse de Dioscoride à Galien. Du pharmaco-centrisme au médico-centrisme. In: Armelle Debru (Hg.): Galen on Pharmacology. Philosophy, History and Medicine. Leiden, S. 255–282.

Vieth, Andreas (2006): Einführung in die Angewandte Ethik. Darmstadt.

Vollmann, Jochen (2000): Das Informed Consent-Konzept als Politikum in der Medizin. Patientenaufklärung und Einwilligung aus historischer und medizinethischer Perspektive. In: Matthias Kettner (Hg.): Angewandte Ethik als Politikum. Frankfurt/Main, S. 253–279.

Vollmann, Jochen (2000): Die deutsche Diskussion über ärztliche Tötung auf Verlangen und Beihilfe zum Suizid. Eine Übersicht medizinethischer und rechtlicher Aspekte. In: Bert Gordijn, Henk ten Have (Hg.): Medizinethik und Kultur. Grenzen medizinischen Handelns in Deutschland und den Niederlanden (= Medizin und Philosophie, 5). Suttgart, Bad Cannstatt, S. 31–70.

Vollmann, Jochen (2003): Gesundheitsberichterstattung des Bundes Heft 2: Sterbebegleitung. Berlin, 2. Aufl.

Vollmann, Jochen (2006): Klinische Ethikkomitees und klinische Ethikberatung im Krankenhaus. Ein Praxisleitfaden über Strukturen, Aufgaben, Modelle und Implementierungsschritte. Medizinethische Materialien Bochum, Heft Nr. 164.

Vollmann, Jochen und Rolf Winau (1996): History of informed medical consent. In: The Lancet 347, S. 410.

Weindling, Paul (2001): The Origins of Informed Consent: The International Scientific Commission on Medical War Crimes, and the Nuremberg Code. In: Bulletin of the History of Medicine 75, S. 37–71.

Weisser, Ursula (1983): Ibn Sina und die Medizin des arabisch-islamischen Mittelalters – Alte und neue Urteile und Vorurteile. In: Medizinhistorisches Journal 18, S. 283–305.

Wernstedt, Thela (2004): Sterbehilfe in Europa. Frankfurt/Main.

Wesch-Klein, Gabriele (1998): Soziale Aspekte des römischen Heerwesens in der Kaiserzeit. (= HABES, 28). Stuttgart.

Wiesemann, Claudia, Nikola Biller-Andorno und Andreas Frewer (unter Mitarbeit) (2005): Medizinethik. Für die Neue AO. Stuttgart, New York.

Wiesing, Urban (1995): Zum Verhältnis von Geschichte und Ethik in der Medizin. In: N.T.M. Internationale Zeitschrift für Geschichte und Ethik der Naturwissenschaft und Technik 3, S. 129–144.

Wilmanns, Juliane C. (1995): Der Sanitätsdienst im Römischen Reich. Eine sozialgeschichtliche Studie zum römischen Militärsanitätswesen nebst einer Prosopographie des Sanitätspersonals (= Medizin der Antike, 2). Hildesheim.

Winau, Rolf (1996): Medizin und Menschenversuch. Zur Geschichte des »informed consent«. In: Claudia Wiesemann und Andreas Frewer (Hg.): Medizin und Ethik im Zeichen von Auschwitz. 50 Jahre Nürnberger Ärzteprozeß. Erlangen, Jena, S. 13–29.

Winau, Rolf (1997): Der hippokratische Eid und die Probleme der Ethik in der modernen Medizin. In: Andreas Frewer und Rolf Winau (Hg.): Grundkurs Ethik in der Medizin. Bd. 1: Geschichte und Theorie der Ethik in der Medizin. Erlangen, Jena, S. 15–35.

Wittern, Renate (1994): Die Anfänge des wissenschaftlichen Denkens am Beispiel der Medizin des 5. Jahrhunderts. In: Egert Pöhlmann und Werner Gauer (Hg.): Griechische Klassik. Nürnberg, S. 153–166.

Wittern, Renate (1996): Die Anfänge der griechischen Medizin. In: Friedo Riecken (Hg.): Philosophen der Antike I. Stuttgart, S. 145–159 mit Lit. auf S. 267–270.

Wittern, Renate (1999): Kontinuität und Wandel in der Medizin des 14. bis 16. Jahrhunderts am Beispiel der Anatomie. In: Walter Haug (Hg.): Mittelalter und frühe Neuzeit. Übergänge, Umbrüche und Neuansätze. Tübingen, S. 550–571.

Wittern, Renate (2004): Die Gegner Andreas Vesals. Ein Beitrag zur medizinischen Streitkultur des 16. Jahrhunderts. In: Florian Steger und Kay Peter Jankrift (Hg.): Gesundheit – Krankheit. Kulturtransfer medizinischen Wissens von der Spätantike bis in die Frühe Neuzeit. Köln, Weimar, Wien, S. 167–199.

Wittern, Renate und Pierre Pellegrin (Hg.) (1996): Hippokratische Medizin und antike Philosophie. Hildesheim.

Ziegler, Andrea (2007): Neonatale Intensivtherapie. In: Christian Hick (Hg.): Klinische Ethik. Heidelberg, S. 161–167.

11. Register

Wenn Sie weiterlesen möchten ...

Bettina von Jagow / Florian Steger (Hg.)
Literatur und Medizin
Ein Lexikon

Der umfassende Überblick zu den mehrdimensionalen Beziehungen von Literatur und Medizin legt neue Perspektiven frei und zeigt bisher nicht gesehene Verbindungslinien auf.

»Dem Herausgeberteam ist ein ungewöhnlicher Wurf gelungen: Das Lexikon, sonst Inbegriff trockener Sachinformation – hier ist es ein Lesevergügen!« *Axel Karenberg, Deutsches Ärzteblatt*

»Ein für Fachleute und Laien gleichermaßen empfehlenswertes Standardwerk, das systematische Orientierung und detaillierten Einblick in ein ebenso weit gespanntes wie zukunftsträchtiges Forschungsfeld gibt.« *Michael Braun, Germanistik*

»(...) von der ersten bis zur letzten Seite, also von A bis Z, spannend wie ein Krimi. (...) Ein Lexikon, das man nur wärmstens jedem empfehlen kann, der sich für Literatur und für die Welt interessiert.« *Hanne Kulessa, Hessischer Rundfunk*

»Sowohl für Ärzte als auch Literaturwissenschaftler wie für alle an Kunst und Kultur Interessierte ist der Band ein ausgesprochener Gewinn.« *Verena Wetzstein, Zeitschrift für medizinische Ethik*

»Einen umfassenden und systematischen Überblick über die zahlreichen Schnittstellen von literarischem und medizinischem Diskurs in den europäischen Literaturen von der Antike bis zur Gegenwart gibt ein von Bettina von Jagow und Florian Steger herausgegebenes Lexikon - eine wahre Fundgrube.« *Oliver Pfohlmann, Neue Zürcher Zeitung*

»Ein geistiger Gewinn« *Volker Faust, Psychosoziale Gesundheit*

»Mit diesem Buch liegt ein ausgezeichnetes, äußerst informatives Lexikon vor, das endlich eine Lücke füllt: Ein vergleichbares Nachschlagewerk hat es bislang nicht gegeben.« *Antje Weger, Märkische Allgemeine*

»Eine reichhaltige Fundgrube, nicht nur für Literatur- und Gesundheitswissenschaftler sowie für Mediziner, sondern auch für jeden passionierten Leser.« *Gesundheit und Gesellschaft*

»Ist es Ihnen schon passiert – selbst im Internet-Zeitalter! – dass Sie sich in einem Lexikon festgelesen haben, obwohl Sie mal nur eben ein Stichwort nachschlagen wollten? Das wird Ihnen spätestens mit diesem Band so ergehen.« *Ophta – Schweizerische Fachzeitschrift für augenärztliche Medizin und Technologie*

Bettina von Jagow / Florian Steger
Was treibt die Literatur zur Medizin?
Ein kulturwissenschaftlicher Dialog

In doppelt gefächerter Perspektive wird das Verhältnis von Literatur und Medizin erörtert: An der Schnittstelle von Literatur und Medizin ergänzen sich genuin literaturwissenschaftliche Blicke mit solchen der Medizingeschichte und Medizinethik und machen einen neuen Zugang zu einem alten Thema möglich – eine kulturwissenschaftliche Perspektive auf die Literatur der Moderne. Die Studie steht methodisch wie inhaltlich im Kontext des im Herbst 2005 erschienenen Lexikons »Literatur und Medizin«, das vom selben Autorenteam herausgegeben wurde.

Günter Fröhlich
Nachdenken über das Gute
Ethische Positionen bei Aristoteles, Cicero, Kant, Mill und Scheler

Günter Fröhlich bietet eine grundlegende Einführung in die wichtigsten ethischen Positionen auf Basis der Interpretation von zentralen Texten ihrer Hauptvertreter. Sie bietet vor allem Studierenden im Grundstudium und Nebenfach einen knappen und gleichwohl umfassenden Überblick.

Die Tugendethik (Aristoteles), die Pflichtethik (Kant) und die Nutzenethik (Mill) sind bis heute paradigmatisch für jedwede ethische Orientierung. Cicero bildet eine wichtige Brücke zwischen den älteren griechischen Positionen und ihrer Vermittlung in das lateinische Mittelalter. Sein Einfluss auf nachfolgende Diskussionen um die Ethik wird häufig unterschätzt. Scheler knüpft die Ethik unmittelbar an die Werte und an die personale Existenz. Er unterscheidet sich damit grundlegend von den anderen hier vorgestellten Ansichten. Die Einleitung versucht, »Ethik« als das zu bestimmen, was sie sein sollte: eben kein von außen vorgegebenes System fixierter Regeln, sondern ein immer wieder von vorn beginnendes und reflexives Nachdenken darüber, wie wir handeln sollen, wenn wir gut handeln wollen. Zu den einzelnen Positionen gibt es jeweils kurze, praxisorientierte Zusammenfassungen.

Wolfgang Tress / Rudolf Heinz (Hg.)
Willensfreiheit zwischen Philosophie, Psychoanalyse und Neurobiologie

Die Frage der Willensfreiheit hat eine leidenschaftliche Debatte in der Öffentlichkeit entfacht, seitdem Hirnforscher behaupten: »Wir tun nicht, was wir wollen, sondern wir wollen, was wir tun.« Der freie Wille ist zwar nirgendwo in unserem Nervensystem zu orten, doch können wir uns unsere menschliche Existenz schwerlich ohne ihn denken und müssen ihn in unserem Handeln sogar voraussetzen. In der Auseinandersetzung von Philosophie, Psychoanalyse und Neurobiologie geht es um das Zentrum unseres abendländischen Selbstverständnisses.

Medizin – Ethik – Recht

herausgegeben von Fuat Oduncu, Ulrich Schroth und Wilhelm Vossenkuhl

Vandenhoeck & Ruprecht

Ethische Grundfragen in der Medizin

V&R

Walter Bruchhausen / Heinz Schott
Geschichte, Theorie und Ethik der Medizin

UTB 2915
2007. Ca. 256 Seiten mit 81 Abb. und zahlr. Tab., kartoniert
ISBN 978-3-8252-2915-3

Dieses Lehrbuch führt in die Geschichte, die theoretischen Grundannahmen, die Leitideen und die ethischen Fragestellungen der Medizin ein. Es hat den praktischen Zweck, Studierenden einen Gegenstandskatalog für ihre obligatorische Abschlussklausur in diesem Fach zu liefern. Vierzehn detaillierte Kapitel führen in übersichtlicher und knapper Form in die geistes- und kulturwissenschaftlichen Fragestellungen in den Medical Humanities ein und laden Studierende darüber hinaus dazu ein, mit eigenen Fragestellungen anzusetzen und weiterzuforschen.

Birgitt van Oorschot /
Reiner Anselm (Hg.)
Mitgestalten am Lebensende

Handeln und Behandeln Sterbenskranker
2007. 186 Seiten mit 19 Abb. und 30 Tab., kartoniert
ISBN 978-3-525-45315-5

Die Wünsche, Bedürfnisse und Sichtweisen von todkranken Menschen, der sie behandelnden Ärzte und von ihren Angehörigen werden in diesem Buch erörtert mit dem Fokus auf die Patientenperspektive. Ziel ist ein partnerschaftlicher Umgang in der letzten Phase des Lebens.

Recht und Ethik im Zeitalter der Gentechnik

Deutsche und japanische Beiträge zu Biorecht und Bioethik

Herausgegeben von Hans-Ludwig Schreiber, Henning Rosenau, Shinichi Ishizuka, Sangyun Kim. 2004. 366 Seiten, kartoniert
ISBN 978-3-525-45313-1

Rechtliche und ethische Fragen der modernen Biomedizin werden in deutsch-japanischer Doppelperspektive abgehandelt und erweitern den deutschen Blick.

Fuat S. Oduncu
In Würde sterben

Medizinische, ethische und rechtliche Aspekte der Sterbehilfe, Sterbebegleitung und Patientenverfügung

2007. 197 Seiten mit 4 Abb. und 17 Tab., kartoniert. ISBN 978-3-525-45319-3

Sterbehilfe – unterlassen oder handeln? Der Grat zwischen der Linderung von Leiden und unnötiger Verlängerung des Sterbeprozesses ist schmal. Fuat S. Oduncu setzt sich für die Stärkung der Palliativmedizin ein.

»Ausgewogener, gut begründeter und gut lesbarer Ansatz, dem man nur Erfolg wünschen kann.«
ekz-Informationsdienst

Vandenhoeck & Ruprecht